JN119087

FASB
Conceptual Framework

FASB概念フレームワークの形成過程の論理

質的特性を中心として

川津 大樹 ［著］
Daiki Kawazu

専修大学出版局

序　文

　会計における概念フレームワークとは，一貫した会計基準を導き出すことができ，財務会計と財務諸表の性質，機能および限界を規定する，相互に関連した目的と基本原理の脈絡ある体系であるとされている。ところが，概念フレームワークは，純粋な理論ではなく，基準設定機関のデュー・プロセスを経て生まれるものであり，異なった考えを持つ利害関係者が関与した結果の産物といえる。概念フレームワークに関する研究は，国内外で数多く発表されているが，その形成過程を明らかにした研究，またはデュー・プロセスの一環であるコメント・レターを分析した研究は，限られている。

　そこで，本書では，米国の概念フレームワークである財務会計概念書（以下，SFAC と略称）第 2 号『会計情報の質的特性』（1980 年）と SFAC 第 8 号『財務報告のための概念フレームワーク』（2010 年）における質的特性——特に，目的適合性，信頼性および忠実な表現——に焦点を当て，その形成過程の解明を試みている。すなわち，本書では，SFAC 第 2 号（1980 年）と SFAC 第 8 号（2010 年）を因果関係における結果としてとらえ，その結果に至った形成過程——複数の原因を所与のものとした主要な原因——の解明を研究課題としている。

　本書の前半——第 1 章と第 2 章——では，SFAC 第 2 号（1980 年）において第一義的な質的特性である目的適合性と信頼性とのトレード・オフの形成過程を解明するため，SFAC 第 2 号（1980 年）に係る公開草案とそれに対するコメント・レターの分析を行った。本書の後半——第 3 章と第 4 章——では，SFAC 第 8 号（2010 年）において，目的適合性と忠実な表現が基本的な質的特性として規定され，従来の信頼性が置き換えられたことの問題点を指摘した。その上で，SFAC 第 8 号（2010 年）における基本的な質的特性の形成過程を解明するため，Sarbanes-Oxley 法（2002 年）の審議過程から，財務会計基準審議会と国際会計基準審議会が共同で公表した予備的

見解（2006 年）に対するコメント・レター分析を行った。

　本書の分析を通じて，概念フレームワーク——結果——に至る形成過程——複数の原因を所与のものとした主要な原因——が明らかになるとともに，コメント・レターにおける多数派の見解とその後に確定した概念フレームワークの内容が一致するケースと相違するケースがある点と，その背後にある制度的基盤の変容を明らかにすることができた。概念フレームワークの研究を進める上では，その形成過程を明らかにすることが出発点になると考える。今後は，質的特性間の関係等，概念レベルでの研究を課題としていきたい。

　本書は，専修大学に提出した博士論文がもととなり，刊行されたものである。本書が上梓されるまでには，実に多くの方々からご指導とご教示を賜った。

　まず，指導教授である椛田龍三先生にお礼申し上げたい。椛田先生からは，大分大学の学部時代から今日に至るまで，公私にわたり，大変お世話になった。大分大学大学院を修了した後も，ゼミの OB 会に招いていただき，また，研究者になりたいという著者の申し出を快く受け入れていただいた。専修大学大学院に入学してからは，研究者として一から鍛え直すため，論文の書き方から学会でのプレゼンテーションの仕方まで，時間をかけて丁寧にご指導いただいた。これからも，椛田先生の教えを守り，研究者として精進していく所存であり，今後ともご指導ご鞭撻を賜るよう，お願い申し上げる次第である。

　専修大学の諸先生方には，様々な場面でご助力を賜った。特に，佐藤文雄先生と国田清志先生には，副査をご担当いただいた。著者の在学中に新型コロナウイルス感染症の感染拡大が進み，研究と教育の両面で新たな方法の模索を強いられる中，先生方には，貴重なお時間をいただき，細部にわたってご指導いただいた。また，石原裕也先生，伊藤和憲先生，菱山淳先生には，中間報告会にご参加いただき，その都度適切なご教示を賜った。厚くお礼申し上げる。

　椛田先生のゼミでともに学んだ廣瀬哲雄氏と奧口博史氏にも感謝申し上げ

る。お二人とともに研究を進める中で，多くの有益なアドバイスをいただいたり，何気ない会話の中からアイデアが生まれたりすることが多々あった。

　森竹治一前大分県商工会連合会長をはじめとして，大分県内の商工会関係者の皆様には，前職の在職中のみならず，退職後の研究生活においてもお世話になった。在職中の経験は，社会人として育てていただいただけでなく，会計実務を学ぶ機会にもなった。また，歴代部長をはじめとして，佐伯市番匠商工会青年部員の皆様には，遠方にいる著者に対して励ましの言葉をかけ続けてくれた。この場をお借りしてお礼申し上げる。

　本書は，令和4年度専修大学課程博士論文刊行助成を受けて刊行されたものである。専修大学出版局の真下恵美子氏には，校正の段階で大変お世話になった。

　最後に私事にわたり恐縮であるが，この研究生活を温かく見守ってくれた祖父母，両親，弟に感謝したい。

2023年2月

川津　大樹

目　次

序　章

研究課題と分析の視点

2

序.1 問題意識と研究課題

　米国では，1933 年の証券法と 1934 年の証券取引法によって，証券取引委員会（Securities and Exchange Commission：以下，SEC と略称）が 1934 年に設立された（Zeff［1972］p. 129）。SEC は，1938 年に会計連続通牒第 4 号『財務諸表に関する指導方針』（cf. SEC［1938］）を公表し，会計原則を設定する権限は，SEC から米国会計士協会（American Institute of Accountants：以下，AIA と略称）に委譲された（Miller et al.［2016］p. 16：邦訳［2017］31-32 頁[1]）。AIA は，これに対応するために，1938 年に会計手続委員会（Committee on Accounting Procedures：以下，CAP と略称）[2]の組織を拡大し（AIA［1938］p. 93），CAP に「会計原則に関する公式見解」を公表する権限を与えた（Storey and Storey［1998］p. 15：邦訳［2001］25 頁[3]）。

　CAP は，「個々の問題ごとに（problem-by-problem）」解決を図るアプローチ[4]を用いて会計原則を作成することを決定した（Storey and Storey［1998］p. 18：邦訳［2001］28 頁）。ところが，CAP には，会計原則における「過度の柔軟性（undue flexibility）」と「過剰な選択肢（too many alternatives）」に関する批判が，会計専門家の内外から向けられた（Hicks［1969］

---

1) これに関しては，Armstrong［1969］pp. 46-47，広瀬［1995］93 頁，椛田［2001］93 頁および津守［2002］64 頁も参照。

2) AIA は，1933 年に会計原則開発特別委員会（Special Committee on the Development of Accounting Principles）を設置し，1936 年にこれを CAP と改名した（Zeff［1972］pp. 126, 134）。

3) 日本語訳に関しては，一部分，邦訳と異なる場合もある。以下同じ。

4) このようなアプローチは，「『ピースミール』・アプローチ（"piecemeal" approach）」または「ケース・バイ・ケース・アプローチ（case-by-case approach）」と称されている。このアプローチは，「実用的（practical）」であり，問題に直面する会計実務に対して即座に役立つ一方，「包括的な問題」を解決するには相当疑わしく，複数の「選択的〔会計〕処理」が認められるようになった（Storey［1964b］p. 49）と指摘されている。

p. 56)[5]。また，CAP の後身である会計原則審議会（Accounting Principles Board：以下，APB と略称）に対しては，CAP と同様，「会計原則の基礎としての基本的原理」を発展させず，「目先の問題ばかりに対応する」姿勢に対して批判が向けられた（AAA ［1971］p. 611）。

　このような批判に対応するため，米国公認会計士協会（American Institute of Certified Public Accountants：以下，AICPA と略称）は，1971 年に「2 つのスタディ・グループ」を設立した（Zeff ［1972］p. 225)[6]。その一つである Robert M. Trueblood を委員長とする「目的に関するスタディ・グループ」（以下，Trueblood 委員会と略称）は，「財務諸表の目的」をより明確にすることを「主目的」として設立された（AICPA ［1973］p. 67：邦訳［1976］91 頁)[7]。Trueblood 委員会は，一連の議論を踏まえて，1973 年にその報告書である『財務諸表の目的』（AICPA ［1973］：以下，Trueblood 報告書と略称）を公表している[8]。

　その後，財務会計基準審議会（Financial Accounting Standards Board：以下，FASB と略称）は，「異なる会計規則の数」を減らし，「概念的アプローチ」に基づく「基準設定」に取り組むために，「単一の整理された概念群（a single set of coordinated concepts)」を制定することを決定した（Schuetze ［1983］pp. 256-257)[9]。FASB は，1973 年から概念フレームワーク・プロジェクトを最初の議題に組み入れ（Miller et al. ［2016］p. 77：邦訳［2017］105 頁），その成果として，FASB は，2000 年までに 7 つの財務会計概念書（以下，SFAC と略称）を公表してきた。

　ところが，Enron 社と Worldcom 社による大型の会計不正[10]が，2001 年から 2002 年にかけて発覚し，これに対応するために，米国議会は，2002 年

---

5)　これに関しては，千代田 ［2014］80 頁も参照。

6)　cf. Storey and Storey ［1998］p. 44：邦訳 ［2001］62 頁。

7)　もう一つの Francis M. Wheat を委員長とする「会計原則の設定」に関するスタディ・グループは，1972 年に FASB の設立等を提唱した報告書を公表した（AICPA ［1972］pp. 1, 8. cf. Zeff ［1972］p. 225）。この提案を受けて，FASB が，1973 年に設立された。

8)　Trueblood 報告書（1973 年）に関しては，椛田 ［2018c］と椛田 ［2019b］を参照。

4

に，「重要な改革法案」（Miller and Pashkoff ［2002］p. 33)[11]）である Sarbanes-Oxley 法（House of Representatives ［2002e］：以下，SOX 法と略称）を制定した[12]。SOX 法（2002 年）第 108 条（d）項は，SEC に「原則主義に基づく会計制度」の研究を命じ（House of Representatives ［2002e］SEC. 108（d）：邦訳 ［2007］37 頁)[13]，SEC は，SOX 法（2002 年）での規定を受けて，2003 年に『2002 年 Sarbanes-Oxley 法第 108 条（d）項に基づく米国財務報告制度による原則主義会計の採用に関する研究』（SEC ［2003b］：以下，『SEC 研究』と略称）を公表した[14]。

---

9) 元 FASB のボード・メンバーである Oscar S. Gellein は，CAP と APB の経験を踏まえて，「財務報告に関する整理された概念のない基準設定機関」は，「嵐の中で碇を持たない船」のようなものであり，基準設定機関は，「財務会計の問題に関するある解決策」が他の解決策よりも優れているかどうかを判断するための「道筋と手段（direction and means)」を提供する「概念的基礎（conceptual underpinning)」がなければ，その任務を遂行できないと指摘した（Gellein ［1986］pp. 10, 12, 13. これに関しては，広瀬 ［1995］48 頁も参照）。また，元 SEC 委員長である Harold M. Williams は，「概念的アプローチ」が失敗すれば FASB も失敗するだろうと 1983 年に発言しており（Kripke ［1989］p. 10. これに関しては，広瀬 ［1995］48 頁も参照)，「FASB の失敗」は，必然的に「議会による直接統制」に繋がるとみなされていた（Dyckman ［1988］p. 12. これに関しては，広瀬 ［1995］48 頁も参照）。
10) 米国エネルギー大手であった Enron 社は，経営陣の指示による巨額な粉飾決算の結果，2001 年 12 月に経営破綻した。また，Worldcom 社も，2002 年 7 月に経営破綻し，後に経営陣による粉飾決算が明らかになった（鎌田 ［2004］127, 128, 135 頁）。
11) cf. Wolk et al. ［2013］p. 89.
12) SOX 法（2002 年）の正式名称は，「証券諸法に準拠し，かつその他の目的のために行われる企業開示の正確性と信頼性を向上させることで投資家を保護するための法律（An Act to Protect Investors by Improving the Accuracy and Reliability of Corporate Disclosures Made Pursuant to the Securities Laws, and for Other Purposes)」である（House of Representatives ［2002e］p. 745：邦訳 ［2007］1 頁)。これに関しては，杉本 ［2009］82 頁脚注 13 も参照。
13) SOX 法（2002 年）第 108 条に関しては，津守 ［2008］，杉本 ［2009］および椛田 ［2013］を参照。

　『SEC 研究』（2003 年）は，「原則主義的または目的志向型」会計基準の開発を強調し，会計基準が「改善された一貫して適用される概念フレームワーク」に基づくべきであると指摘している（SEC［2003b］Executive Summary. 下線は原文）。『SEC 研究』（2003 年）に対して，FASB は，2004 年に『原則主義的会計制度の採用に関する SEC 研究に対する FASB の回答』（FASB［2004］：以下，『FASB 回答』と略称）を公表した[15]。『FASB 回答』（2004 年）は，『SEC 研究』（2003 年）の「勧告」を受け入れ，「目的志向型〔会計〕基準」の開発と「概念フレームワークの欠陥」への対処を表明している（FASB［2004］p. 1）。

　このような動きを踏まえて，FASB と国際会計基準審議会（International Accounting Standards Board：以下，IASB と略称）は，2004 年から「共通の概念フレームワークを開発するための共同プロジェクト」に着手した（FASAC［2004b］p. 1）。その後，FASB は，2006 年の『予備的見解　財務報告のための概念フレームワーク：財務報告の目的と意思決定に有用な財務報告情報の質的特性』（FASB［2006a］：以下，『予備的見解』と略称）と 2008 年の『公開草案　財務報告のための概念フレームワーク：財務報告の目的と意思決定に有用な財務報告情報の質的特性と制約』（FASB［2008］：以下，『ED：概念』と略称）を経て，2010 年に IASB と共同で開発した SFAC 第 8 号『財務報告のための概念フレームワーク』（FASB［2010］）を公表した。

　SFAC 第 8 号（2010 年）は，FASB が 1978 年に公表した SFAC 第 1 号『営利企業の財務報告の基本目的』（FASB［1978b］）と，1980 年に公表した SFAC 第 2 号『会計情報の質的特性』（FASB［1980］）の内容を改訂した。SFAC 第 8 号（2010 年）は，財務報告の目的に関して，「*受託責任*という用語（the term *stewardship*）を使用しないこと」を決定し（FASB［2010］

14）　『SEC 研究』（2003 年）に関しては，津守［2008］，杉本［2009］，古賀［2010］および椛田［2013］を参照。
15）　『FASB 回答』（2004 年）に関しては，津守［2008］と椛田［2013］を参照。

para. BC1. 28. 斜体は原文)，意思決定・有用性目的に一本化した（椛田 [2019c] 55 頁)[16]。

　さらに，SFAC 第 8 号（2010 年）は，財務報告の目的の改訂と連動して，財務情報の質的特性に関して，「*目的適合性と忠実な表現（relevance and faithful representation）*」という 2 つの「基本的な質的特性（fundamental qualitative characteristics）」を規定し，従来の「*信頼性（reliability）*」を忠実な表現に置き換えた（FASB [2010] paras. QC5, BC3. 19. 斜体は原文)[17]。信頼性を忠実な表現に置き換えたことは，「*目的適合性と信頼性の間のトレード・オフ（a trade-off between relevance and reliability）*」を排除することに結びつく（Whittington [2008a] p. 146. 斜体は原文）と指摘されている。

　また，忠実な表現は，「*完全で，中立的で，誤謬がない（complete, neutral, and free from error）*」という「3 つの特性」から構成されており，特に，完全性の中には，「当初原価（original cost）」のみならず，「公正価値（fair value）」の記述も含まれており（FASB [2010] paras. QC12, QC13. 斜体は原文），公正価値の拡大に繋がるという問題が指摘される[18]。これが，本書の問題意識である。

　本書の課題は，このような現状認識と問題意識に基づき，FASB の SFAC ——特に目的適合性，信頼性および忠実な表現の質的特性——の形成過程を解明することである。したがって，FASB と IASB のコンバージェンス問題は，最小限度にとどめ，2004 年からの FASB と IASB の共通の概念フレームワークを開発するための共同プロジェクトに対する IASB の影響に関しては，深く立ち入らない。

---

16)　これに関しては，Whittington [2008a] pp. 143-145，津守 [2012] 21-23 頁および椛田 [2014] 117 頁も参照。

17)　椛田 [2021b] では，経済の金融化と SFAC 第 8 号（2010 年）の関係を分析している。

18)　このような問題は，Gore and Zimmerman [2007] p. 34, Whittington [2008a] p. 146, O'Brien [2009] p. 269 および高須 [2014] 138, 139 頁も指摘している。これに関しては，岩崎 [2011] 32-34 頁と椛田 [2021b] 50 頁も参照。

序.2　分析の視点

　Miller et al. は,「*ボトムアップ（bottom-up）*」・アプローチと「*トップダ*
ウン（top-down）」・アプローチという2つの概念フレームワークを形成す
るアプローチを示している[19]。ボトムアップ・アプローチとは,「*記述的な*
〔概念〕フレームワーク」を構築するための「基本的なアプローチ」であり,
まず会計実務家が何を行っているのかを吟味することから始まり,次に「よ
り抽象度の高い段階〔一般的概念〕」を生み出す方法である。ボトムアッ
プ・アプローチは,「*帰納的*」アプローチとも表現される（Miller et al.
[2016] pp. 78, 80：邦訳 [2017] 106, 109 頁,斜体は原文）。

　ボトムアップ・アプローチの「長所」は,「現行実務」を生み出す「現実
世界の問題」を考慮した「実務的な概念（practical concept）」を明らかに
することができる点にある。しかし,ボトムアップ・アプローチは,「現状
維持（status quo）」に重きを置くため,会計「実務」に「変化」をもたら
さない。したがって,「会計監査人と作成者〔企業〕」は,ボトムアップ・ア
プローチを選好するが,会計「実務」に改善が必要であると考える人々にと
っては,「不都合な」ものである（Miller et al. [2016] pp. 78-79：邦訳
[2017] 106-107 頁）と考えられている。

　トップダウン・アプローチとは,「規範的な概念フレームワーク」を構築
するためのアプローチであり,まず「少数の一般的概念」から出発して,会
計「実務」で何がなされるべきかについて明らかにしようとする方法であ
る。トップダウン・アプローチは,「*演繹的または規範的*」アプローチとも
表現される。トップダウン・アプローチは,「現行実務」の中で改善するこ
とができる領域を明らかにする際に役立つという「長所」を備えている。ま

---

19)　桃田 [2021a] では,ボトムアップ・アプローチとトップダウン・アプローチに焦点
　　を当てながら,1970 年代から 1980 年代までの FASB 概念フレームワーク・プロジェク
　　トの変容を分析している。

8

た,「トップダウン・アプローチが持つもう一つの長所」は, 既存の「実務」を考慮する必要がなく,「実務」を支持し続けなければならないという制約を受ける必要がない点にある。しかし, 現行実務に「大きな変化」をもたらしたくないと望んでいる人々は, トップダウン・アプローチを好まない (Miller et al. [2016] pp. 80-82：邦訳 [2017] 109-110 頁, 斜体は原文) と考えられている。

ここで明らかなように, 概念フレームワークの形成には, ボトムアップ・アプローチとトップダウン・アプローチという 2 つのアプローチが用いられている。一方のボトムアップ・アプローチは, 実務を吟味して一般的概念を導き出す記述的・帰納的な方法であり, 現状維持を望む会計監査人と企業には支持されるが, 会計実務に変化をもたらさず, 実務の改善が必要と考える人には支持されない。他方のトップダウン・アプローチは, 少数の一般的概念から出発して, 会計実務において何がなされるべきかについて明らかにしようとする規範的・演繹的な方法であり, 会計実務の改善に役立ち, 実務の改善が必要と考える人には支持されるが, 現状維持を望む会計監査人と企業には支持されない。

このような分析の視点——トップダウン・アプローチとボトムアップ・アプローチ——を踏まえて,「因果関係の解明」(保城 [2015] 48 頁)[20]を目指す本書では, まず SFAC 第 2 号 (1980 年) と SFAC 第 8 号 (2010 年) を因果関係における結果としてとらえる。そして, その結果を生み出す複数の原因としては, 公開草案等とそれに対するコメント・レターという外部の要因と, 対立するボード・メンバー内部の諸見解という内部の要因がある[21]と思われるが, ここでは, FASB の公開性に関わる仕組みの 1 つであるコメント・レターというプロセス[22]に注目して, 複数の原因の分析対象を, デュー・プロセスの公開性に関わる外部の要因に限定している。

すなわち, 本書の課題は, SFAC 第 2 号 (1980 年) と SFAC 第 8 号 (2010 年) ——結果——がいかに形成されたかを解明するために, その複数の原因となる要素として,『公開草案 営利企業の財務報告の基本目的と財務諸表の構成要素』(FASB [1977]：以下,『ED：目的』と略称) とそれに

対するコメント・レター，『公開草案　質的特性：財務会計と報告政策の選択と評価のための規準』（FASB［1979］：以下，『ED：特性』と略称）とそれに対するコメント・レター，上院議会の銀行・住宅・都市問題委員会（以下，上院・銀行委員会と略称）で 2002 年に開催された公聴会（United States Senate［2003a］・［2003b］），上院の投資家保護に関する法案（United

---

20）　これに関して，保城（国際関係学者）は，「科学的『説明』という概念」を，第 1 に「因果関係の解明」，第 2 に「理論の統合」および第 3 に「ある状態や性質の記述・描写」に分類している。ここで，保城は，第 1 の概念としての「因果関係の解明」＝「因果説」と，第 3 の概念としての「ある状態や性質の記述・描写」＝「記述説」を最も重視している（保城［2015］48 頁）。このように，保城は，科学的に説明するためには「因果関係の解明」＝「因果説」を最も重要なものの 1 つとして位置づけている。また，斎藤は，「経験科学〔＝「経験的な事実を対象とする科学」（下中編［1971］392 頁）〕の命題は，経験的に観察される事象間の関係（因果関係）を，普遍的な規則性として記述するもの」であるとした上で，「その点は〔会計基準という〕規範に関する研究の分野についても同じ」であり，「規範を対象化して，それらがなぜ一般に認められたのか」を「解明しようとするものである限り，因果〔関係〕の解明という経験科学一般の性格を共有するほかはない」（斎藤［2019］2, 3 頁）と指摘している。このように，斎藤は，会計基準の研究においても，因果関係の解明を最も重要なものとして位置づけている。

21）　これに関して，椛田［2021a］では，FASB ボード・メンバー内部の対立と妥協に焦点を当てながら，1970 年代から 1980 年代までの FASB 概念フレームワーク・プロジェクトの変容を分析している。

22）　元 FASB 委員長の Dennis R. Beresford は，1993 年に，FASB の基準設定活動において，「独立性」，「公開性」および「中立性」に拠って立つ「3 つの柱」を講演会で述べている。このうち，Beresford は，公開性に関して，FASB が行う仕事は，「オープンなミーティングを通じて行われており」，「討議される議題に対して興味を持っている人ならば，誰でも参加できる，というような公開性を持って」いると述べている。その上で，FASB は，「広範なデュー・プロセスを創り出し」ており，その一環として，コメント・レターの募集が行われている（ベレスフォード著・日本公認会計士協会・COFRI 財団訳［1993］5-6 頁）としている。したがって，Beresford は，FASB に対するコメント・レターを，デュー・プロセスにおける公開性に関わる重要なものとして位置づけている。

10

States Senate［2002b］：以下，上院・保護法案と略称)[23]，SOX 法（2002年），Norwalk 合 意（FASB and IASB［2002］），『SEC 研 究』（2003 年），『FASB 回答』（2004 年），『予備的見解』（2006 年）とそれに対するコメント・レターおよび『ED：概念』（2008 年）を詳細に分析した上で，このような複数の原因を所与のものとした主要な原因を探り出し，SFAC 第 2 号（1980 年）と SFAC 第 8 号（2010 年）の形成過程を解明することである。

序.3　本書の構成

本書における各章での内容は，次の通りである。

第 1 章では，SFAC 第 2 号（1980 年）に係る公表物のうち，目的適合性と信頼性に焦点を当てて，『ED：目的』（1977 年）とそれに対するコメント・レターを分析する。

第 2 章では，『ED：特性』（1979 年），それに対するコメント・レターおよび SFAC 第 2 号（1980 年）を分析する。ここでは，第 1 章での議論を踏まえて，第一義的な質的特性である目的適合性と信頼性のトレード・オフの形成過程における複数の原因を所与のものとした主要な原因を解明する。

第 3 章では，『予備的見解』（2006 年），『ED：概念』（2008 年）および SFAC 第 8 号（2010 年）を分析し，その問題点を明らかにする。

第 4 章では，『予備的見解』（2006 年）に対するコメント・レターを分析した上で，上院・銀行委員会の公聴会（2002 年），上院・保護法案（2002年），SOX 法（2002 年），Norwalk 合意（2002 年），『SEC 研究』（2003 年）および『FASB 回答』（2004 年）等を分析し，信頼性を忠実な表現に置き換えた複数の原因を所与のものとした主要な原因と，それを支える制度的基盤

---

23)　本法案の正式名称は，「2002 年公開会社会計改革と投資家保護法案（Public Company Accounting Reform and Investor Protection Act of 2002）」である（United States Senate［2002b］p. 1）。

を解明する。

　終章では，本書の内容を総括する。

第1章

『公開草案　営利企業の財務報告の基本目的と財務諸表の構成要素』（1977 年）に対するコメント・レターの分析

1.1　はじめに

　FASB は，1973 年頃から概念フレームワークの開発に着手した。FASB
は，質的特性に関係する概念フレームワーク・プロジェクトの取り組みとし
て，まず 1974 年に『討議資料　会計と報告のための概念フレームワーク：
財務諸表の目的に関するスタディ・グループ報告書の検討』を公表してい
る。次に，FASB は，1976 年に『営利企業の財務諸表の目的に関する暫定
的結論』，『概念フレームワーク・プロジェクトの範囲と意味』および『討議
資料　財務会計と財務報告の概念フレームワーク：財務諸表の構成要素とそ
の測定』（以下，『DM：測定』と略称）という 3 つの文書を同時に公表して
おり，その一つである『DM：測定』（1976 年）には，「有用な会計情報の特
性」という章が設けられている。さらに，FASB は，『ED：目的』（1977
年）と『ED：特性』（1979 年）を経て，SFAC 第 2 号（1980 年）を公表し
ている（FASB [1980] paras. 146, 147, 149, 152：邦訳 [2002] 131-134 頁）。
　そこで，本章では，目的適合性と信頼性に焦点を当てて，SFAC 第 2 号
（1980 年）に係る公表物のうち，『ED：目的』（1977 年）とそれに対するコ
メント・レターの分析を行う。

1.2　FASB 設立当初のアプローチの確認

　FASB は，1973 年に財務会計基準諮問委員会（Financial Accounting Stan-
dards Advisory Council：以下，FASAC と略称）等から提案された「30 を
超える題目の一覧」の中から，「7 つの専門的議題」[1]を最初の議題として選
択し，その一つとして，「財務報告のための幅広い質的基準（Broad qualita-
tive standards for financial reporting）」に関するプロジェクトが，含まれて
いた（FASB [1973] pp. 1, 4）[2]。
　質的基準のプロジェクトに関する「審議会〔FASB〕の当初の意向」は，

「形式にかかわらず，取引または事象の実質（the substance of a transaction or event）」を決定する際の手引きを提供する「質的基準（qualitative standards）」，すなわち「財務報告における公正な表示のための質的基礎（qualitative basis for fair presentation in financial reports）」を開発することであった。この「質的基準」を開発することが，「類似する取引または事象を報告する際の差異（the differences in the reporting of similar transactions or events）」を狭める方法と考えられていた（FASB［1974c］pp. 2-3）[3]。

　ところが，FASB は，「プロジェクトの範囲」を，会計「目的，質的特性および会計情報の利用者の情報要求を含む，財務会計と報告のための完全な概念フレームワーク」を開発するように拡大させた（FASB［1974a］p. 1）。これは，Trueblood 報告書（1973 年）が公表され，FASB に「非常に重大な影響（very significant bearing）」を及ぼした結果，「会計目的」を第 1 とするという観点から，「FASB のメンバー」が，「FASB のプロジェクトの範囲」を拡大させ，「プロジェクトの名称」も，「会計と報告のための概念フレームワーク：目的，質的特性および要求される情報」に変更したと当時の FASB 委員長である Marshall S. Armstrong が明らかにしている（FASB［1974c］p. 3）[4]。

　また，『DM：測定』（1976 年）は，「有用な財務諸表情報の主要な特質」に関して，米国会計学会（American Accounting Association：以下，AAA と略称）の『基礎的会計理論』（cf. AAA［1966］），APB ステートメント第 4 号『企業の財務諸表の基礎をなしている基本概念および会計原則』（cf.

---

1)　この時 FASB は，①外貨建て取引に関する会計，②多角化企業による報告，③重要性の決定規準，④リース会計，⑤将来損失に関する会計，⑥研究開発費，開業費および移転費等に関する費用の会計という 6 つの議題も審議項目に組み入れている（FASB［1973］p. 1）。

2)　これに関しては，Gore［1992］p. 46, Miller et al.［2016］p. 77：邦訳［2017］105 頁および椛田［2021a］46 頁も参照。

3)　これに関しては，椛田［2020b］45 頁も参照。

4)　これに関しては，椛田［2020b］45 頁も参照。

16

AICPA［1970］），Tureblood 報告書（1973年）および英国の会計基準運営委員会の『コーポレート・リポート』（cf. ASSC［1975］）の結論を要約している。ここでは，4つの報告書の結論が「著しく類似」しており，特に，「目的適合性」が，「有用な財務諸表情報の質」の中で「第一義（primacy）」であることが広く認められている（FASB［1976c］paras. 321, 329：邦訳［1997］217, 222頁）と指摘されている。したがって，設立当初のFASBは，質的特性の中で，目的適合性を第一義的に位置づけていると推測される。

　このように，FASB は，当初「作成者指向＝『古典的アプローチ』5)に深く関係すると思われていた会計選択の差異の縮小問題」に議論を集中させ，「利用者の要求を重視する利用者指向的な発想は，十分に展開されていない」ようであった。ところが，Trueblood 報告書（1973年）が公表されたことを受けて，FASB は，「意思決定・有用性アプローチ6)を所与のものとして，会計目的，質的特性，および利用者の情報要求を主軸に据えた概念フレームワークの開発へ急旋回し」，「利用者指向という発想」から「概念フレームワ

5)　AAA は，1977年に『会計理論及び理論承認』（以下，『理論承認』と略称）を公表した。『理論承認』（1977年）は，会計理論を「(1) 古典的（『真実利益』と帰納的）モデル，(2) 意思決定・有用性および (3) 情報経済学（(1) classical ("true income" and inductive) models; (2) decision usefulness; and (3) information economics)」という3つに区分している（AAA［1977］p. 5：邦訳［1980］9頁）。古典的アプローチでは，「作成者指向の観点」（椛田［2016］35頁）が重視されており，「直接的関心の焦点」が「会計実務」に向けられている（Peasnell［1978］p. 224）。また，古典的アプローチは，「帰納学派」と「規範演繹学派」に分類されている。一方の帰納学派は，「現存する会計実務の主要な構成要素」を理論的に説明し，ときには正当化しており（AAA［1977］p. 10：邦訳［1980］22頁），「評価基準として歴史的原価主義」を採用した（黒澤［1980］16頁）。他方の規範演繹学派は，「ただ一つの評価基準を用いて測定した利益」が全ての利用者の要求を満たすのが理想的であると結論づけており，その点で彼らは，「『真実利益』理論の提唱者（advocates of a "true income" theory）」と呼ばれた。また，規範演繹学派は，会計に対して現在原価もしくは現在価値を表すことを提案した（AAA［1977］pp. 6, 7, 10：邦訳［1980］14, 22頁）。

ークの設定活動」が始動した（椛田［2020b］45，46頁）。ここでは，「APB
時代の作成者指向重視＝ケース・バイ・ケース・アプローチの弊害に対峙し
て」，トップダウン・アプローチのみを重視した「概念フレームワークの形
成を構想していたものと推測される」（椛田［2021a］56頁）。

　ここで明らかなように，FASB は，Trueblood 報告書（1973年）から大
きな影響を受けた結果，意思決定・有用性アプローチを所与のものとして，
会計目的，質的特性および利用者の情報要求を主軸に据えた概念フレームワ
ークの開発に着手した。ここでは，ケース・バイ・ケース・アプローチの弊
害に対峙して，トップダウン・アプローチのみを重視した概念フレームワー
クの形成を構想していたと推測される。また，『DM：測定』（1976年）は，
Trueblood 報告書（1973年）等の結論を踏まえて，目的適合性が，有用な
財務諸表情報の質の中で第一義的であることが広く認められていると指摘し
ている。したがって，設立当初の FASB は，トップダウン・アプローチに
基づいた意思決定・有用性と利用者指向の観点から，概念フレームワークの
形成を構想し，質的特性に関して，目的適合性を第一義的に位置づけている
と推測される。

---

6)　意思決定・有用性アプローチ――意思決定モデル――では，「有用性目的（the useful-
　　ness objective）」が明確に認識されており，「会計の主たる目的」は，企業の財務情報
　　を「利害関係者」が意思決定を行う際に利用できるように提供することとされている。
　　また，意思決定・有用性アプローチでは，「財務情報」は意思決定を行うのに役立つた
　　めに「規範的性質」を持たなければならず，その具体例として，「目的適合性」と「信
　　頼性」等が挙げられている（AAA［1977］pp. 10, 13：邦訳［1980］22-23, 28-29頁）。
　　意思決定・有用性アプローチでは，「利用者指向の観点」（椛田［2016］35頁）が重視さ
　　れており，研究の直接的関心が会計実務から「利用者の意思決定の結果」に移っている
　　（Peasnell［1978］p. 224）。

1.3 『公開草案　営利企業の財務報告の基本目的と財務諸表の構成要素』（1977 年）の提案

　FASB は，「営利企業による一般目的外部財務報告の目的と営利企業の財務諸表の構成要素（資産，負債，収益および費用等）」を規定するために『ED：目的』（1977 年）を公表した（FASB [1977] para. 1）。この『ED：目的』（1977 年）には，「『財務情報を有用にする特性または質』のいくつかに関するごく簡潔な議論」も記載されている（FASB [1980] para. 149：邦訳 [2002] 133 頁）。

　まず，『ED：目的』（1977 年）では，財務報告の目的が「より一般的で抽象的なものからより具体的で明確なものへと（from the more general and abstract to the more specific and concrete）」展開されている。財務報告の目的は，「投資意思決定と与信意思決定」に有用な情報に幅広く焦点を合わせることから始まり，それから「営利企業への投資または貸付」を行うことによって受領する現金の見込額と，これらの見込額とその企業にとっての現金受領見込額との関係という「投資家と債権者の主要な関心」に焦点を絞っている。最後に，財務報告の目的は，「企業の財務業績の測定」を含めて，「企業の見通し」を評価する際に有用な「企業の資源，債務およびそれらの変動に関する情報」の提供に焦点を合わせている（FASB [1977] para. 22）。

　このような『ED：目的』（1977 年）における財務報告の目的は，「財務諸表の構成要素の定義」を導き出すとともに，「有用な財務情報の質的特性」に焦点を合わせている。『ED：目的』（1977 年）は，財務報告がその目的の達成度とそれを達成する方法に影響を与える「いくつかの特性と限界」を伴いつつ，「特定の種類の情報」を提供すると指摘する。ところが，情報を有用なものとする「特定の『質的特性』」は，財務報告によって提供される情報において必ずしも「固有なもの」ではないため，これらの特性を情報に吹き込むために，「意識的な取り組み」が必要とされている（FASB [1977] paras. 67, 75）。その上で，『ED：目的』（1977 年）は，質的特性について次

のように述べている。

　「投資と与信の意思決定を行う投資家と債権者」にとって，財務情報を有用なものにする「一組の特性または質」を説明するために，「様々な名称」が，使用されている。Trueblood 報告書（1973 年）が示した質的特性は，目的適合性と重要性，実質優先[7]，信頼性，不偏性，比較可能性，一貫性および理解可能性という「典型的な一覧」を設けている。他の特質には，通常，「適時性，検証可能性，中立性，客観性および代表性（representative-ness）」が含まれる。「目的適合性と信頼性」は，一般的に説明されている質的特性の中で「最も基本的（the most fundamental)」であり，「他の特性の多く」は，おそらくそのどちらか一方と関係する（FASB［1977］paras. 69, 70)。ここでは，財務情報を有用なものにする質的特性が示されているが，特に目的適合性と信頼性を最も基本的なものとして位置づけている。このうち，トップダウン・アプローチでは，目的適合性が重視され，ボトムアップ・アプローチでは，信頼性が重視されるものと推測される[8]。

　そして，「目的適合性と信頼性の両方」は，「非常に基本的なもの（so fundamental)」であるため，情報が有用であるためには，少なくともそれぞれが最低水準で不可欠とされる。「目的適合性のない情報は有用ではなく，信頼できない情報も同様である」ため，「財務報告の目的」が何であろうとかかわらず，目的適合性と信頼性は，「不可欠な財務情報の質的特性」とされている。このように，『ED：目的』（1977 年）では，簡潔ながら質的特性に関する議論が記載されているが，質的特性に関するさらなる議論は，「概念フレームワーク・プロジェクトの別の段階」の任務として残された（FASB

---

7)　Trueblood 報告書（1973 年）は，報告の質的特性として，「形式と実質（Form and Substance)」（AICPA［1973］p. 57：邦訳［1976］74 頁）を挙げているが，『ED：目的』（1977 年）では，「実質優先（substance over form)」（FASB［1977］para. 69）と表記されている。

8)　これに関して，椛田は，SFAC 第 2 号（1980 年）の目的適合性が，トップダウン・アプローチを重視し，信頼性が，ボトムアップ・アプローチを重視している（椛田［2021a］52 頁）と指摘している。

［1977］paras. 71, 75)。

　ここで明らかなように，『ED：目的』（1977年）は，財務報告の目的と財務諸表の構成要素の定義に関する公開草案であったが，質的特性に関しても簡潔ながら議論されている。設立当初のFASBは，トップダウン・アプローチに基づいた意思決定・有用性と利用者指向の観点から，概念フレームワークの形成を構想し，質的特性に関して，目的適合性を第一義的に位置づけていると推測されるが，『ED：目的』（1977年）では，目的適合性（トップダウン・アプローチ重視）と信頼性（ボトムアップ・アプローチ重視）が，質的特性の中で最も基本的なものにそれぞれ位置づけられるように変容している。ただし，質的特性に関するそれ以上の具体的な議論は，先送りにされている。

1.4　『公開草案　営利企業の財務報告の基本目的と財務諸表の構成要素』(1977年)に対するコメント・レターの分析

1.4.1　『ED：目的』（1977年）に対するコメント・レターの分析

　本項では，FASBが受け取った『ED：目的』（1977年）に対する136の個人，企業および機関からのコメント・レター9)を具体的に分析していくが，それに先立ち，FASBにコメント・レターを投稿した個人，企業および機関の名称を図表1.1に示しておく。

---

9)　SFAC第2号（1980年）は，『ED：目的』（1977年）に対して，135通のコメント・レターが提出された（FASB［1980］para. 149：邦訳［2002］133頁）と述べているが，そのパブリック・レコードでは，136の個人，企業および団体からコメント・レターを受け取ったことが示されている（FASB［1978a］pp. 51-64）。なお，コメント・レター124番と124A番は，提出者名が異なるが，どちらもAICPAから提出されている（FASB［1978a］pp. 566-576）ため，同一組織からの提出として扱う。

図表1.1　『ED：目的』(1977年)に対するコメント・レターの投稿者の名称と職種

番号	投稿者の名称	投稿者の職種
1	Jim G. Ashburne	会計士
2	Sidney Davidson University of Chicago Graduate School of Business	研究者
3	Albert P. Roeper Thiokol Corporation	産業界 (作成者)
4	Donald Vannoy Elmer Fox, Westheimer & Co.	会計士
5 5A	Victor F. DeMarco Departments of the Army & Air Force	政府機関
6	Philip L. Defliese	会計士
7	Martin J. Whitman Yale School of Organization and Management	研究者
8	Kenneth S. Most Florida International University	研究者
9	Richard Vangermeersch University of Rhode Island	研究者
10	Richard I. Pulse McCormick & Company, Inc.	産業界 (作成者)
11	Walter K. Palmer Kaiser Foundation Health Plan, Inc.	産業界 (作成者)
12	Spencer J. Martin The Rhode Island Society of CPAs Committee to Respond to AICPA and FASB Exposure Drafts	会計士協会
13 13A	Gerge L. Hogeman AVCO Corporation	産業界 (作成者)
14	Harold L. Stugart Association of Government Accountants	政府機関
15	John W. Dawson Virginia Commonwealth University	研究者
16	John E. Keyes	会計士
17	C. J. Lause Mobil Corporation	産業界 (作成者)

18	J. E. Sands	その他
19	Gerald A. McElroy The Oregon Society of Certified Public Accountants Accounting and Auditing Procedures Committee	会計士協会
20	J. B. Montgomery Florida Atlantic University	研究者
21	Robert L. Gray New York State Society of Certified Public Accounting Financial Accounting Standards Committee	会計士協会
22	John C. Kelly New Jersey Society of Certified Public Accountants Accounting and Auditing Standards Committee	会計士協会
23	Martin V. Alonzo National Association of Accountants Management Accounting Practices Committee	産業界 (作成者)
24	Lawrence M. Logan University of New Haven	研究者
25	Charles C. Hornbostel Financial Executives Institute Committee on Corporate Reporting	産業界 (作成者)
26	Michael F. van Breda Massachusetts Institute of Technology	研究者
27	P. J. C. Seneque University of Natal	研究者
28	Parker C. Peterman Public Service Electric & Gas Company	産業界 (作成者)
29	R. H. Willis Kraft, Inc.	産業界 (作成者)
30	W. R. Teager Armco Steel Corporation	産業界 (作成者)
31 31A	H. Jim Snavely The University of Texas at Arlington	研究者
32	I. C. McCutcheon Royal Dutch/Shell Group of Companies	産業界 (作成者)

33	A. F. Boettcher Missouri Society of CPAs Accounting & Auditing Procedures Committee	会計士協会
34	Peter J. Tobin Manufacturers Hanover Corporation	銀行
35	J. W. Kenning Caterpillar Tractor Co.	産業界 (作成者)
36	Paul R. Troy	会計士
37	Samuel H. Ballam, Jr. FIDELCOR, Inc.	銀行
38	Paul B. W. Miller The University of Utah	研究者
39	E. K. Smith General Mills, Inc.	産業界 (作成者)
40	James B. Thomas Interstate Commerce Commission	政府機関
41	C. A. Northrop International Business Machines Corporation	産業界 (作成者)
42	Price Waterhouse & Co.	会計事務所
43	Geoffery C. Murphy Esmark, Inc.	産業界 (作成者)
44	W. R. Love Texaco, Inc.	産業界 (作成者)
45	John R. Page H. Paul Hooper Tulane University	研究者
46	B. D. Johnson Virginia Electric and Power Company	産業界 (作成者)
47	Abraham M. Stanger/Thomas E. Baker American Bar Association Committee on Corporate Law and Accounting	法律家
48	J. P. Blair Farmland Industries, Inc.	産業界 (作成者)
49	Arthur Andersen & Co.	会計事務所

50	Harvey V. Guttry, Jr. Times Mirror Company	産業界 (作成者)
51	Merle E. Gilliand Pittsburgh National Corporation	産業界 (作成者)
52	Frank Forester, Jr. J. P. Morgan & Co. , Incorporated	銀行
53	Ernst & Ernst	会計事務所
54	Peter Cheng, et al. Michigan State University	研究者
55	Shepard P. Pollack Philip Morris, Incorporated	産業界 (作成者)
56	U. J. LeGrange Exxon Corporation	産業界 (作成者)
57	J. A. Garda International Harvester	産業界 (作成者)
58	R. A. Orben Cummins Engine Company, Inc.	産業界 (作成者)
59	William C. Dent Colorado Society of CPAs Accounting and Auditing Procedures Committee	会計士協会
60	F. C. Roberts Eaton Corporation	産業界 (作成者)
61	Joseph P. McCue Hospital Financial Management Association	産業界 (作成者)
62	Robert M. Warner Illiois CPA Society Committee on Accounting Principles	会計士協会
63	W. C. Terpstra Peoples Gas Company	産業界 (作成者)
64	R. D. Reisman American Cyanamid Company	産業界 (作成者)
65	William R. Stimart Duke Power Company	産業界 (作成者)
66	R. D. Ebbott Minnesota Mining and Manufacturing Company	産業界 (作成者)

67	Charles H. Montgomery First Chicago Corporation	銀行
68	Robert C. Isban Bank Administration Institute Accounting Commission	銀行
69	H. E. Fikse Rockwell International	産業界 (作成者)
70	J. A. Masi Marathon Oil Company	産業界 (作成者)
71	W. W. Brown American Telephone & Telegraph Company	産業界 (作成者)
72	W. H. Dougherty, Jr. NCNB Corporation	銀行
73	James F. Lowery Philadelphia National Corporation	銀行
74	Gary L. Depolo Transamerica Corporation	産業界 (作成者)
75	Grace V. Dillingham American Council of Life Insurance	産業界 (作成者)
76	Louis F. Laun American Paper Institute, Inc.	産業界 (作成者)
77	Raymond Kurlander Civil Aeronautics Board Bureau of Accounts & Statistics	政府機関
78	A. N. Fritz Southern Natural Resources, Inc.	産業界 (作成者)
79	Leland S. Prussia BankAmerica Corporation	銀行
80	T. O. Thorsen General Electric Company	産業界 (作成者)
81	A. M. Long General Motors Corporation	産業界 (作成者)
82	Peat, Marwick, Mitchell & Co.	会計事務所
83	G. David Woosley Southern California Gas Company	産業界 (作成者)
84	Charles Toder AMAX, Inc.	産業界 (作成者)

85	J. Lee Ledbetter Lukens Steel Company	産業界 (作成者)
86	Robert V. Wadden Consolidated Rail Corporation	産業界 (作成者)
87	Thomas B. Fauls National Electrical Manufacturers Association	産業界 (作成者)
88	Victor H. Brown Standard Oil Company (Indiana)	産業界 (作成者)
89	David S. Davies U. S. Bancorp	銀行
90	C. E. Noland E. I. du Pont de Nemours & Company Incorporated	産業界 (作成者)
91	Robert E. Koehler Marriott Corporation	産業界 (作成者)
92	Robert G. Espie AEtna Life Insurance Company	産業界 (作成者)
93	Touche Ross & Co.	会計事務所
94	Thomas A. Murphy The Business Roundtable Task Force on Accounting Principles	産業界 (作成者)
95	Anthony J. Sabatino INCO Limited	産業界 (作成者)
96	Charles T. Zlatkovich The University of Texas at Austin	研究者
97	Willis F. Rich, Jr. The Robert Morris Associates	銀行
98	M. J. Netzly Republic Steel Corporation	産業界 (作成者)
99	Clifford H. Whitcomb The Prudential Insurance Company of America	産業界 (作成者)
100	Haskins & Sells	会計事務所
101	J. C. Jacobsen Shell Oil Company	産業界 (作成者)
102	Allan Kornfeld AMETEK, Inc.	産業界 (作成者)

103	James H. Grenell Honeywell, Inc.	産業界 (作成者)
104	C. W. Radda American Gas Association Accounting Advisory Council	産業界 (作成者)
105	Stephen D. Holton The Virginia Society of CPAs Accounting and Auditing Proce- dures Committee	会計士協会
106	William C. Norby Gerald I. White The Financial Analysts Federation Financial Accounting Policy Committee	証券会社
107	Sellers Stough Standard Oil Company of California	産業界 (作成者)
108	Charles M. Cullen	会計士
109	Willis W. Alexander American Barkers Association	銀行
110	James C. Cotting International Paper Company	産業界 (作成者)
111	Donald E. Seese Wells Fargo & Company	銀行
112	J. J. Cincotta Union Carbide Corporation	産業界 (作成者)
113	Arthur Young & Company	会計事務所
114	Coopers & Lybrand	会計事務所
115	Carl W. Greene Consolidated Edison Company of New York, Inc.	産業界 (作成者)
116	D. R. Borst Inland Steed Company	産業界 (作成者)
117	R. C. Pearson Texas Instruments Incorporated	産業界 (作成者)
118	James M. Hoppe Citicorp	銀行
119	Gerge C. Deecken Chemical New York Corporation	銀行

28

120	H. C. Knortz International Telephone and Telegraph Corporation	産業界 (作成者)
121	Herbert D. Luxon Scott Paper Company	産業界 (作成者)
122	B. L. Thurman, Jr. United States Steel Corporation	産業界 (作成者)
123	A. C. Crane A. O. Smith Corporation	産業界 (作成者)
124 124A	Norman Strauss American Institute of Certified Public Accountants Accounting Standards Division Task Force on Conceptual Framework for Accounting and Reporting A. Clayton Ostlund Professional Ethics Division Executive Committee	会計士協会
125	Ralph L. Heumann Commonwelth Edison	産業界 (作成者)
126	Charles W. Steward Machinery and Allied Products Institute	産業界 (作成者)
127	David B. Sutton Keystone Consolidated Industries, Inc.	産業界 (作成者)
128	Richard E. Roberson, Jr. Phillips Petroleum Company	産業界 (作成者)
129	Robert J. Norris	その他
130	William McCollam, Jr. Edison Electric Institute	産業界 (作成者)
131	Bracy D. Smith American Iron and Steel Institute Committee on Accounting, Taxation and Statistics	産業界 (作成者)
132	Richard T. Grainger Ethyl Corporation	産業界 (作成者)
133 133A	Vijayaraghavan Govindarajan Harvard University	研究者
134	匿名（Anonymous）	その他
135	Woolsey Carmalt	その他

| 136 | Robert Bloom
College of William and Mary School of Business Administration | 研究者 |

（出所）FASB [1978a] pp. 51-64. なお，一部分を修正した。

　以下においては，特に目的適合性と信頼性に焦点を当てて，コメント・レター分析を開始する。

（1番）Jim G. Ashburne（会計士）は，目的適合性と信頼性に対する明確な賛否を示していない（cf. FASB [1978a] p. 65）。

（2番）Sidney Davidson（University of Chicago Graduate School of Business：研究者）は，目的適合性と信頼性に対する明確な賛否を示していない（cf. FASB [1978a] pp. 66-67）。

（3番）Albert P. Roeper（Thiokol Corporation：産業界（作成者））は，目的適合性と信頼性に対する明確な賛否を示していない（cf. FASB [1978a] p. 68）。

（4番）Donald Vannoy（Elmer Fox, Westheimer & Co.：会計士）は，目的適合性と信頼性に対する明確な賛否を示していない（cf. FASB [1978a] p. 69）。

（5・5A番）Victor F. DeMarco（Departments of the Army & Air Force：政府機関）は，目的適合性と信頼性に対する明確な賛否を示していない（cf. FASB [1978a] pp. 70-72）。

（6番）Philip L. Defliese（会計士）は，次のように述べている。
　　　「1つの属性」が「全ての要素」に適用できるわけではなく，さらに，「各属性」は，「金額の単位または一般購買力の単位のいずれか」で測定

することに影響しやすいことが暗示される。本質的に定量的であるこれ
らの属性は，（論争が予想される）「目的適合性，信頼性，比較可能性，
適時性および理解可能性という質的属性（the qualitative attributes）」
による選択を調整する必要がある。（FASB［1978a］p. 89）。ここでは，
目的適合性，信頼性，比較可能性，適時性および理解可能性という質的
特性による調整が必要であると述べられていることから，目的適合性と
信頼性に賛成しているものと考えられる。

（7番）Martin J. Whitman（Yale School of Organization and Manage-
ment：研究者）は，次のように述べている。
　　「私たちの見解」では，財務諸表に求められる「2つの重要な質的特
性」とは，「客観性と調停可能性（objectivity and reconcilability）」で
ある。「客観性という基本的な基準」は，「測定可能かつ検証可能」な資
料から財務諸表を引き出すことで達成される。「客観的」であるために
は，財務諸表は，「信頼できる（reliable）」ものでもなければならない
（FASB［1978a］p. 116）。ここでは，財務情報に求められる重要な質的
特性として，客観性が挙げられているが，客観性があるためには，財務
諸表が信頼できるものでなければならないと述べられていることから，
間接的に信頼性にも賛成しているものと考えられる。一方，目的適合性
に対する明確な賛否は，示されていない。

（8番）Kenneth S. Most（Florida International University：研究者）は，目
的適合性と信頼性に対する明確な賛否を示していない（cf. FASB［1978a］
pp. 132-151）。

（9番）Richard Vangermeersch（University of Rhode Island：研究者）は，
目的適合性と信頼性に対する明確な賛否を示していない（cf. FASB
［1978a］pp. 152-153）。

（10番）Richard I. Pulse（McCormick & Company, Inc.：産業界（作成者））
　　は，目的適合性と信頼性に対する明確な賛否を示していない（cf. FASB
　　［1978a］p. 154）。

（11番）Walter K. Palmer（Kaiser Foundation Health Plan, Inc.：産業界（作
　　成者））は，目的適合性と信頼性に対する明確な賛否を示していない（cf.
　　FASB［1978a］pp. 155-156）。

（12番）Spencer J. Martin（The Rhode Island Society of CPAs Committee
　　to Respond to AICPA and FASB Exposure Drafts：会計士協会）は，
　　目的適合性と信頼性に対する明確な賛否を示していない（cf. FASB
　　［1978a］p. 157）。

（13・13A番）Gerge L. Hogeman（AVCO Corporation：産業界（作成者））
　　は，目的適合性と信頼性に対する明確な賛否を示していない（cf. FASB
　　［1978a］pp. 158-166）。

（14番）Harold L. Stugart（Association of Government Accountants：政府
　　機関）は，目的適合性と信頼性に対する明確な賛否を示していない（cf.
　　FASB［1978a］p. 167）。

（15番）John W. Dawson（Virginia Commonwealth University：研究者）は，
　　目的適合性と信頼性に対する明確な賛否を示していない（cf. FASB
　　［1978a］pp. 168-169）。

（16番）John E. Keyes（会計士）は，目的適合性と信頼性に対する明確な賛
　　否を示していない（cf. FASB［1978a］p. 170）。

（17番）C. J. Lause（Mobil Corporation：産業界（作成者））は，目的適合

性と信頼性に対する明確な賛否を示していない（cf. FASB［1978a］pp. 171-172)。

(18番) J. E. Sands (その他) は，目的適合性と信頼性に対する明確な賛否を示していない（cf. FASB［1978a］pp. 173-174)。

(19番) Gerald A. McElroy (The Oregon Society of Certified Public Accountants Accounting and Auditing Procedures Committee：会計士協会) は，目的適合性と信頼性に対する明確な賛否を示していない（cf. FASB［1978a］p. 175)。

(20番) J. B. Montgomery (Florida Atlantic University：研究者) は，目的適合性と信頼性に対する明確な賛否を示していない（cf. FASB［1978a］p. 176)。

(21番) Robert L. Gray (New York State Society of Certified Public Accounting Financial Accounting Standards Committee：会計士協会) は，目的適合性と信頼性に対する明確な賛否を示していない（cf. FASB［1978a］pp. 177-180)。

(22番) John C. Kelly (New Jersey Society of Certified Public Accountants Accounting and Auditing Standards Committee：会計士協会) は，目的適合性と信頼性に対する明確な賛否を示していない（cf. FASB［1978a］p. 181)。

(23番) Martin V. Alonzo (National Association of Accountants Management Accounting Practices Committee：産業界 (作成者)) は，「目的適合性と信頼性」が「基本的である (fundamental)」ことに賛成する（FASB［1978a］p. 184)と述べているので，目的適合性と信頼性に賛成

しているものと考えられる。

(24 番) Lawrence M. Logan (University of New Haven：研究者) は，目的
適合性と信頼性に対する明確な賛否を示していない (cf. FASB [1978a]
pp. 185-186)。

(25 番) Charles C. Hornbostel (Financial Executives Institute Committee
on Corporate Reporting：産業界 (作成者)) は，目的適合性と信頼性
に対する明確な賛否を示していない (cf. FASB [1978a] pp. 187-189)。

(26 番) Michael F. van Breda (Massachusetts Institute of Technology：研
究者) は，目的適合性と信頼性に対する明確な賛否を示していない (cf.
FASB [1978a] pp. 190-197)。

(27 番) P. J. C. Seneque (University of Natal：研究者) は，目的適合性と
信頼性に対する明確な賛否を示していない (cf. FASB [1978a] pp. 198-
201)。

(28 番) Parker C. Peterman (Public Service Electric & Gas Company：産
業界 (作成者)) は，目的適合性と信頼性に対する明確な賛否を示して
いない (cf. FASB [1978a] pp. 202-203)。

(29 番) R. H. Willis (Kraft, Inc.：産業界 (作成者)) は，目的適合性と信頼
性に対する明確な賛否を示していない (cf. FASB [1978a] pp. 204-205)。

(30 番) W. R. Teager (Armco Steel Corporation：産業界 (作成者)) は，目
的適合性と信頼性に対する明確な賛否を示していない (cf. FASB [1978a]
pp. 206-207)。

（31・31A 番）H. Jim Snavely（The University of Texas at Arlington：研究
者）は，コメント・レター本文では質的特性に関して述べていないが，
自身の論文を添付している。その論文では，「財務会計情報の選択」に
使用されるべき「多くの規準」を提案している。この規準は，4 段階の
「階層」を形成しており，有用性の規準を「最高レベル」に位置づけ，
第 2 段階に目的適合性，信頼性，理解可能性，重要性，充分性および実
用性を配置している。情報が信頼できるためには，第 3 段階にある検証
可能性と不偏性がなければならず，その検証可能性には，第 4 段階の
「適切な証拠」が求められている（FASB [1978a] pp. 214-215, 218-219）。
したがって，ここでは，目的適合性と信頼性に賛成しているものと考え
られる。

（32 番）I. C. McCutcheon（Royal Dutch/Shell Group of Companies：産業界
（作成者））は，目的適合性と信頼性に対する明確な賛否を示していない
（cf. FASB [1978a] pp. 237-243）。

（33 番）A. F. Boettcher（Missouri Society of CPAs Accounting & Auditing
Procedures Committee：会計士協会）は，目的適合性と信頼性に対す
る明確な賛否を示していない（cf. FASB [1978a] pp. 244-245）。

（34 番）Peter J. Tobin（Manufacturers Hanover Corporation：銀行）は，目
的適合性と信頼性に対する明確な賛否を示していない（cf. FASB [1978a]
pp. 246-248）。

（35 番）J. W. Kenning（Caterpillar Tractor Co.：産業界（作成者））は，目的
適合性と信頼性に対する明確な賛否を示していない（cf. FASB [1978a]
p. 249）。

（36 番）Paul R. Troy（会計士）は，目的適合性と信頼性に対する明確な賛

否を示していない（cf. FASB［1978a］pp. 250–251）。

（37 番）Samuel H. Ballam, Jr.（FIDELCOR, Inc.：銀行）は，次のように述
べている。

　　公開草案は，「目的適合性と信頼性（relevancy and reliability）」が
「財務情報の不可欠な特性」であるという立場をとっている。私たちは，
「財務諸表」が「ある程度の目的適合性」を犠牲にして，「客観性，首尾
一貫性，理解可能性および検証可能性というより重要な特質」を確保す
ることを望んでいる（FASB［1978a］p. 253）。ここでは，信頼性に対す
る賛否は明確ではないが，目的適合性に反対しているものと考えられる。

（38 番）Paul B. W. Miller（The University of Utah：研究者）は，次のよう
に述べている。

　　パラグラフ 69 から 73 における「目的適合性と信頼性」という「質的
特性の単純化」に関するあなた方の議論は，よくできており，非常に役
に立つ。会計士（特に学者）は，「木のために森を見失う傾向」がある
が，あなた方の意見は，それが欠けていたところを明確にする（FASB
［1978a］p. 258）。ここでは，目的適合性と信頼性に関する議論が非常に
役に立つと述べていることから，目的適合性と信頼性に賛成しているも
のと考えられる。

（39 番）E. K. Smith（General Mills, Inc.：産業界（作成者））は，次のよう
に述べている。

　　私たちは，公開草案における目的，特性および限界に関する「FASB
の結論」を概ね支持し，それらが採用されるべきと考える。「財務情報
の特性と限界に関する提案」は，非常に改善されている（FASB
［1978a］p. 260）。ここでは，公開草案における質的特性を支持すると述
べられていることから，目的適合性と信頼性に賛成しているものと考え
られる。

（40番）James B. Thomas（Interstate Commerce Commission：政府機関）
　　は，目的適合性と信頼性に対する明確な賛否を示していない（cf. FASB
　　[1978a] pp. 263-264）。

（41番）C. A. Northrop（International Business Machines Corporation：産
　　業界（作成者））は，目的適合性と信頼性に対する明確な賛否を示して
　　いない（cf. FASB [1978a] pp. 265-266）。

（42番）Price Waterhouse & Co.（会計事務所）は，目的適合性と信頼性に
　　対する明確な賛否を示していない（cf. FASB [1978a] pp. 267-272）。

（43番）Geoffery C. Murphy（Esmark, Inc.：産業界（作成者））は，次のよ
　　うに述べている。
　　　　私たちは，財務開示にインフレーションの影響に関する「より目的適
　　合性のある情報」を含む必要があると認識しているけれども，主要な財
　　務諸表にインフレーション会計を採用することは，経営者の業績判断に
　　必要な「信頼性（reliability）」を犠牲にするだけでなく，財務諸表の
　　「信頼性（credibility）」にもさらなる損害を与える。「そのような信頼性
　　と客観性」は，歴史的原価に基づいて事象を測定する場合に最も満たさ
　　れる（FASB [1978a] p. 274）。ここでは，インフレーションの影響に関
　　する目的適合性のある情報を含む必要があると認めつつも，信頼性を重
　　視して歴史的原価を支持していることから，目的適合性と信頼性にそれ
　　ぞれ賛成しているものと考えられる。

（44番）W. R. Love（Texaco, Inc.：産業界（作成者））は，目的適合性と信
　　頼性に対する明確な賛否を示していない（cf. FASB [1978a] pp. 275-
　　276）。

（45番）John R. Page / H. Paul Hooper（Tulane University：研究者）は，

目的適合性と信頼性に対する明確な賛否を示していない（cf. FASB [1978a] pp. 277-278）。

（46 番）B. D. Johnson（Virginia Electric and Power Company：産業界（作成者））は，目的適合性と信頼性に対する明確な賛否を示していない（cf. FASB [1978a] pp. 279-281）。

（47 番）Abraham M. Stanger / Thomas E. Baker（American Bar Association Committee on Corporate Law and Accounting：法律家）は，目的適合性と信頼性に対する明確な賛否を示していない（cf. FASB [1978a] pp. 282-284）。

（48 番）J. P. Blair（Farmland Industries, Inc.：産業界（作成者））は，目的適合性と信頼性に対する明確な賛否を示していない（cf. FASB [1978a] pp. 285-286）。

（49 番）Arthur Andersen & Co.（会計事務所）は，目的適合性と信頼性に対する明確な賛否を示していない（cf. FASB [1978a] pp. 287-296）。

（50 番）Harvey V. Guttry, Jr.（Times Mirror Company：産業界（作成者））は，目的適合性と信頼性に対する明確な賛否を示していない（cf. FASB [1978a] pp. 297-299）。

（51 番）Merle E. Gilliand（Pittsburgh National Corporation：産業界（作成者））は，目的適合性と信頼性に対する明確な賛否を示していない（cf. FASB [1978a] pp. 300-301）。

（52 番）Frank Forester, Jr.（J. P. Morgan & Co., Incorporated：銀行）は，目的適合性と信頼性に対する明確な賛否を示していない（cf. FASB

［1978a］pp. 302-303)。

（53番）Ernst & Ernst（会計事務所）は，目的適合性と信頼性に対する明確な賛否を示していない（cf. FASB［1978a］pp. 304-306)。

（54番）Peter Cheng, et al.（Michigan State University：研究者）は，目的適合性と信頼性に対する明確な賛否を示していない（cf. FASB［1978a］pp. 307-315)。

（55番）Shepard P. Pollack（Philip Morris, Incorporated：産業界（作成者））は，目的適合性と信頼性に対する明確な賛否を示していない（cf. FASB［1978a］pp. 316-327)。

（56番）U. J. LeGrange（Exxon Corporation：産業界（作成者））は，目的適合性と信頼性に対する明確な賛否を示していない（cf. FASB［1978a］pp. 328-330)。

（57番）J. A. Garda（International Harvester：産業界（作成者））は，目的適合性と信頼性に対する明確な賛否を示していない（cf. FASB［1978a］pp. 331-335)。

（58番）R. A. Orben（Cummins Engine Company, Inc.：産業界（作成者））は，目的適合性と信頼性に対する明確な賛否を示していない（cf. FASB［1978a］pp. 336-339)。

（59番）William C. Dent（Colorado Society of CPAs Accounting and Auditing Procedures Committee：会計士協会）は，次のように述べている。
　　「パラグラフ69以降の特性に関する議論」は，簡潔すぎて不適切であるためにあまり役に立たない。「これらの〔財務報告の〕目的間の対立」

に対処しなければならない人々に，いくらか役立つものであるべきである。パラグラフ 71 が，最低限，役に立つだけである（FASB［1978a］p. 343）。ここでは，目的適合性と信頼性の両方が財務情報の不可欠な特性とされているパラグラフ 71 のみ役に立つと述べているので，目的適合性と信頼性には，賛成しているものと考えられる。

（60 番）F. C. Roberts（Eaton Corporation：産業界（作成者））は，目的適合性と信頼性に対する明確な賛否を示していない（cf. FASB［1978a］pp. 345-346）。

（61 番）Joseph P. McCue（Hospital Financial Management Association：産業界（作成者））は，目的適合性と信頼性に対する明確な賛否を示していない（cf. FASB［1978a］pp. 347-348）。

（62 番）Robert M. Warner（Illiois CPA Society Committee on Accounting Principles：会計士協会）は，目的適合性と信頼性に対する明確な賛否を示していない（cf. FASB［1978a］pp. 349-350）。

（63 番）W. C. Terpstra（Peoples Gas Company：産業界（作成者））は，目的適合性と信頼性に対する明確な賛否を示していない（cf. FASB［1978a］pp. 351-352）。

（64 番）R. D. Reisman（American Cyanamid Company：産業界（作成者））は，目的適合性と信頼性に対する明確な賛否を示していない（cf. FASB［1978a］pp. 353-354）。

（65 番）William R. Stimart（Duke Power Company：産業界（作成者））は，目的適合性と信頼性に対する明確な賛否を示していない（cf. FASB［1978a］p. 355）。

（66番）R. D. Ebbott（Minnesota Mining and Manufacturing Company：産業界（作成者））は，目的適合性と信頼性に対する明確な賛否を示していない（cf. FASB [1978a] pp. 356-357）。

（67番）Charles H. Montgomery（First Chicago Corporation：銀行）は，次のように述べている。

　パラグラフ70と71では，「財務報告の目的の達成」に関連する「目的適合性という抽象的な質的特性」に関するいくつかの議論を提供しているが，私たちは，「結論が出ていないステートメント（open-ended statement)」について懸念している（FASB [1978a] p. 360）。ここでは，信頼性に関する賛否は明確ではないが，目的適合性に対する懸念を示していることから，目的適合性に反対しているものと考えられる。

（68番）Robert C. Isban（Bank Administration Institute Accounting Commission：銀行）は，目的適合性と信頼性に対する明確な賛否を示していない（cf. FASB [1978a] pp. 362-363）。

（69番）H. E. Fikse（Rockwell International：産業界（作成者））は，目的適合性と信頼性に対する明確な賛否を示していない（cf. FASB [1978a] pp. 364-365）。

（70番）J. A. Masi（Marathon Oil Company：産業界（作成者））は，目的適合性と信頼性に対する明確な賛否を示していない（cf. FASB [1978a] pp. 366-367）。

（71番）W. W. Brown（American Telephone & Telegraph Company：産業界（作成者））は，目的適合性と信頼性に対する明確な賛否を示していない（cf. FASB [1978a] pp. 368-370）。

（72番）W. H. Dougherty, Jr.（NCNB Corporation：銀行）は，目的適合性
　　と信頼性に対する明確な賛否を示していない（cf. FASB [1978a] pp. 371-
　　373）。

（73番）James F. Lowery（Philadelphia National Corporation：銀行）は，
　　目的適合性と信頼性に対する明確な賛否を示していない（cf. FASB
　　[1978a] pp. 374-378）。

（74番）Gary L. Depolo（Transamerica Corporation：産業界（作成者））は，
　　目的適合性と信頼性に対する明確な賛否を示していない（cf. FASB
　　[1978a] pp. 379-381）。

（75番）Grace V. Dillingham（American Council of Life Insurance：産業界
　　（作成者））は，目的適合性と信頼性に対する明確な賛否を示していない
　　（cf. FASB [1978a] pp. 382-384）。

（76番）Louis F. Laun（American Paper Institute, Inc.：産業界（作成者））
　　は，目的適合性と信頼性に対する明確な賛否を示していない（cf. FASB
　　[1978a] pp. 385-386）。

（77番）Raymond Kurlander（Civil Aeronautics Board Bureau of Accounts
　　& Statistics：政府機関）は，次のように述べている。
　　　ステートメントは，「特性」を列挙し，簡単に説明する上で「非常に
　　基本的な基盤（the very basic groundwork）」を築き，情報が有用であ
　　るためには，「目的適合性と信頼性の両方」が，最低限それぞれ「不可
　　欠」であるほど「基本的なもの（fundamental）」であるという立場を
　　とった。さらなる発展とともに，「定義または事例」のいずれかを通じ
　　て，財務会計と財務報告の「強力な基盤」が，この分野で開発されてい
　　る。このことは，強調されるべきである（FASB [1978a] p. 388）。ここ

では，目的適合性と信頼性を基本的なものと位置づける質的特性の内容
が強調されるべきと述べていることから，目的適合性と信頼性に賛成し
ているものと考えられる。

(78番) A. N. Fritz (Southern Natural Resources, Inc.：産業界（作成者))
は，目的適合性と信頼性に対する明確な賛否を示していない (cf. FASB
[1978a] pp. 390-392)。

(79番) Leland S. Prussia (BankAmerica Corporation：銀行) は，目的適合
性と信頼性に対する明確な賛否を示していない (cf. FASB [1978a]
p. 393)。

(80番) T. O. Thorsen (General Electric Company：産業界（作成者)) は，
目的適合性と信頼性に対する明確な賛否を示していない (cf. FASB
[1978a] pp. 394-396)。

(81番) A. M. Long (General Motors Corporation：産業界（作成者)) は，目
的適合性と信頼性に対する明確な賛否を示していない (cf. FASB [1978a]
pp. 397-398)。

(82番) Peat, Marwick, Mitchell & Co. (会計事務所) は，目的適合性と信頼
性に対する明確な賛否を示していない (cf. FASB [1978a] pp. 399-401)。

(83番) G. David Woosley (Southern California Gas Company：産業界（作
成者)) は，目的適合性と信頼性に対する明確な賛否を示していない
(cf. FASB [1978a] pp. 402-403)。

(84番) Charles Toder (AMAX, Inc.：産業界（作成者)) は，目的適合性と
信頼性に対する明確な賛否を示していない (cf. FASB [1978a] pp. 404-

405）。

（85 番）J. Lee Ledbetter（Lukens Steel Company：産業界（作成者））は，目的適合性と信頼性に対する明確な賛否を示していない（cf. FASB［1978a］pp. 406-409）。

（86 番）Robert V. Wadden（Consolidated Rail Corporation：産業界（作成者））は，目的適合性と信頼性に対する明確な賛否を示していない（cf. FASB［1978a］pp. 410-411）。

（87 番）Thomas B. Fauls（National Electrical Manufacturers Association：産業界（作成者））は，目的適合性と信頼性に対する明確な賛否を示していない（cf. FASB［1978a］pp. 412-414）。

（88 番）Victor H. Brown（Standard Oil Company（Indiana）：産業界（作成者））は，目的適合性と信頼性に対する明確な賛否を示していない（cf. FASB［1978a］pp. 415-416）。

（89 番）David S. Davies（U. S. Bancorp：銀行）は，目的適合性と信頼性に対する明確な賛否を示していない（cf. FASB［1978a］pp. 417-419）。

（90 番）C. E. Noland（E. I. du Pont de Nemours & Company Incorporated：産業界（作成者））は，目的適合性と信頼性に対する明確な賛否を示していない（cf. FASB［1978a］pp. 420-425）。

（91 番）Robert E. Koehler（Marriott Corporation：産業界（作成者））は，目的適合性と信頼性に対する明確な賛否を示していない（cf. FASB［1978a］pp. 426-430）。

（92番）Robert G. Espie（AEtna Life Insurance Company：産業界（作成者））
は，次のように述べている。

　「財務情報」が持つべき「質的特性の相対的な重要性」は，「様々な特
性」がどのように定義されているかに大きく左右される。「『目的適合
性』の特性に関する私たちの認知」は，「財務情報」が意図する目的に
とって「有用である」ことを要求するものである。私たちは，「『目的適
合性』と『信頼性』が等しく重要である」という公開草案が辿り着いた
結論を疑わしく思う。私たちの見解では，目的適合性が「全ての質的特
性の中で最も重要」である。私たちは，「全ての質的特性の中での目的
適合性の最重要性」を際立たせる方法で再確認するために，審議会が公
開草案のこのセクションを改訂すべきであると考える（FASB［1978a］
pp. 436-437）。ここでは，目的適合性と信頼性が等しく重要であるとい
う『ED：目的』（1977年）の提案に反対し，目的適合性の最重要性を
強調するよう求めていることから，目的適合性に賛成し，信頼性に反対
しているものと考えられる。

（93番）Touche Ross & Co.（会計事務所）は，目的適合性と信頼性に対す
る明確な賛否を示していない（cf. FASB［1978a］pp. 438-444）。

（94番）Thomas A. Murphy（The Business Roundtable Task Force on Ac-
counting Principles：産業界（作成者））は，目的適合性と信頼性に対
する明確な賛否を示していない（cf. FASB［1978a］pp. 445-446）。

（95番）Anthony J. Sabatino（INCO Limited：産業界（作成者））は，目的
適合性と信頼性に対する明確な賛否を示していない（cf. FASB［1978a］
pp. 447-449）。

（96番）Charles T. Zlatkovich（The University of Texas at Austin：研究者）
は，次のように述べている。

　私は，パラグラフ71の２番目の文章を，目的適合性のない情報は有用でないだけでなく，目的適合性のある情報を曖昧にし，疑問を投げかけさせるようになると，読めるように修正するだろう。「目的適合性のない情報と信頼できない情報を同一視する」終わりの文言について，これは正確ではなく，信頼できない情報も同様であるという箇所を削除するか，「より正確な別の文章」を追加することで解決できる（FASB［1978a］p. 451）。ここでは，信頼性に対する賛否は明確ではない。一方，目的適合性に関しては，その意味を明確にするために文言の修正を提案していると考えられるので，目的適合性に賛成しているものと推察される。

（97番）Willis F. Rich, Jr.（The Robert Morris Associates：銀行）は，目的適合性と信頼性に対する明確な賛否を示していない（cf. FASB［1978a］pp. 452-454）。

（98番）M. J. Netzly（Republic Steel Corporation：産業界（作成者））は，目的適合性と信頼性に対する明確な賛否を示していない（cf. FASB［1978a］pp. 455-457）。

（99番）Clifford H. Whitcomb（The Prudential Insurance Company of America：産業界（作成者））は，目的適合性と信頼性に対する明確な賛否を示していない（cf. FASB［1978a］pp. 458-460）。

（100番）Haskins & Sells（会計事務所）は，「『理解可能性』の必要性」（FASB［1978a］p. 463）について述べているが，目的適合性と信頼性に関しては，賛否は明確ではない。

（101番）J. C. Jacobsen（Shell Oil Company：産業界（作成者））は，目的適合性と信頼性に対する明確な賛否を示していない（cf. FASB［1978a］

pp. 466-468）。

（102番）Allan Kornfeld（AMETEK, Inc.：産業界（作成者））は，目的適合性と信頼性に対する明確な賛否を示していない（cf. FASB［1978a］pp. 469-470)。

（103番）James H. Grenell（Honeywell, Inc.：産業界（作成者））は，目的適合性と信頼性に対する明確な賛否を示していない（cf. FASB［1978a］pp. 471-472)。

（104番）C. W. Radda（American Gas Association Accounting Advisory Council：産業界（作成者））は，目的適合性と信頼性に対する明確な賛否を示していない（cf. FASB［1978a］pp. 473-477)。

（105番）Stephen D. Holton（The Virginia Society of CPAs Accounting and Auditing Procedures Committee：会計士協会）は，目的適合性と信頼性に対する明確な賛否を示していない（cf. FASB［1978a］pp. 478-486)。

（106番）William C. Norby / Gerald I. White（The Financial Analysts Federation Financial Accounting Policy Committee：証券会社）は，目的適合性と信頼性に対する明確な賛否を示していない（cf. FASB［1978a］pp. 487-490)。

（107番）Sellers Stough（Standard Oil Company of California：産業界（作成者））は，目的適合性と信頼性に対する明確な賛否を示していない（cf. FASB［1978a］pp. 491-508)。

（108番）Charles M. Cullen（会計士）は，目的適合性と信頼性に対する明確な賛否を示していない（cf. FASB［1978a］p. 509)。

（109番）Willis W. Alexander（American Barkers Association：銀行）は，「公開草案における目的のセクションと，特性と限界のセクションの両方」を支持する（FASB［1978a］p. 510）と述べていることから，目的適合性と信頼性に賛成しているものと考えられる。

（110番）James C. Cotting（International Paper Company：産業界（作成者））は，目的適合性と信頼性に対する明確な賛否を示していない（cf. FASB［1978a］pp. 512-516）。

（111番）Donald E. Seese（Wells Fargo & Company：銀行）は，目的適合性と信頼性に対する明確な賛否を示していない（cf. FASB［1978a］pp. 517-518）。

（112番）J. J. Cincotta（Union Carbide Corporation：産業界（作成者））は，目的適合性と信頼性に対する明確な賛否を示していない（cf. FASB［1978a］pp. 519-520）。

（113番）Arthur Young & Company（会計事務所）は，目的適合性と信頼性に対する明確な賛否を示していない（cf. FASB［1978a］pp. 521-529）。

（114番）Coopers & Lybrand（会計事務所）は，目的適合性と信頼性に対する明確な賛否を示していない（cf. FASB［1978a］pp. 530-535）。

（115番）Carl W. Greene（Consolidated Edison Company of New York, Inc.：産業界（作成者））は，目的適合性と信頼性に対する明確な賛否を示していない（cf. FASB［1978a］pp. 536-540）。

（116番）D. R. Borst（Inland Steed Company：産業界（作成者））は，目的適合性と信頼性に対する明確な賛否を示していない（cf. FASB［1978a］

pp. 541-545)。

（117番）R. C. Pearson（Texas Instruments Incorporated：産業界（作成者））
は，次のように述べている。

　　審議会は，それぞれの新しい勧告で「コスト・ベネフィット分析」に
取り組むという挑戦を受け入れるべきである。費用効率は，「目的適合
性と信頼性」という「基本的な質的特性」と同等ではないにしても近い
ものであると考えられるべきである。私たちは，審議会が「この重要な
特性」をさらに強調するように提案する（FASB [1978a] p. 547）。ここ
では，コスト・ベネフィットが目的適合性と信頼性と近いほど重要であ
ると述べられていることから，間接的ながら目的適合性と信頼性を重視
し，両者に賛成しているものと推測される。

（118番）James M. Hoppe（Citicorp：銀行）は，次のように述べている。
　　審議会は，「目的適合性と信頼性」がおそらく「財務情報の最も基本
的な質的特質」であると結論づけているようである。私たちは，「両者
が重要な特性である」ことには賛成するが，それらは全ての状況下で最
も重要というわけではないだろう。私たちは，「特質」を順位づける試
みよりも，経営者が「許容可能な融合（an acceptable mix）」を達成す
ることを目的として，FASBがそれぞれの長所を強調することを提案す
る（FASB [1978a] p. 551）。ここでは，目的適合性と信頼性が重要な特
性であることに同意していることから，両者に賛成しているものと考え
られる。

（119番）Gerge C. Deecken（Chemical New York Corporation：銀行）は，
次のように述べている。
　　パラグラフ 69-75 について，私たちは，「財務情報の特性または特質」
の扱いに失望している。なぜなら私たちが期待した手引きを提供するに
は不十分であるためである。「これらの特質」は，命名され，定義され，

説明され，おそらく相対的な重要性について評価されるべきである
（FASB［1978a］p. 556）。ここでは，『ED：目的』（1977 年）における
質的特性全体を批判していることから，間接的に目的適合性と信頼性に
も反対しているものと考えられる。

（120 番）H. C. Knortz（International Telephone and Telegraph Corpora-
tion：産業界（作成者））は，次のように述べている。
　「この見出し〔財務情報の特性と限界〕の下に含まれる説明」は，有
益であり，「序文の直後（immdediately follow the introduction）」に再
配置されるべきである（FASB［1978a］p. 559）。ここでは，質的特性の
内容が有益であると述べられていることから，間接的に目的適合性と信
頼性にも賛成しているものと考えられる。

（121 番）Herbert D. Luxon（Scott Paper Company：産業界（作成者））は，
目的適合性と信頼性に対する明確な賛否を示していない（cf. FASB
［1978a］pp. 560-561）。

（122 番）B. L. Thurman, Jr.（United States Steel Corporation：産業界（作
成者））は，目的適合性と信頼性に対する明確な賛否を示していない
（cf. FASB［1978a］pp. 562-563）。

（123 番）A. C. Crane（A. O. Smith Corporation：産業界（作成者））は，目
的適合性と信頼性に対する明確な賛否を示していない（cf. FASB
［1978a］pp. 564-565）。

（124・124A 番）Norman Strauss（American Institute of Certified Public
Accountants Accounting Standards Division Task Force on Conceptual
Framework for Accounting and Reporting：会計士協会）と A. Clayton
Ostlund（AICPA Professional Ethics Division Executive Committee：

会計士協会）は，目的適合性と信頼性に対する明確な賛否を示していない（cf. FASB［1978a］pp. 566-576)。

（125 番）Ralph L. Heumann（Commonwelth Edison：産業界（作成者））は，目的適合性と信頼性に対する明確な賛否を示していない（cf. FASB［1978a］p. 577)。

（126 番）Charles W. Steward（Machinery and Allied Products Institute：産業界（作成者））は，目的適合性と信頼性に対する明確な賛否を示していない（cf. FASB［1978a］pp. 578-595)。

（127 番）David B. Sutton（Keystone Consolidated Industries, Inc.：産業界（作成者））は，目的適合性と信頼性に対する明確な賛否を示していない（cf. FASB［1978a］pp. 596-598)。

（128 番）Richard E. Roberson, Jr.（Phillips Petroleum Company：産業界（作成者））は，目的適合性と信頼性に対する明確な賛否を示していない（cf. FASB［1978a］pp. 599-608)。

（129 番）Robert J. Norris（その他）は，目的適合性と信頼性に対する明確な賛否を示していない（cf. FASB［1978a］pp. 609-610)。

（130 番）William McCollam, Jr.（Edison Electric Institute：産業界（作成者））は，目的適合性と信頼性に対する明確な賛否を示していない（cf. FASB［1978a］pp. 611-618)。

（131 番）Bracy D. Smith（American Iron and Steel Institute Committee on Accounting, Taxation and Statistics：産業界（作成者））は，目的適合性と信頼性に対する明確な賛否を示していない（cf. FASB［1978a］pp.

619-624）。

（132 番）Richard T. Grainger（Ethyl Corporation：産業界（作成者））は，「『有用性』と同等に重要な用語である『目的適合性』と『信頼性』」が最終文書で定義されるべきである（FASB［1978a］p. 628）と述べ，目的適合性と信頼性が重要な用語であると認めていることから，目的適合性と信頼性に賛成しているものと考えられる。

（133・133A 番）Vijayaraghavan Govindarajan（Harvard University：研究者）は，目的適合性と信頼性に対する明確な賛否を示していない（cf. FASB［1978a］pp. 630-697）。

（134 番）匿名（Anonymous：その他）は，目的適合性と信頼性に対する明確な賛否を示していない（cf. FASB［1978a］pp. 698-699）。

（135 番）Woolsey Carmalt（その他）は，目的適合性と信頼性に対する明確な賛否を示していない（cf. FASB［1978a］p. 700）。

（136 番）Robert Bloom（College of William and Mary School of Business Administration：研究者）は，目的適合性と信頼性に対する明確な賛否を示していない（cf. FASB［1978a］pp. 701-711）。

1.4.2 『ED：目的』（1977 年）に対するコメント・レター分析の集計

　本書では，目的適合性と信頼性を中心に，『ED：目的』（1977 年）に対するコメント・レターの内容を分析してきた。『ED：目的』（1977 年）には，136 の個人，企業および機関からコメント・レターが寄せられた。このコメント・レターの内訳は，産業界（作成者）73 通／136 通（53％），会計士 23 通／136 通（17％），研究者 16 通／136 通（12％），銀行 14 通／136 通（10

図表 1.2 『ED：目的』(1977年)に対するコメント・レターの投稿者の職種と投稿数

投稿者の職種	全投稿数	%	目的適合性と信頼性の両方あるいはいずれか一方への賛否を示したコメント・レター	%
産　業　界 （作成者）	73	53	7	37
会　計　士	23	17	2	11
研　究　者	16	12	4	21
銀　　　行	14	10	5	26
政 府 機 関	4	3	1	5
証 券 会 社	1	1	0	0
法　律　家	1	1	0	0
そ　の　他	4	3	0	0
合　　　計	136	100	19	100

（出所）FASB [1978a] pp. 51-711 の内容に基づき，筆者が作成した。なお，FASB [1978a]
　　　pp. 1-50 には，『ED：目的』（1977年）が掲載されている。

%），政府機関4通／136通（3%），証券会社1通／136通（1%），法律家1
通／136通（1%）およびその他4通／136通（3%）であった。
　その中で，目的適合性と信頼性の両方あるいはいずれか一方への賛否を示
したコメント・レターは，19通であり，その内訳は，産業界（作成者）7通
／19通（37%），会計士2通／19通（11%），研究者4通／19通（21%），
銀行5通／19通（26%）および政府機関1通／19通（5%）であった。証券
会社，法律家およびその他からのコメント・レターには，目的適合性と信頼
性への賛否を示したものはなかった。また，8大会計事務所[10]のコメント・

10)　当時の8大会計事務所とは，Arthur Andersen & Co., Arthur Young & Co., Coopers
　　& Lybrand, Ernst & Ernst, Haskins & Sells, Peat, Marwick, Mitchell & Co., Price Wa-
　　terhouse & Co. および Touche Ross & Co. を指す（United States Senate [1976] p. 4)。
　　その後，Haskins & Sells は，1978年に英国の Deloitte, Plender, Griffiths & Co. と合併
　　して，Deloitte Haskins & Sells となり，Ernst & Ernst は，1979年に英国の Whinney,
　　Murry & Co. と合併して，Ernst & Whinney となった（千代田 [2014] 187頁)。

レターでは，目的適合性と信頼性への明確な賛否を明示したものはなかった。投稿者数の内訳は，図表 1.2 のように纏められ，また，目的適合性と信頼性に対する賛否を示した 19 通のコメント・レターは，図表 1.3 のように纏められる。

図表 1.3　目的適合性と信頼性に対する賛否の分析結果（『ED：目的』（1977 年）に対するコメント・レター）

番号	投稿者の名称	投稿者の職種	目的適合性	信頼性	賛否の分類
6	Philip L. Defliese	会計士	○	○	両方○
7	Martin J. Whitman Yale School of Organization and Management	研究者	—	○	信頼性のみ○
23	Martin V. Alonzo National Association of Accountants Management Accounting Practices Committee	産業界 （作成者）	○	○	両方○
31 31A	H. Jim Snavely The University of Texas at Arlington	研究者	○	○	両方○
37	Samuel H. Ballam, Jr. FIDELCOR, Inc.	銀行	×	—	目的適合性のみ×
38	Paul B. W. Miller The University of Utah	研究者	○	○	両方○
39	E. K. Smith General Mills, Inc.	産業界 （作成者）	○	○	両方○
43	Geoffery C. Murphy Esmark, Inc.	産業界 （作成者）	○	○	両方○
59	William C. Dent Colorado Society of CPAs Accounting and Auditing Procedures Committee	会計士協会	○	○	両方○
67	Charles H. Montgomery First Chicago Corporation	銀行	×	—	目的適合性のみ×

54

番号	氏名・所属	区分	目的適合性	信頼性	結果
77	Raymond Kurlander Civil Aeronautics Board Bureau of Accounts & Statistics	政府機関	○	○	両方○
92	Robert G. Espie AEtna Life Insurance Company	産業界（作成者）	○	×	目的適合性○ 信頼性×
96	Charles T. Zlatkovich The University of Texas at Austin	研究者	○	—	目的適合性のみ○
109	Willis W. Alexander American Barkers Association	銀行	○	○	両方○
117	R. C. Pearson Texas Instruments Incorporated	産業界（作成者）	○	○	両方○
118	James M. Hoppe Citicorp	銀行	○	○	両方○
119	Gerge C. Deecken Chemical New York Corporation	銀行	×	×	両方×
120	H. C. Knortz International Telephone and Telegraph Corporation	産業界（作成者）	○	○	両方○
132	Richard T. Grainger Ethyl Corporation	産業界（作成者）	○	○	両方○
合　計			○…15 ×… 3	○…14 ×… 2	

（出所）FASB [1978a] pp. 51-711 の内容に基づき，筆者が作成した。
（注）○は，目的適合性または信頼性に賛成したコメント・レターであり，×は，目的適合性または信頼性に反対したコメント・レターである。—は，賛否が不明なコメント・レターを表している。

　図表 1.4 は，目的適合性に対する賛否を集計した結果を示している。目的適合性と信頼性の両方あるいはいずれか一方への賛否を示した 19 通のコメント・レターのうち，信頼性の賛否のみを示したコメント・レターが，1 通——研究者——あった。したがって，目的適合性に対する賛否を示したコメ

ント・レターは，18通あり，その内訳は，産業界（作成者）7通／18通
（39％），会計士2通／18通（11％），研究者3通／18通（17％），銀行5通
／18通（28％）および政府機関1通／18通（5％）であった。証券会社，法
律家およびその他からのコメント・レターには，目的適合性に対する賛否を
示したものはなかった。

　目的適合性に対する賛否を示したコメント・レターのうち，目的適合性に
賛成する見解は，15通／18通（83％）であり，反対する見解は，3通／18
通（17％）であった。投稿者別に見ると，産業界（作成者）は，賛成が7通
／7通（100％），反対が0通／7通（0％）であった。会計士は，賛成が2通
／2通（100％），反対が0通／2通（0％）であった。研究者は，賛成が3通
／3通（100％），反対が0通／3通（0％）であった。銀行は，賛成が2通／
5通（40％），反対が3通／5通（60％）であった。政府機関は，賛成が1通
／1通（100％），反対が0通／1通（0％）であった。

図表 1.4　目的適合性に対する賛否（『ED：目的』（1977年）に対するコメント・
　　　　　レター）

投　稿　者 の　職　種	目的適合性に対する 賛否を示した投稿数	％	賛成	％	反対	％
産　業　界 （作成者）	7	39	7	100	0	0
会　計　士	2	11	2	100	0	0
研　究　者	3	17	3	100	0	0
銀　　　行	5	28	2	40	3	60
政 府 機 関	1	5	1	100	0	0
証 券 会 社	0	0	0		0	
法　律　家	0	0	0		0	
そ　の　他	0	0	0		0	
合　　　計	18	100	15	83	3	17

（出所）FASB［1978a］pp. 51-711 の内容に基づき，筆者が作成した。

　図表 1.5 は，信頼性に対する賛否を集計した結果を示している。目的適合性と信頼性の両方あるいはいずれか一方への賛否を示した 19 通のコメント・レターのうち，目的適合性の賛否のみを示したコメント・レターが，3 通——研究者 1 通と銀行 2 通——あった。したがって，信頼性に対する賛否を示したコメント・レターは，16 通あり，その内訳は，産業界（作成者）7 通／16 通（44%），会計士 2 通／16 通（12%），研究者 3 通／16 通（19%），銀行 3 通／16 通（19%）および政府機関 1 通／16 通（6%）であった。証券会社，法律家およびその他からのコメント・レターには，信頼性に対する賛否を示したものはなかった。

　信頼性に対する賛否を示したコメント・レターのうち，信頼性に賛成する見解は，14 通／16 通（88%）であり，反対する見解は，2 通／16 通（12%）であった。投稿者別に見ると，産業界（作成者）は，賛成が 6 通／7 通（86%），反対が 1 通／7 通（14%）であった。会計士は，賛成が 2 通／2 通（100%），反対が 0 通／2 通（0%）であった。研究者は，賛成が 3 通／3 通（100%），反対が 0 通／3 通（0%）であった。銀行は，賛成が 2 通／3 通

図表 1.5　信頼性に対する賛否（『ED：目的』（1977 年）に対するコメント・レター）

投　稿　者の　職　種	信頼性に対する賛否を示した投稿数	%	賛成	%	反対	%
産　業　界（作成者）	7	44	6	86	1	14
会　計　士	2	12	2	100	0	0
研　究　者	3	19	3	100	0	0
銀　　　行	3	19	2	67	1	33
政 府 機 関	1	6	1	100	0	0
証 券 会 社	0	0	0		0	
法　律　家	0	0	0		0	
そ　の　他	0	0	0		0	
合　　　計	16	100	14	88	2	12

（出所）FASB [1978a] pp. 51-711 の内容に基づき，筆者が作成した。

（67％），反対が 1 通／3 通（33％）であった。政府機関は，賛成が 1 通／1 通（100％），反対が 0 通／1 通（0％）であった。

さらに，図表 1.6 で明らかなように，目的適合性と信頼性の両方あるいはいずれか一方への賛否を示した 19 通のコメント・レターのうち，目的適合性と信頼性の両方に賛成する見解が 13 通／19 通（69％），目的適合性のみに反対する見解が 2 通／19 通（11％），目的適合性に賛成し，信頼性に反対する見解が 1 通／19 通（5％），目的適合性のみに賛成する見解が 1 通／19 通（5％），信頼性にのみ反対する見解が 1 通／19 通（5％），目的適合性と信頼性の両方に反対する見解が 1 通／19 通（5％）であった。

ここで明らかなように，『ED：目的』（1977 年）には，136 の個人，企業および機関からコメント・レターが寄せられ，その中で，目的適合性と信頼性の両方またはいずれか一方への賛否を示したコメント・レターは，19 通／136 通であった。このうち，信頼性への賛否のみを示した 1 通を除くと，目的適合性に賛成する見解が，15 通／18 通（83％）であり，反対する見解が 3 通／18 通（17％）であったことから，目的適合性に賛成する見解が多数であった。また，目的適合性への賛否のみを示した 3 通を除くと，信頼性に賛成する見解は，14 通／16 通（88％）であり，反対する見解は，2 通／

図表 1.6　目的適合性と信頼性に対する賛否の分類（『ED：目的』（1977 年）に対するコメント・レター）

賛　　否　　の　　分　　類	投　稿　数	％
目 的 適 合 性 と 信 頼 性 の 両 方 に 賛 成	13	69
目　的　適　合　性　に　の　み　反　対	2	11
目 的 適 合 性 に 賛 成・信 頼 性 に 反 対	1	5
目　的　適　合　性　に　の　み　賛　成	1	5
信　頼　性　に　の　み　反　対	1	5
目 的 適 合 性 と 信 頼 性 の 両 方 に 反 対	1	5
合　　　　　　　　　　　　　　　計	19	100

（出所）FASB［1978a］pp. 51-711 の内容に基づき，筆者が作成した。

16 通（12%）であったことから，信頼性に賛成する見解も多数であった。さらに，目的適合性と信頼性の両方に賛成するコメント・レターは，13 通／19 通（69%）と多数であった。したがって，『ED：目的』（1977 年）に対するコメント・レターでは，目的適合性と信頼性の両方に賛成する見解が多数であり，両者への支持が，併存していたことが明らかになった。

1.5　おわりに

　ここでは，本章で述べた内容を纏めておきたい。まず，FASB は，Trueblood 報告書（1973 年）から大きな影響を受けた結果，意思決定・有用性アプローチを所与のものとして，会計目的，質的特性——目的適合性を第一義的に位置づけている——および利用者の情報要求を主軸に据えた概念フレームワークの開発に着手した。ここでは，ケース・バイ・ケース・アプローチの弊害に対峙して，トップダウン・アプローチのみを重視した概念フレームワークの形成を構想していたと推測される。

　ところが，『ED：目的』（1977 年）では，目的適合性（トップダウン・アプローチ重視）と信頼性（ボトムアップ・アプローチ重視）を，質的特性の中で最も基本的なものとして，位置づけているが，質的特性に関するそれ以上の具体的な議論は，先送りにされている。そして，『ED：目的』（1977 年）に対するコメント・レターでは，目的適合性と信頼性に賛成する見解が多数であり，両者への支持が第一義的に併存していたかのような状態にあった。このように，第 1 章では，『ED：目的』（1977 年）とそれに対するコメント・レターの内容を詳細に明らかにした。

第 2 章

FASB 概念フレームワークにおける目的適合性と 信頼性のトレード・オフの形成過程の分析

2.1 はじめに

　第1章では，SFAC第2号（1980年）に係る公表物のうち，目的適合性と信頼性に焦点を当てて，『ED：目的』（1977年）とそれに対するコメント・レターを分析してきた。設立当初のFASB（1973年頃）は，トップダウン・アプローチに基づいた意思決定・有用性と利用者指向を重視して，会計目的，質的特性——目的適合性を第一義的に位置づけている——および利用者の情報要求を主軸に据えた概念フレームワークの開発を構想していた。

　ところが，『ED：目的』（1977年）では，目的適合性（トップダウン・アプローチ重視）と信頼性（ボトムアップ・アプローチ重視）を最も基本的な質的特性に位置づけているが，それ以上の具体的な議論は先送りにされ，トレード・オフに関しても検討されていない。また，『ED：目的』（1977年）に対するコメント・レターでは，目的適合性と信頼性に賛成する見解が多数であり，両者への支持が第一義的に併存していたかのような状態にあった。

　このような当時の概念フレームワーク・プロジェクトの状況を踏まえて，本章では，SFAC第2号（1980年）に係る公表物のうち，その後半部分に当たる『ED：特性』（1979年），それに対するコメント・レターおよびSFAC第2号（1980年）を分析し，第1章での議論を踏まえて，目的適合性と信頼性のトレード・オフの形成過程における複数の原因を所与のものとした主要な原因を解明する。

2.2 『公開草案　質的特性：財務会計と報告方針の選択と評価のための規準』（1979年）におけるトレード・オフの提案

FASBは，「財務会計と財務報告の政策と手続き」を判断するための規準

図表 2.1　会計特質の階層

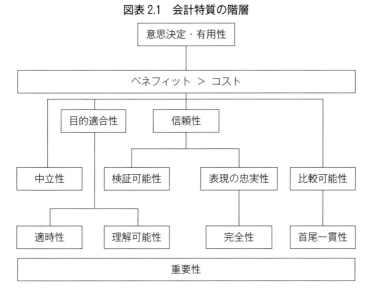

（出所）FASB［1979a］para. 27.

を設けるために，『ED：特性』（1979 年）を公表した（FASB［1979a］para. 1）。『ED：特性』（1979 年）は，図表 2.1 のように，意思決定に役立つ「特質の階層（a hierarchy of qualities）」を示している（FASB［1979a］para. 27）。

　「情報の特質の階層」では，「*意思決定・有用性（decision usefulness）*」が「*その最上位（its head）*」に位置づけられており，「*目的適合性*」と「*信頼性*」は，「意思決定」のために会計情報を有用なものにする「2 つの第一義的な特質（the two primary qualities）」とされている（FASB［1979a］p. v. 斜体は原文）。情報が有用であるためには，目的適合性があり，信頼できるものでなければならず，いずれかの特質が損なわれれば，情報は有用ではなくなるとされている（FASB［1979a］para. 28）。したがって，『ED：特性』（1979 年）は，トップダウン・アプローチを重視する意思決定・有用性を最上位に位置づけた上で，トップダウン・アプローチを重視する目的適合性と，ボトムアップ・アプローチを重視する信頼性を，それぞれ位置づけてい

る[1]。

　目的適合性は，「目標達成に関連するいくつかの事象が発生する可能性に関する評価」に影響を及ぼすことによって，意思決定者に違いを生じさせる「情報の能力」と定義される（FASB［1979a］pp. v-vi）。情報は，「意思決定者による行動に対する新しい代替案」を切り開き，「行動または事象の結果に関する期待」を変化させることによって，可能性を変化させることができ，それゆえに「目的適合性がある」だろう。「会計情報の目的適合性」は，「意思決定者の目的」と関連づけて判断されなければならない（FASB［1979a］paras. 33, 34）。

　「適時性」は，「目的適合性の補助的側面（ancillary aspect of relevance）」である。情報が，必要な時に利用可能でない，もしくは報告された事象の後で利用可能になり「将来の行動に価値がない」場合，情報は，「目的適合性」がなく，その規準を満たすことができない。また，「理解可能性」は，「もう一つの目的適合性の補助的側面」であり，情報は，理解されなければ「目的適合性のあるもの」になることができない（FASB［1979a］paras. 43, 44）。

　信頼性は，「利用者」が情報に依存して，表現しようとしている「状況または事象」を表現できるようにする「情報の特質」として定義されており（FASB［1979a］p. vi），情報が「目的適合性があるだけでなく，信頼できる（reliable as well as relevant）」ものであるべきということは，「会計の中心（central to accounting）」となる「観念」とされている（FASB［1979a］para. 48）。その上で，『ED：特性』（1979 年）は，信頼性の意味について次のように述べている。

　「2 つの異なる信頼性の意味」は，薬が「信頼できる」とはどのような意味であるかを考えることによって，区別し説明することができる。薬が信頼

---

1) これに関して，椛田は，『ED：特性』（1979 年）と同様に，第一義的な質的特性として位置づけられる SFAC 第 2 号（1980 年）の目的適合性が，トップダウン・アプローチを重視し，信頼性が，ボトムアップ・アプローチを重視している（椛田［2021a］52 頁）と指摘している。

できるとは，その薬が処方される「病気」を治癒または和らげるので信頼で
きるという意味であり，もしくは，どの用量の薬でも，「ラベルに示されて
いる成分（ingredients shown on the label）」を「正確に」含むために，信
頼できることを意味するだろう。「第一の意味」は，薬が期待通りに「有効
である（effective）」ことを意味している。「第二の意味」は，「有効性（ef-
fectiveness）」のことではなく，「ラベル」の説明と「瓶」に含まれているも
のが同じであるということを意味している。「有効性」は，確かに「情報に
必要な特性」であるが，会計学では「別の名称，すなわち目的適合性」と呼
ばれている。「このステートメント」が「信頼性という用語」を用いる場合，
「有効性」という意味は一切ない。「会計情報」は，それが表現しようとする
「経済状態または事象」を表現しているので，「利用者」がその情報に依存す
ることができる場合，「信頼できる」ものである。ここには，「検証可能性と
表現の忠実性（verifiability and representational faithfulness）」という別々
に保持することが望ましい「2つの特性」がある（FASB［1979a］paras. 49,
50）。

　ここでは，薬を例にして信頼性に2つの意味があることが説明されてい
る。『ED：特性』（1979年）における信頼性は，有効性または目的適合性の
意味を含まず，情報が表現しようとする経済状態または事象を表現し，利用
者がその情報に依存できることを意味している。そして，信頼性は，検証可
能性と表現の忠実性で構成されている。

　一方の検証可能性とは，「同じ測定方法」を使用して「独立した測定者間
の高度な合意」を確保することによって実証できる「特質」である（FASB
［1979a］p. vi）。「検証」とは，「合意」を意味し，ここでの検証可能性は，
「測定規則」が何であっても，それが「慎重」かつ測定者の「個人的偏向」
を伴わずに，適用されていることを保証することである（FASB［1979a］
paras. 56, 57）。

　他方の表現の忠実性は，「表現しようとしている会計数値間の一致（corre-
spondence）」に注意を向けるものである（FASB［1979a］p. vi）。「情報から
測定者の偏向を排除するだけ」では，「情報」が「信頼できる」ことを保証

64

するわけではない。「複数の独立した測定者」が「単一の測定方法」に同意
し、それを「正直かつ巧みに」適用する場合でも、「使用される方法」が、
測定が表現しようとしているものを表さないようなものならば、その結果
は、「信頼できない」とされている。このように、「ある測定値の信頼性」
は、それが表現しようとするものを忠実に表現することに左右され、それは
「利用者に対する保証」と結びつき、またその保証は測定値が「表現上の特
性」を持っていることを「検証すること」によって確保される（FASB
[1979a] paras. 54, 59）。

　このほか、図表2.1で示されている「中立性と比較可能性」は、「目的適
合性と信頼性」と同等の「主要な情報の特性」とはされていないため、低い
位置にある（FASB [1979a] para. 29）。『ED：特性』（1979年）は、中立性
について、「中立的な会計上の選択肢からの選択」は、「所定の結果」に対す
る「偏向からの解放（free form bias）」の一つとしている。また、『ED：特
性』（1979年）は、比較可能性について、「他の企業に関する情報」と比較
できる「特定の企業に関する情報」は、「相対的な経済的機会または業績」
を評価しなければならない人々にとって、「比較できない情報よりも有用」
としている（FASB [1979a] p. vii）。

　さらに、『ED：特性』（1979年）は、「目的適合性と信頼性」が互いに影
響し、「会計方法」を変更して「目的適合性」を高める場合、信頼性が低下
するかもしれず、その逆も同様としている。しかし、情報が有用であるため
には、「最低限の目的適合性と最低限の信頼性」がなければならないため、
「目的適合性」を「信頼性」と入れ替えることも「その逆」を行うこともで
きない。したがって、「これらの特性」の間には、「トレード・オフ（trade-
off）」が存在し得るが、それらの1つを別の特性でなくすということではな
いとされている（FASB [1979a] paras. 36, 62）。

　ここで明らかなように、『ED：特性』（1979年）は、意思決定・有用性
（トップダウン・アプローチ重視）を最上位に位置づけた上で、目的適合性
（トップダウン・アプローチ重視）と信頼性（ボトムアップ・アプローチ重
視）が、意思決定のために会計情報を有用なものにする2つの第一義的な特

質として規定された。これは，『ED：目的』（1977 年）に対するコメント・レター──目的適合性と信頼性に賛成する見解が多数であり，両者への支持が第一義的に併存していたかのような状態にあった──を反映したかのような内容になっている。また，『ED：特性』（1979 年）では，目的適合性を高めた場合，信頼性が低くなることや，その逆もあることを指摘し，目的適合性と信頼性のトレード・オフを提案している。

2.3　『公開草案　質的特性：財務会計と報告方針の選択と評価のための規準』（1979 年）に対するコメント・レターの分析

2.3.1　『ED：特性』（1979 年）に対するコメント・レターの分析

　本項では，FASB が受け取った『ED：特性』（1979 年）に対する 88 の個人，企業および機関からのコメント・レターを具体的に分析していくが，それに先立ち，FASB にコメント・レターを投稿した個人，企業および機関の名称を図表 2.2 に示しておく。

図表 2.2　『ED：特性』(1979 年) に対するコメント・レターの投稿者の名称と職種

番号	投稿者の名称	投稿者の職種
1 1A	W.W.Brown American Telephone and Telegraph Company	産業界 （作成者）
2	Richard C. Lotz Crabtree, Carlton, Merrill & Co.	会計士
3	Jim G. Ashburne	研究者
4	Ervin G. Feany McGladrey Hendrickson & Co.	会計士
5	James M. Fremgen Naval Postgraduate School	研究者
6	Victor F. DeMarco	会計士

7	Shirley A. Wilkinson	その他
8	Robert L. Gray New York State Society of Certified Public Accountants Financial Accounting Standards Committee	会計士協会
9	Richard T. Grainger Ethyl Corporation	産業界 (作成者)
10	M. G. Sanchez The Robert Morris Associates	銀行
11	Bruce A. Beery NCNB Corporation	産業界 (作成者)
12	T. K. Cowan University of Otago	研究者
13 13A	Hubert F. Fowler Indiana CPA Society Local Practice Technical Response Committee	会計士協会
14	W. Alan Jorgensen	会計士
15	Keith G. Stanga The University of Tennessee	研究者
16	Donald A. Corbin University of Hawaii at Manoa	研究者
17	Norman W. Harris Ⅲ The Toro Company	産業界 (作成者)
18	Woolsey Carmalt	その他
19	G. David Woosley Southern California Gas Company	産業界 (作成者)
20	William R. Kauppila Washington Society of Certified Public Accountants Accounting Principles Committee	会計士協会
21	R. L. Shuman Westinghouse Electric Corporation	産業界 (作成者)
22	James M. Patton Barry L. Lewis University of Pittsburgh	研究者

23	Ronald M. Copeland American Accounting Association Committee on Financial Accounting Standards	研究者
24	B. Horwitz State University of New York at Binghamton	研究者
25	Victor H. Brown Standards Oil Company（Indiana）	産業界 （作成者）
26	James B. Thomas, Jr. Interstate Commerce Commission	政府機関
27	Steven A. Windell R. W. Beck and Associates	産業界 （作成者）
28	Hans G. Storr Philip Morris Incorporated	産業界 （作成者）
29	H. Jim Snavely The University of Texas at Arlington	研究者
30	Peter J. Tobin Manufacturers Hanover Corporation	銀行
31	Samuel H. Armacost BankAmerica Corporation	銀行
32	Paul B. Lukens INA Corporation	産業界 （作成者）
33	Herbert H. Seiffert National Association of Accountants Management Accounting Practices Committee	産業界 （作成者）
34	Deloitte Haskins & Sells	会計事務所
35	James T. Whitman Hospital Financial Management Association	その他
36	Howard S. Shapiro Illinois CPA Society Committee on Accounting Principles	会計士協会
37	H. C. Knortz International Telephone and Telegragh Corporation	産業界 （作成者）
38	W. Merwyn Pittman Northwest Energy Company	産業界 （作成者）
39	J. M. Kenning Caterpillar Tractor Co.	産業界 （作成者）

40	B. G. Lawler Chessie System, Inc.	産業界 (作成者)
41	J. S. Dimling Marathon Oil Cimpany	産業界 (作成者)
42	Sherman R. Roser St. Cloud State University	研究者
43	Charles W. Radda American Gas Association	産業界 (作成者)
44	William C. Terpstra Peoples Gas Company	産業界 (作成者)
45	Cynthia M. Gulliksen Arizona Society of Certified Public Accountants Financial Accounting Standards Committee	会計士協会
46	R. L. Leach Eaton Corporation	産業界 (作成者)
47	Arthur Andersen & Co.	会計事務所
48	I. C. MuCutcheon Royal Dutch/Shell Group	産業界 (作成者)
49	Floyd M. Oldford American Natural Service Company	産業界 (作成者)
50	Eli I. Akresh National Association of Real Estate Companies Financial Accounting Standards Committee	産業界 (作成者)
51	Roger H. Willis Kraft Inc.	産業界 (作成者)
52	Paul S. Bradshaw Carolina Power & Light Company	産業界 (作成者)
53	Peat, Marwick, Mitchell & Co.	会計事務所
54	Robert G. Maxon AEtna Life Insurance Company	産業界 (作成者)
55	Robert G. Ritchie The Michigan Association of Certified Public Accountants FASB and AICPA Drafts Subcommittee	会計士協会
56	G. G. Flint Moore Corporation Limited	産業界 (作成者)

57	John A. Hagan R. J. Reynolds Industries, Inc.	産業界 (作成者)
58	F. H. Landgraf General Mills. Inc.	産業界 (作成者)
59	A. N. Fritz Southern Natural Resources, Inc.	産業界 (作成者)
60	W. R. Love Texaco Inc.	産業界 (作成者)
61 61A	B. R. Doyle General Electric Company Donald J. Wait	産業界 (作成者)
62	John H. Stewart International Business Machines Corporation	産業界 (作成者)
63	U. J. LeGrange Exxon Corporation	産業界 (作成者)
64	Joseph A. Sciarrino Financial Executives Institute Committee on Corporate Reporting	産業界 (作成者)
65	J. C. Jacobsen Shell Oil Company	産業界 (作成者)
66	Price Waterhouse & Co.	会計事務所
67	Arthur G. Gillum Interstate Natural Gas Association of America	産業界 (作成者)
68	Thomas B. Fauls National Electrical Manufacturers Asscoiation	産業界 (作成者)
69	Coopers & Lybrand	会計事務所
70	C. E. Noland E. I. duPont de Nemours & Company Incorporated	産業界 (作成者)
71	Christian C. Chirtiansen, Jr. Bankers Trust Company	銀行
72	Jerome W. Carlson Hewlett-Packard Company	産業界 (作成者)
73	Robert N. Anthony Harvard University Graduate School of Business Administration	研究者

74	James M. Doran Meublein Inc.	産業界 (作成者)
75	Douglas A. Smith General Foods Corporation	産業界 (作成者)
76	Arthur Young & Company	会計事務所
77	Clifford H. Whitcomb The Prudential Insurance Company of America	産業界 (作成者)
78	W. R. Teager Armco Inc.	産業界 (作成者)
79	Virgil D. Wagner American Council of Life Insurance Financial Reporting Principles Committee	産業界 (作成者)
80	W. E. Hogland General Motors Corporation	産業界 (作成者)
81	Paul B. W. Miller The University of Utah	研究者
82	R. C. Pearson Texas Instruments Incorporated	産業界 (作成者)
83	H. E. Fikse Rockwell International Corporation	産業界 (作成者)
84	Touche Ross & Co.	会計事務所
85	William C. Norby Duff and Phelps, Inc.	産業界 (作成者)
86	Norman N. Strauss American Institute of Certified Public Accountants Task Force on Conceptual Framework for Accounting and Reporting	会計士協会
87	Roger W. Trupin Citicorp	銀行
88	Ernst & Whinney	会計事務所

（出所）FASB [1979b] pp. 64-74. なお，一部分を修正した。

　以下においては，特に目的適合性と信頼性に焦点を当てて，コメント・レター分析を開始する。

（1・1A 番）W. W. Brown（American Telephone and Telegraph Compa-
ny：産業界（作成者））は，目的適合性と信頼性に対する明確な賛否を
示していない（cf. FASB［1979b］pp. 75-77）。

（2 番）Richard C. Lotz（Crabtree, Carlton, Merrill & Co.：会計士）は，「『目
的適合性，信頼性，検証可能，表現上忠実，中立性，比較可能性』とい
うような用語」を使用して，増加する会計問題を合理的に説明するとい
う方法は非常に難しいと思う（FASB［1979b］p. 78）と述べているの
で，目的適合性と信頼性に反対しているものと考えられる。

（3 番）Jim G. Ashburne（研究者）は，次のように述べている。
　　　あなた方は，受け入れられている目的適合性の定義が操作可能ではな
　　いと主張している。私は，目的適合性が一般化でき，特定の利用者の選
　　択の問題ではないと考えている。私は，目的適合性が等級分けされると
　　は思わない。ある人が別の項目よりもある項目を重視するという観念
　　は，どちらも目的適合性があるので，「その〔目的適合性の〕定義」に
　　は合わないようである。データが目的適合性を有するか判断する前に，
　　「その信頼性」が評価されなければならない。私は，「信頼できない会計
　　データ」は，利用者がそれをあまり信頼しないように何らかの方法でマ
　　ークをつけるべきであり，おそらく財務諸表に含めるべきではないこと
　　に同意する（FASB［1979b］p. 79）。ここでは，目的適合性の定義を批
　　判する一方，目的適合性があるか判断する前に信頼性を評価する必要性
　　を指摘しているので，目的適合性に反対し，信頼性に賛成しているもの
　　と考えられる。

（4 番）Ervin G. Feany（McGladrey Hendrickson & Co.：会計士）は，提案
　　されたステートメントの大部分に賛成し，「目的適合性と信頼性が 2 つ
　　の主要な質的特性である」ことにはっきりと賛成する（FASB［1979b］
　　p. 81）と述べていることから，目的適合性，信頼性および両者のトレー

ド・オフに賛成しているものと考えられる。

（5番）James M. Fremgen（Naval Postgraduate School：研究者）は，目的
適合性と信頼性に対する明確な賛否を示していない（cf. FASB［1979b］
pp. 91-92）。

（6番）Victor F. DeMarco（会計士）は，次のように述べている。
　　「それ〔『ED：特性』（1979年）〕」に私の考えが明示されているかは
確かではない。「それ〔『ED：特性』（1979年）〕」は，「過去に言われて
いたことの概要」のようである。私たちは，「目的適合性と重要性」を
数量化できない。実務家として，「それ〔『ED：特性』（1979年）〕」は，
私たちにはあまり役に立たない（FASB［1979b］p. 93）。ここでは，
『ED：特性』（1979年）の内容を役に立たないものとしているので，目
的適合性，信頼性および両者のトレード・オフに反対しているものと考
えられる。

（7番）Shirley A. Wilkinson（その他）は，目的適合性と信頼性に対する明
確な賛否を示していない（cf. FASB［1979b］p. 94）。

（8番）Robert L. Gray（New York State Society of Certified Public Accoun-
tants Financial Accounting Standards Committee：会計士協会）は，
次のように述べている。
　　私たちは，「審議会〔FASB〕」に賛成するが，より有用になる個別問
題を提案する。「『トレード・オフ』という用語（the term "trade-off"）」
を継続的に使用することは，「否定的な意味合い」をもたらし，「専門家
にとって『悪意のある』ほのめかし（a "Sinister" allusion）」になる。
私たちは，「『均衡』のような表現（expressions such as "balancing"）」
を使用することを提言する（FASB［1979b］p. 96）。ここでは，『ED：
特性』（1979年）の提案に賛成していることから，目的適合性と信頼性

にも賛成しているものと考えられる。一方，トレード・オフに関しては，均衡という用語の使用を提言しているが，その内容自体には賛成しているものと推測される。

（9番）Richard T. Grainger（Ethyl Corporation：産業界（作成者））は，次のように述べている。

「私たちの判断」では，「あなた方〔『ED：特性』（1979年）〕が列挙し議論している規準は，有意義なものである」。しかし，「それ〔『ED：特性』（1979年）〕」は，「個々の規準」について説明しているが，「それらの間にある全ての重要な関係」について説明しているわけではないという点で，「深刻な欠陥」があると私たちは考えている。特に，「目的適合性と信頼性」のように，「特定の規準間の相対的な優先順位」については議論していない。私たちは，特に「補足的な情報の財務報告」に関して，「目的適合性が，信頼性よりも重要である」と「審議会〔FASB〕」が述べていない理由が理解できない。しかしもちろん，私たちは，「それぞれの規準」がある程度必要であることには同意する（FASB［1979b］pp. 98-99）。ここでは，『ED：特性』（1979年）に列挙されている質的特性の規準が，ある程度必要であると述べていることから，目的適合性と信頼性に賛成した上で，特に目的適合性をより重要視している。

（10番）M. G. Sanchez（The Robert Morris Associates：銀行）は，次のように述べている。

「信頼性と保守主義」に関連するコメントを除いて，当協会は，「公開草案〔『ED：特性』（1979年）〕」で説明されている提案に同意する。当協会は，「信頼性が極めて重要である（reliability is extremely important）」と考えている。これは，「目的適合性が重要ではない」ということを意味するものではないが，財務諸表が「利用者からの信頼性（credibility）」を有するには，「全ての目的適合性のある資料（all relevant

material)」が「合理的に信頼できる保証」を提供しなければならない
と考える。「公開草案〔『ED:特性』(1979年)〕」で議論されている
「トレード・オフの概念」は,「完全性(perfection)」と,問題がないと
いう「合理的な信頼性の保証」を提供する情報との間にある領域につい
て言及している。「目的適合性のある資料」が「合理的な信頼性の基準」
を下回った場合,「信頼性(credibility)」が低下し,「利用者からの信
頼」が失われると考えられる(FASB[1979b] p.100)。ここでは,目的
適合性と信頼性に賛成しつつも,特に信頼性を最重要視している。ま
た,目的適合性と信頼性のトレード・オフに関しては,目的適合性があ
っても,信頼性の基準を下回った場合,利用者からの信頼が失われると
述べていることから,反対しているものと推測される。

(11番) Bruce A. Beery (NCNB Corporation:産業界(作成者))は,「公
　　開草案〔『ED:特性』(1979年)〕のハイライトのセクションで提案さ
　　れた結論に賛成する」(FASB[1979b] p.102)と述べているので,目的
　　適合性,信頼性および両者のトレード・オフに賛成しているものと考え
　　られる。

(12番) T. K. Cowan (University of Otago:研究者)は,次のように述べ
　　ている。
　　　現在の社会変化の特徴の中には,明らかに公益となる財政と経済政策
　　の前提条件としての国民の受け入れの必要性が高まっていることがあ
　　る。この受け入れは,私たちの専門家の助けを借りて企業が提供する情
　　報の質に大きく左右される。成長期待が低い社会では,「経済的な『ケ
　　ーキ』の分割に関する信頼できる情報(reliable information)」がより
　　重要になる(FASB[1979b] p.104)。ここでは,目的適合性に対する賛
　　否は明確ではないが,信頼できる情報を重要しているので,信頼性に賛
　　成しているものと考えられる。

（13・13A 番）Hubert F. Fowler（Indiana CPA Society Local Practice Technical Response Committee：会計士協会）は，Indiana 州の企業と公認会計士に『ED：特性』（1979 年）の賛否を問い，10 の企業と 133 の公認会計士から得た回答の結果を示している。企業では，強く賛成 0 通，賛成 3 通，どちらでもない 5 通，反対 1 通および強く反対 1 通であった。公認会計士では，強く賛成 0 通，賛成 75 通，どちらでもない 28 通，反対 7 通，強く反対 23 通であった（FASB［1979b］p. 105）。この調査では，『ED：特性』（1979 年）に対する賛成が 78 通／143 通と過半数を占めているので，目的適合性，信頼性および両者のトレード・オフに関して，賛成多数であったと推測される。

（14 番）W. Alan Jorgensen（会計士）は，目的適合性と信頼性に対する明確な賛否を示していない（cf. FASB［1979b］p. 111）。

（15 番）Keith G. Stanga（The University of Tennessee：研究者）は，自身の論文を添付している。その論文は，「目的適合性と信頼性の関係の重要性」を鑑みて，この関係に関する研究を行っており（FASB［1979b］p. 116），目的適合性と信頼性のトレード・オフについて次のように述べている。
　　「財務会計の目的適合性と信頼性の概念」は，確実に連携するという暫定的な結論を支持する結果が得られた。したがって，目的適合性の向上は，信頼性の向上に結びつき，その逆も同様である。「目的適合性と信頼性」が，「重大なトレード・オフ」を必要とするという「通説（common belief）」を支持する「体系立った証拠」は見つからなかった（FASB［1979b］p. 133）。ここでは，目的適合性と信頼性が連携する一方，目的適合性と信頼性のトレード・オフを必要とする証拠が見つからなかったと結論づけている。したがって，目的適合性と信頼性自体には，賛成であると推測されるが，目的適合性と信頼性のトレード・オフには，反対しているものと考えられる。

(16番) Donald A. Corbin (University of Hawaii at Manoa：研究者) は，「あなた方〔『ED：特性』(1979年)〕の規準に概ね賛成 (in general agreement)」である (FASB [1979b] p. 140) と述べているので，目的適合性，信頼性および両者のトレード・オフに賛成しているものと考えられる。

(17番) Norman W. Harris III (The Toro Company：産業界 (作成者)) は，「提案されたステートメント〔『ED：特性』(1979年)〕」で説明された「基本的な概念」に賛成する (FASB [1979b] p. 142) と述べているので，目的適合性，信頼性および両者のトレード・オフに賛成しているものと考えられる。

(18番) Woolsey Carmalt (その他) は，次のように述べている。
　　私は，うまく表現された「財務会計の概念に関する提案」に祝辞を述べたいけれども，それは「目的適合性か信頼性かという二分法 (dichotomy)」が頻繁に強調されており，この点は，「目的適合性の概念において重要性と完全性の概念」が包含されることで，さらに強調されるべきと私は考えている (FASB [1979b] p. 144)。ここでは，目的適合性と信頼性が強調されるべきと述べられているので，目的適合性と信頼性に賛成しているものと考えられる。

(19番) G. David Woosley (Southern California Gas Company：産業界 (作成者)) は，全体的に財務会計と財務報告の方針と手続きを判断する「規準」の設定するための「FASB の提案」を支持する (FASB [1979b] p. 146) と述べているので，目的適合性，信頼性および両者のトレード・オフに賛成しているものと考えられる。

(20番) William R. Kauppila (Washington Society of Certified Public Accountants Accounting Principles Committee：会計士協会) は，目的適

合性と信頼性に対する明確な賛否を示していない（cf. FASB［1979b］p. 149）。

（21 番）R. L. Shuman（Westinghouse Electric Corporation：産業界（作成者））は，「会計特質の階層（内容と構造）」が「現実に実用的な価値がある」ものであると期待しており，提案の粗探しができない（FASB［1979b］p. 150）と述べていることから，『ED：特性』（1979 年）を支持し，目的適合性，信頼性および両者のトレード・オフに賛成しているものと考えられる。

（22 番）James M. Patton and Barry L. Lewis（University of Pittsburgh：研究者）が示した質的特性の階層図では，「目的適合性」，「検証可能性」，「中立性」，「適時性」および「コスト」を示しており（FASB［1979b］p. 179），信頼性は，含まれていないため，目的適合性に賛成し，信頼性に反対しているものと考えられる。

（23 番）Ronald M. Copeland（American Accounting Association Committee on Financial Accounting Standards：研究者）は，次のように述べている。

　「ED〔『ED：特性』（1979 年）〕」のパラグラフ 36 は，目的適合性を数量化できると主張しているが，そうすると，文献上に表れている「『情報価値』と『情報量』」がごちゃ混ぜになる。将来の政策立案者は，「開示または情報価値のような概念」が「『階層』によって表される概念フレームワーク」のどの部分に適合するかについて不明確になるだろう。「信頼性と妥当性」（その概念は『表現の忠実性』に一致していると定義される）という「相互に関連する観念」が，文献上頻繁に表れる。「妥当性」を「信頼性『より低い水準』（a "level below" reliability）」に降格させる研究を支持して，そのような幅広い研究を破棄することは賢明ではないように思われる。ED で見落とされている「文献の特に重要

な側面」とは，「信頼性という誤謬の観念 (the error notion of reliability)」である。ED には，「会計上の誤謬」に関連する議論が含まれているが，それは間違った価値観を担う「偏向という用語」に表れている (FASB [1979b] pp. 207-209)。ここでは，目的適合性と信頼性をそれぞれ批判していることから，目的適合性と信頼性に反対しているものと考えられる。

(24 番) B. Horwitz (State University of New York at Binghamton：研究者) は，「有用性の基準として目的適合性と信頼性を強調することは，非常に良い」(FASB [1979b] p. 218) と述べているので，目的適合性と信頼性に賛成しているものと考えられる。

(25 番) Victor H. Brown (Standards Oil Company (Indiana)：産業界 (作成者)) は，目的適合性と信頼性に対する明確な賛否を示していない (cf. FASB [1979b] pp. 220-221)。

(26 番) James B. Thomas, Jr. (Interstate Commerce Commission：政府機関) は，「『目的適合性』と『信頼性』が 2 つの最も重要な特質であることに賛成する」(FASB [1979b] p. 222) と述べている。

(27 番) Steven A. Windell (R. W. Beck and Associates：産業界 (作成者)) は，次のように述べている。

　パラグラフ 36 は，コミュニケーションの明確さが欠けているという点で弱点がある。このパラグラフは，「目的適合性というテーマ」を詳細に把握しようとしているが，この読者には，「当初の目的の狙い」を破ったように見える。別の言い方をすれば，このパラグラフは，「目的適合性の程度」は存在し得ないという前提を確認しているようである。パラグラフ 52 は，削除されるか全体的に書き直されるべきである。「この基準の目的」は，すべての賢明な会計士が同様の方法で翻訳できる

「統一された基準」を提供することである。「情報の信頼性の評価」が「利用者の認識」に左右されるならば，信頼性の質を測定するための規準は事実上存在しないように思われる（FASB［1979b］pp. 225-226）。ここでは，目的適合性と信頼性をそれぞれ批判しているので，目的適合性と信頼性に反対しているものと考えられる。

（28番）Hans G. Storr（Philip Morris Incorporated：産業界（作成者））は，「提案された財務会計概念書の採用を概ね支持する」（FASB［1979b］p. 228）と述べているので，目的適合性，信頼性および両者のトレード・オフに賛成しているものと考えられる。

（29番）H. Jim Snavely（The University of Texas at Arlington：研究者）は，次のように述べている。

　会計情報は，「有用である」ために，「2つだけではなく，4つの特性」を有しなければならない。情報は，「(1) 目的適合性があり，(2) 信頼性があり，(3) 理解可能であり，(4) 実際に入手可能」でなければならない。「審議会〔FASB〕」は，パラグラフ36で目的適合性と信頼性の間にトレード・オフがあり得ると述べている。私は，この考えに「非常に懐疑的（very skeptical）」である。「目的適合性があり，信頼性があり，理解可能であり，実際に入手可能な全ての情報」を報告すべきであるということは，非常に理に適っている。「審議会〔FASB〕」が「有用な情報に関する4つの必要な特性」を満たしているが，報告されるべきではない情報というものを少なくともいくつか特定できない限り，「トレード・オフの可能性」は，ステートメントから省略されるべきである（FASB［1979b］pp. 230, 234）。ここでは，目的適合性と信頼性を必要な特性として含めていることから，目的適合性と信頼性に賛成しているものと考えられる。一方，トレード・オフに関しては，削除を求めていることから，反対しているものと考えられる。

(30番) Peter J. Tobin (Manufacturers Hanover Corporation：銀行) は，目的適合性と信頼性に対する明確な賛否を示していない（cf. FASB [1979b] p. 238）。

(31番) Samuel H. Armacost (BankAmerica Corporation：銀行) は，目的適合性と信頼性に対する明確な賛否を示していない（cf. FASB [1979b] p. 239）。

(32番) Paul B. Lukens (INA Corporation：産業界（作成者）) は，目的適合性と信頼性に対する明確な賛否を示していない（cf. FASB [1979b] p. 240）。

(33番) Herbert H. Seiffert (National Association of Accountants Management Accounting Practices Committee：産業界（作成者）) は，「この文書〔『ED：特性』（1979年）〕」が全体的に「よく書かれた包括的」なものであり，「目的適合性と信頼性の特質」に対して第1位の順位を適切に与えている（FASB [1979b] p. 241）と述べているので，目的適合性と信頼性に賛成しているものと考えられる。

(34番) Deloitte Haskins & Sells（会計事務所）は，次のように述べている。「財務会計と報告方針の採用」を評価する際に必然的に行わなければならない「質的特性間のトレード・オフ」に関して，最終的なステートメントをよって明確かつ決定的にしなければならない。私たちは，「質的特性」を利用して，「代替的な会計方針」を選択し評価するような「意思決定プロセス」を開発した。「代替的な財務会計と報告方針の間にある最善の選択」とは，「意思決定プロセスにとって最も有用な情報」を提供するものである。それゆえに，選択された方針は，最低限受け入れられた範囲内で「特質としての目的適合性」を有しなければならない。「信頼性のテスト」は，「目的適合性のテスト」の後に行われる

（FASB［1979b］pp. 246-247, 250-251）。ここでは，意思決定プロセスの一環として，第一に目的適合性のテストを満たし，その後に信頼性のテストを満たす必要があるとしているので，目的適合性をより重視しつつも，目的適合性と信頼性に賛成しているものと考えられる。また，質的特性のトレード・オフの明確化も求めていることから，目的適合性と信頼性のトレード・オフにも賛成しているものと推測される。

（35番）James T. Whitman（Hospital Financial Management Association：その他）は，次のように述べている。

　　「公開草案〔『ED：特性』（1979年）〕」は，「基礎に関する価値のある編集物」である。私たちは，それが「将来の審議会〔FASB〕の決定にとって有用なフレームワークになる」ということに賛成する。HFMAは，「提案された財務会計概念書の基本的な意図」を支持する（FASB［1979b］pp. 255, 257）。ここでは，『ED：特性』（1979年）の提案を支持していることから，目的適合性，信頼性および両者のトレード・オフに賛成しているものと考えられる。

（36番）Howard S. Shapiro（Illinois CPA Society Committee on Accounting Principles：会計士協会）は，目的適合性と信頼性に対する明確な賛否を示していない（cf. FASB［1979b］pp. 258-260）。

（37番）H. C. Knortz（International Telephone and Telegragh Corporation：産業界（作成者））は，提案された特質が将来的かつ遡及的に適用されることが望まれる（FASB［1979b］p. 261）と述べているので，目的適合性，信頼性および両者のトレード・オフに賛成しているものと考えられる。

（38番）W. Merwyn Pittman（Northwest Energy Company：産業界（作成者））は，「公開草案〔『ED：特性』（1979年）〕」を概ね支持し，「意思

決定・有用性」を頂点とする「会計特質の階層」に賛成する（FASB
〔1979b〕p. 263）と述べているので，目的適合性，信頼性および両者の
トレード・オフに賛成しているものと考えられる。

（39番）J. M. Kenning（Caterpillar Tractor Co.：産業界（作成者））は，「こ
の〔『ED：特性』（1979年）の〕提案」が設けるであろう「規準に反対
しない（no disagreement with the criteria)」（FASB〔1979b〕p. 265）
と述べているので，目的適合性，信頼性および両者のトレード・オフに
賛成しているものと考えられる。

（40番）B. G. Lawler（Chessie System, Inc.：産業界（作成者））は，次のよ
うに述べている。
　提案に示されているように，「目的適合性と信頼性の特質」は，「中立
性と比較可能性」とともに，「有用な情報」を生み出すための「様々な
会計と報告の代替案」から選択するための適切な手引きをもたらす。そ
れゆえに，私たちは，現在の形式で提案されるものが採用されることを
支持する（FASB〔1979b〕p. 266）。ここでは，『ED：特性』（1979年）
の提案を支持していることから，目的適合性，信頼性および両者のトレ
ード・オフに賛成しているものと考えられる。

（41番）J. S. Dimling（Marathon Oil Cimpany：産業界（作成者））は，次の
ように述べている。
　信頼性が「第一義的な質的特性（primary qualitative characteristic)」
でなければならないという「一般に認められた見解」を示すように，
「公開草案〔『ED：特性』（1979年)〕」が書き換えられることを提案す
る。「目的適合性の問題」は，その後に取り組まれるべきである
（FASB〔1979b〕p. 268）。ここでは，信頼性を第一義的な質的特性とし
て重視しつつも，目的適合性の問題が信頼性の後に取り組まれるべきと
述べられているので，目的適合性と信頼性に賛成しているものと考えら

れる。

（42 番）Sherman R. Roser（St. Cloud State University：研究者）は，次の
ように述べている。

　　広範囲にわたり，私のコメントは，自分の論文で議論された実証的な
研究結果に基づいている。論文に含まれている研究結果は，「会計情報
の目的適合性」に関する「公開草案〔『ED：特性』（1979 年）〕」の議論
の多くを支持しているが，論文は，提案されたステートメントに関する
追加的な洞察を明確化し提供するのにも役立つ（FASB〔1979b〕
p. 272）。ここでは，信頼性に対する賛否は明確ではないが，『ED：特
性』（1979 年）の目的適合性に関する議論を支持する提出者自身の論文
に基づいてコメントが書かれているので，目的適合性に賛成しているも
のと考えられる。

（43 番）Charles W. Radda（American Gas Association：産業界（作成者））
は，「目的適合性」が一般に認められた指針を設ける際に「最上位の特
性（the premier characteristic）」であるという「FASB〔『ED：特性』
（1979 年）〕に賛成する（agrees with the FASB）」（FASB〔1979b〕p.
275）と述べているので，信頼性に対する賛否は明確ではないが，目的
適合性に賛成しているものと考えられる。

（44 番）William C. Terpstra（Peoples Gas Company：産業界（作成者））
は，目的適合性と信頼性に対する明確な賛否を示していない（cf. FASB
〔1979b〕pp. 277-278）。

（45 番）Cynthia M. Gulliksen（Arizona Society of Certified Public Accoun-
tants Financial Accounting Standards Committee：会計士協会）は，
41 の ASCPA メンバーに「公開草案〔『ED：特性』（1979 年）〕の主要
な論点」に関する質問票を送付し，4 通の回答を受けた。ASCPA が受

け取ったアンケートの回答結果について,「会計情報の階層」と「目的
適合性」の内容に賛成する見解が3通,反対1通であった。また,信頼
性に関しては,全4通が賛成していた。この結果を踏まえて,ASCPA
の委員会は,「公開草案〔『ED：特性』(1979年)〕」が「財務会計と報
告方針」の選択と評価のための「一般な規準 (the general criteria)」
を包括的に要約したものであることに同意している (FASB [1979b]
pp. 279, 281-282)。したがって,ここでは,『ED：特性』(1979年) を
支持し,目的適合性,信頼性および両者のトレード・オフに賛成してい
るものと考えられる。

(46番) R. L. Leach (Eaton Corporation：産業界 (作成者)) は,「会計と報
告方針」を評価する際に,「目的適合性と信頼性が等しく重要であるとい
う審議会〔FASB〕の結論を強く支持する (strongly support)」(FASB
[1979b] p. 285) と述べているので,目的適合性と信頼性に賛成してい
るものと考えられる。

(47番) Arthur Andersen & Co. (会計事務所) は,「この文書〔『ED：特
性』(1979年)〕」が「議論された特性」に基づいて「意思決定」を下す
ための「実質的なガイダンス」を提供していない等の理由を挙げて,有
用性が疑わしいと述べている (FASB [1979b] p. 287)。したがって,こ
こでは,『ED：特性』(1979年) で議論された質的特性を批判している
ことから,目的適合性,信頼性および両者のトレード・オフに反対して
いるものと考えられる。

(48番) I. C. MuCutcheon (Royal Dutch/Shell Group：産業界 (作成者))
は,次のように述べている。
　　私たちは,それぞれの財務報告の目的が「会計情報の選択と評価のた
めの規準」を決定する際に,考慮されなければならないと考えている。
なぜなら,「特定の質的特性の相対的な重要性」は,合致する特定の目

的に沿うためである。したがって，正味キャッシュ・インフローの予測
に役立つ情報の提供という「上記の第1目的」は，「信頼性」がより重
要であろう，企業の経済的資源と責務に関する情報提供と期中の業績に
関する情報提供という「第2と第3の目的」と比べて，信頼性より高い
目的適合性と適時性を必要とするだろう（FASB［1979b］pp. 289-290）。
ここでは，『ED：特性』（1979年）で述べられている3つの目的に応じ
て目的適合性と信頼性の重要度が変わると述べていることから，目的適
合性と信頼性に賛成しているものと考えられる。

（49番）Floyd M. Oldford（American Natural Service Company：産業界（作
成者））は，目的適合性と信頼性に対する明確な賛否を示していない（cf.
FASB［1979b］pp. 293-294）。

（50番）Eli I. Akresh（National Association of Real Estate Companies Fi-
nancial Accounting Standards Committee：産業界（作成者））は，目的
適合性と信頼性に対する明確な賛否を示していない（cf. FASB［1979b］
pp. 295-297）。

（51番）Roger H. Willis（Kraft Inc.：産業界（作成者））は，目的適合性と
信頼性に対する明確な賛否を示していない（cf. FASB［1979b］p. 298）。

（52番）Paul S. Bradshaw（Carolina Power & Light Company：産業界（作
成者））は，次のように述べている。
　「公開草案〔『ED：特性』（1979年）〕」は，「高い目的適合性と信頼性
の両方」を有する「非常に有用な情報」を表しているが，ある重大な理
由のために，「最低限の目的適合性と信頼性（minimum relevance and
reliability）」に欠けている。公開草案は，(1)「株主と債権者の情報要
求の優先度」を認識しておらず，(2) 過去の意思決定と期待の妥当性を
決めるための実際の業績に関するフィードバックに対する「既存の株主

と債権者の最も重要な情報要求」を認識していないという点で,「基本
的に不完全 (basically incomplete)」である (FASB [1979b] p. 299)。
ここでは,『ED:特性』(1979 年) が最低限の目的適合性と信頼性を満
たしておらず,不完全であると批判していることから,目的適合性と信
頼性に反対しているものと考えられる。

(53 番) Peat, Marwick, Mitchell & Co. (会計事務所) は,次のように述べ
ている。
　「私たちは,目的適合性と信頼性の組み合わせが有用な財務情報に関
する第一義的な質的特性であることに賛成する」。しかし,最低限満た
される信頼性の水準を前提として,「目的適合性」がより重要な検討事
項であり,「目的適合性」が「最初に (first)」検討されるべきであるこ
とを明確にすべきである。非常に信頼できるが,目的適合性のない情報
は,有用ではない (FASB [1979b] p. 302)。ここでは,最低限の信頼性
を前提として,目的適合性が最初に検討されるべきであると指摘してい
ることから,目的適合性をより重視しつつも,目的適合性と信頼性に賛
成しているものと考えられる。

(54 番) Robert G. Maxon (AEtna Life Insurance Company:産業界 (作成
者)) は,次のように述べている。
　「第一義的な特質とは,目的適合性であり,審議会〔FASB〕が述べ
ているような目的適合性と信頼性の組み合わせではない」。情報は,財
務報告に含まれるか考慮する前に,「意思決定プロセスに適合する」か
決定しなければならない。項目に目的適合性がなければ,信頼性,中立
性および重要性等のような「他の全ての質的特性」を満たしたとして
も,意思決定に相違をもたらさない。なぜならその項目は,「意思決定
プロセス」において考慮されていないからである。「信頼性は,第一義
的な特質ではない」。「それ〔信頼性〕」は,目的適合性のある情報が財
務諸表に含まれるかどうかについて強い影響を及ぼす「非常に重要な特

質」であるが，目的適合性と同等の重要性を持つものではない（FASB
[1979b] pp. 307-308）。ここでは，目的適合性をより重視しつつも，目
的適合性と信頼性に賛成しているものと考えられる。

（55番）Robert G. Ritchie（The Michigan Association of Certified Public
　　Accountants FASB and AICPA Drafts Subcommittee：会計士協会）
　　は，目的適合性と信頼性に対する明確な賛否を示していない（cf. FASB
　　[1979b] p. 311）。

（56番）G. G. Flint（Moore Corporation Limited：産業界（作成者））は，図
　　表として，「目的適合性」の下に「適時性」，「信頼性」および「理解可
　　能性」を配置した質的特性の階層を示しており（FASB [1979b] p.
　　313），その上で次のように述べている。
　　　「（信頼性を『格下げ』することとは対照的に）目的適合性を『格上
　　げ』する私たちの根拠」とは，あなた方が「信頼できる制度」を設定し
　　たり，事実が信頼できるかどうか決定したりする前に，重要性とコス
　　ト・ベネフィットの制約の中で「目的適合性」を決定しなければならな
　　いためである（FASB [1979b] p. 313）。ここでは，目的適合性をより重
　　視しつつも，信頼性を質的特性に含めていることから，目的適合性と信
　　頼性に賛成しているものと考えられる。

（57番）John A. Hagan（R. J. Reynolds Industries, Inc.：産業界（作成者））
　　は，目的適合性と信頼性に対する明確な賛否を示していない（cf. FASB
　　[1979b] pp. 315-316）。

（58番）F. H. Landgraf（General Mills. Inc.：産業界（作成者））は，「質的
　　特性に関して提案された財務会計概念書を支持する」（FASB [1979b]
　　p. 317）と述べていることから，目的適合性，信頼性および両者のトレ
　　ード・オフに賛成しているものと考えられる。

(59 番）A. N. Fritz（Southern Natural Resources, Inc.：産業界（作成者））
は，「この文書〔『ED：特性』（1979 年）〕に賛成する」（FASB [1979b]
p. 319）と述べていることから，目的適合性，信頼性および両者のトレ
ード・オフに賛成しているものと考えられる。

(60 番）W. R. Love（Texaco Inc.：産業界（作成者））は，次のように述べ
ている。

　「審議会〔FASB〕」は，「情報の意思決定・有用性」が「その予測価
値」に左右されると結論づけている。Texaco 社の見解は，財務報告が
「予測的な情報」を提供すると仮定することができず，「客観的に検証可
能な歴史的データ」を提供するだけであるというものである。当社は，
「予測価値（目的適合性）」の増大を達成するために，「信頼性（客観
性）」を大幅な低下させることを推奨しない。「このようなトレード・オ
フの一般的な結果」は，「測定不可能な程度の目的適合性」を得るため
に，「ある程度の信頼性」が失われることになると考えられている。ま
た，「中立性，比較可能性および首尾一貫性」は，望ましい財務会計と
報告方針の「主要な（二次的ではない）特質」であり，「目的適合性と
信頼性」と同じくらい重要であることを強調すべきである（FASB
[1979b] p. 320）。ここでは，目的適合性と信頼性が同程度に重要である
と述べていることから，目的適合性と信頼性に賛成しているものと考え
られる。しかし，トレード・オフによって目的適合性を重視した結果，
信頼性が損なわれることには，反対していることから，目的適合性と信
頼性のトレード・オフには，反対しているものと考えられる。

(61 番）B. R. Doyle（General Electric Company：産業界（作成者））は，目
的適合性と信頼性に対する明確な賛否を示していない（cf. FASB [1979b]
pp. 323-324）。

(61A 番）Donald J. Wait（General Electric Company：産業界（作成者））

は，目的適合性と信頼性に対する明確な賛否を示していない（cf. FASB
〔1979b〕pp. 325-326）。

（62 番）John H. Stewart（International Business Machines Corporation：産
　　業界（作成者））は，次のように述べている。
　　　私たちは，「公開草案〔『ED：特性』（1979 年）〕」がよく書かれ，思
　　慮深く開発された文章であると考えており，「2 つの最も重要な財務報
　　告の要素」が「目的適合性と信頼性」であり，それらが等しく重要であ
　　るという「基本的な結論」に賛成する（FASB〔1979b〕p. 327）。ここで
　　は，目的適合性と信頼性に賛成しているものと考えられる。

（63 番）U. J. LeGrange（Exxon Corporation：産業界（作成者））は，次の
　　ように述べている。
　　　私たちは，「公開草案〔『ED：特性』（1979 年）〕」を検討し，「情報の
　　特質の階層と提案された定義の大部分に概ね賛成する」。しかし，私た
　　ちは，最終文書を全体的に改善することに繋がるいくつかの変更を提案
　　する。「目的適合性と信頼性の間にあるトレード・オフがよく求められ
　　るという概念」は，「公開草案〔『ED：特性』（1979 年）〕」の様々な場
　　所で触れられている。しかしながら，私たちは，この議論が「目的適合
　　性」にかかわらず，「財務報告の利用者」の誤解を避けるために，情報
　　が「最低限の信頼性」を持たなければならないという点を適切に認識し
　　ていないと考えている。これは，「重要な問題」であり，最終的な文書
　　で明確にされるべきである（FASB〔1979b〕pp. 328-329）。ここでは，
　　『ED：特性』（1979 年）の提案に賛成していることから，目的適合性と
　　信頼性にも賛成しているものと考えられる。ただし，目的適合性と信頼
　　性のトレード・オフに関しては，情報が最低限の信頼性を持たなければ
　　ならないという点を適切に認識していないと批判している一方，最終文
　　章での改善を求めていることから，明確な賛否は不明である。

（64番）Joseph A. Sciarrino（Financial Executives Institute Committee on Corporate Reporting：産業界（作成者））は，次のように述べている。

　　私たちは，「信頼性と目的適合性」が「等しく重要な要因」と見なされなければならないという結論に特に満足している。私たちは，1976年の討議資料が有用な財務情報の特質の中で目的適合性が第1であることを強調したことと対照的であることに注目する。明らかに，「財務情報」は，「有用性」を最大化するならば，「目的適合性があり，信頼できる」ものでなければならない（FASB［1979b］p. 331）。ここでは，目的適合性と信頼性が等しく重要であるという『ED：特性』（1979年）の結論に賛成していることから，目的適合性と信頼性に賛成しているものと考えられる。

（65番）J. C. Jacobsen（Shell Oil Company：産業界（作成者））は，次のように述べている。

　　要約すると，私たちは，「個別の質的特性がほとんど否定できないもの（almost unassailable）」と考えている。私たちは，「特性の階層的位置づけ」において，「審議会〔FASB〕」が「信頼性」に割り当てた「卓越性と重要性（the prominence and importance）」を十分に支持する。「これ〔信頼性〕」は，「情報が有用であるために不可欠な特性」である（FASB［1979b］p. 333）。ここでは，信頼性に賛成するとともに，『ED：特性』（1979年）で示された質的特性を否定できないと述べていることから，目的適合性にも賛成しているものと推測される。

（66番）Price Waterhouse & Co.（会計事務所）は，提案を支持し，「審議会〔FASB〕」がそれを概念書として採用することを奨励する（FASB［1979b］p. 334）と述べていることから，目的適合性，信頼性および両者のトレード・オフに賛成しているものと考えられる。

（67番）Arthur G. Gillum（Interstate Natural Gas Association of America：

産業界（作成者））は，次のように述べている。

　「公開草案〔『ED：特性』（1979 年）〕の文書」は，「目的適合性と信頼性」を「一次的な特質」に分類し，「中立性と比較可能性」を「二次的な特質」に分類している。INGAA は，重要度という意味ではなく，「第一義的な特質の組み合わせ」が「二次的な特質」を生み出すという意味での「一次的と二次的な分類」に賛成する（FASB［1979b］pp. 335-336）。ここでは，目的適合性と信頼性に賛成しているものと考えられる。

（68 番）Thomas B. Fauls（National Electrical Manufacturers Asscoiation：産業界（作成者））は，特に「重要性と目的適合性対信頼性を含む価値の階層」を扱ったセクションに関して，「称賛（commendation）」する（FASB［1979b］p. 338）と述べていることから，目的適合性，信頼性および両者のトレード・オフに賛成しているものと考えられる。

（69 番）Coopers & Lybrand（会計事務所）は，「目的適合性と信頼性の間にあるトレード・オフに関する全般的な議論」に同意する（FASB［1979b］p. 340）と述べていることから，目的適合性と信頼性自体に賛成した上で，目的適合性と信頼性のトレード・オフに賛成しているものと考えられる。

（70 番）C. E. Noland（E. I. duPont de Nemours & Company Incorporated：産業界（作成者））は，「信頼性が，目的適合性とともに全ての財務報告に関する不可欠な質的特性である」（FASB［1979b］p. 343）と述べていることから，目的適合性と信頼性に賛成しているものと考えられる。

（71 番）Christian C. Chirtiansen, Jr.（Bankers Trust Company：銀行）は，目的適合性と信頼性に対する明確な賛否を示していない（cf. FASB［1979b］pp. 345-346）。

92

（72番）Jerome W. Carlson（Hewlett-Packard Company：産業界（作成者））
は，個別企業の財務報告において，「目的適合性」，「信頼性」および
「表現の忠実性」を保持することが大変重要であることを強調したい
（FASB［1979b］p. 349）と述べていることから，目的適合性と信頼性に
賛成しているものと考えられる。

（73番）Robert N. Anthony（Harvard University Graduate School of Busi-
ness Administration：研究者）は，次のように述べている。
　　　私たちは，「公開草案〔『ED：特性』（1979年）〕」の「主要部分（high-
light)」が質的特性を適切に説明していると考えている。「信頼性，目的
適合性および情報コストに関する中心的な論点」は，「全ての重要な会
計問題」において，「これら3つの規準」が互いに対立しており，「問題
の解決」が基本的にそれぞれに与えられた相対的な重みづけに左右され
るということである。この論点は，パラグラフ62で触れられている
「補助的な問題」ではなく，文書の中心的なテーマであるべきである
（FASB［1979b］p. 350）。ここでは，『ED：特性』（1979年）における
質的特性を支持していることから，目的適合性と信頼性に賛成している
ものと考えられる。また，目的適合性と信頼性の関係に関しては，信頼
性と目的適合性の間に対立があり，相対的な重みづけによってこの問題
が解決されると述べていることから，目的適合性と信頼性のトレード・
オフにも賛成しているものと考えられる。

（74番）James M. Doran（Meublein Inc.：産業界（作成者））は，目的適合
性と信頼性に対する明確な賛否を示していない（cf. FASB［1979b］
p. 352）。

（75番）Douglas A. Smith（General Foods Corporation：産業界（作成者））
は，「文書〔『ED：特性』（1979年）〕の目的と内容に概ね同意（agree-
ment）する」（FASB［1979b］p. 353）と述べていることから，目的適

合性, 信頼性および両者のトレード・オフに賛成しているものと考えられる。

(76 番) Arthur Young & Company (会計事務所) は, 次のように述べている。

　　「重要性と目的適合性」という「両方の会計概念」が, 企業に関する投資家の意思決定に与える影響が何かを決定する「規準」として役立つということは「真実 (true)」である (FASB [1979b] p. 357)。ここでは, 信頼性に対する賛否は明確ではないが, 目的適合性に賛成しているものと考えられる。

(77 番) Clifford H. Whitcomb (The Prudential Insurance Company of America：産業界 (作成者)) は, 次のように述べている。

　　全般的に, 私たちは, 「この公開草案〔『ED：特性』(1979 年)〕」を「容認できる (acceptable)」ものと考えている。質的特性間の相互関係に関する議論とその要約的な図表は, 非常に役立つものである (FASB [1979b] p. 362)。ここでは, 『ED：特性』(1979 年) を容認していることから, 目的適合性, 信頼性および両者のトレード・オフに賛成しているものと考えられる。

(78 番) W. R. Teager (Armco Inc.：産業界 (作成者)) は, 次のように述べている。

　　「審議会〔FASB〕」は, 「将来の出来事」に関連する「目的適合性の重要性」を強調する際に「警告文 (a word of caution)」を含むべきである。「目的適合性の名の下に予測を過度に強調すること」は, 「信頼性」を犠牲にするだけである。「信頼性と目的適合性」は, 会計の代替案を評価する際に「並んで (side by side)」立たなければならない。私たちは, 信頼性に関する結論に懸念を示している。それは, 一定水準の信頼性が達成されると, 「信頼性よりも目的適合性の重要性」が高まる

ようであるが，私たちは，その結論に「同意しない（do not concur）」。
私たちは，「2つの概念」が密接に関連しており，他方の達成水準に基
づいて一方に偏りがあってはならないと考えている（FASB［1979b］p.
365)。ここでは，過度に目的適合性を強調することと，それによって信
頼性が犠牲になることに懸念し，一方に偏りがあってはならないと指摘
している。したがって，目的適合性と信頼性自体には，それぞれ賛成し
ているが，目的適合性と信頼性のトレード・オフには，反対しているも
のと考えられる。

(79番) Virgil D. Wagner（American Council of Life Insurance Financial
Reporting Principles Committee：産業界（作成者））は，ほとんどの点
で，「財務会計と報告方針」を設定する過程において，どのように
「様々な財務情報の質的特性」を検討すべきかを決定するという「困難
な問題」に対して「審議会〔FASB〕」が用いた方法に，同意している
（FASB［1979b］p.370）と述べていることから，目的適合性と信頼性に
賛成しているものと考えられる。

(80番) W. E. Hogland（General Motors Corporation：産業界（作成者））
は，次のように述べている。
　　「目的適合性」と「信頼性」を「財務情報の開示に対する二重の検討
事項（the dual considerations）」として定義することは，「理に適った
決定（a sound decision）」である。強い「信頼性」がなければ，私たち
は，「大きな危険」が存在すると考えている。信頼性も，目的適合性と
組み合わせなければならない（FASB［1979b］p.373）。ここでは，目的
適合性と信頼性を組み合わせなければならないと指摘していることか
ら，目的適合性と信頼性に賛成しているものと考えられる。

(81番) Paul B. W. Miller（The University of Utah：研究者）は，目的適合
性と信頼性に対する明確な賛否を示していない（cf. FASB［1979b］

pp. 375-384)。

（82 番）R. C. Pearson（Texas Instruments Incorporated：産業界（作成者））
は，次のように述べている。

　「目的適合性の質的特性」に関して，私たちは，パラグラフ 35 の文言
が「冗長な情報に対するコスト効率の悪い要件」を支持するために使用
され得ることを懸念している。私たちは，冗長性が望ましくないこと
と，「特定の意思決定に関する不確実性の程度に『重大な』変更」をも
たらす情報のみが適切であることを明確にするために，このパラグラフ
を書き直すことを提案する。信頼性に関して，パラグラフ 58 は，「イン
フレーション会計の望ましさ」に関する論説が述べているようであり，
「その主観性に対するよく知られた批判」が誤った方向に進んでいるこ
とを暗示している。また，パラグラフ 60 は，「特定のインフレーション
会計の概念」を支持しているようである。私たちは，これらのパラグラ
フを書き直すことを提案する（FASB［1979b］pp. 386-387）。ここでは，
目的適合性と信頼性に関して，書き直しを提案していることから，目的
適合性と信頼性に反対しているものと考えられる。

（83 番）H. E. Fikse（Rockwell International Corporation：産業界（作成者））
は，次のように述べている。

　私たちは，財務会計と報告方針を選択し評価するための規準を形成す
る「FASB のアプローチに賛成する（concur）」。私たちは，「『目的適
合性』と『信頼性』のように，様々な特質のために開発された定義」が
適切であり，将来そのような用語を使用する際に統一性をもたらすと考
えている（FASB［1979b］p. 388）。ここでは，目的適合性と信頼性の定
義が適切であると述べていることから，目的適合性と信頼性に賛成して
いるものと考えられる。

（84 番）Touche Ross & Co.（会計事務所）は，「提案された財務会計概念書

〔『ED：特性』（1979 年)〕」で説明されている「質的特性に関して到達した結論に概ね賛成する」（FASB［1979b］p. 391）と述べていることから，目的適合性，信頼性および両者のトレード・オフに賛成しているものと考えられる。

(85 番) William C. Norby（Duff and Phelps, Inc.：産業界（作成者)）は，「それ〔『ED：特性』（1979 年)〕」がうまく書かれており，その内容に反対することができない（FASB［1979b］p. 393）と述べていることから，目的適合性，信頼性および両者のトレード・オフに賛成しているものと考えられる。

(86 番) Norman N. Strauss（American Institute of Certified Public Accountants Task Force on Conceptual Framework for Accounting and Reporting：会計士協会）は，「提案されたステートメント〔『ED：特性』（1979 年)〕の発行を概ね支持する（generally support)」（FASB［1979b］p. 395）と述べていることから，目的適合性，信頼性および両者のトレード・オフに賛成しているものと考えられる。

(87 番) Roger W. Trupin（Citicorp：銀行）は，次のように述べている。
　　Citicorp は，財務会計と報告方針を選択し評価するための規準を確立するための「審議会〔FASB〕」の取り組みを支持する。しかし，私たちは，「公開草案〔『ED：特性』（1979 年)〕」が「財務諸表で最も有用な特性」と年次報告書の前半部分に示されている補足データに記載されるべき特性を区別できていないことを懸念する。財務諸表は，「そのようなデータの検証可能性と信頼性の両方」に重点を置いて，発生した「取引と事象の客観的な尺度（an objective measure)」として役立つべきである。一方，財務諸表以外の財務報告の役割は，「読者〔利用者〕」が「過去の報告結果」を理解し評価するのに役立つ「補足資料」を提供することである。「この種の分析」は，必然的に「ある程度の主観性」

を帯びており，「より効果的な分析」を実現するためには，「報告された
情報の目的適合性」を重視し，相対的に「客観性」の「重要性」をやや
低くすることが適切である。これは，説明の柔軟性が望まれる場合に，
「経営者による経営成績の分析」で達成できる（FASB［1979b］p. 399）。
ここでは，財務会計と財務報告を区分した上で，一方の財務諸表では検
証可能性と信頼性を重視し，他方の財務報告では，目的適合性を重視し
ている。したがって，目的適合性と信頼性にそれぞれ賛成していると考
えられる。

（88 番）Ernst & Whinney（会計事務所）は，次のように述べている。
　　「それぞれの質的特性」は，広範囲にわたる「非常に主観的な解釈」
に役立つものである。目的適合性と理解可能性は，「非常に主観的な概
念」であり，ほとんどの場合，「個人の認識」に左右される。ある人に
とって目的適合性があり，理解可能なものは，別の人にとっては目的適
合性がなく混乱を招くものだろう。私たちは，財務会計と報告方針の選
択と評価において，「提案された規準」がどのように適用されるか理解
できない。私たちは，「公開草案〔『ED：特性』（1979 年）〕」に記載さ
れている「非常に抽象的かつ理論的な規準」を使用して，「特定の会計
方法または実務」が実際に望ましいかどうかを判断できるかどうか疑わ
しく思う（FASB［1979b］p. 402）。ここでは，目的適合性が非常に主観
的な概念であると指摘し，『ED：特性』（1979 年）で提案されたが，ど
のように適用されるか理解できないと批判していることから，信頼性に
対する賛否は明確ではないが，目的適合性には反対しているものと考え
られる。

2. 3. 2　『ED：特性』(1979 年)に対するコメント・レター分析の集計

　本書では，目的適合性と信頼性を中心に，『ED：特性』（1979 年）に対す
るコメント・レターの内容を分析してきた。『ED：特性』（1979 年）には，

88の個人，企業および機関からコメント・レターが寄せられた。このコメント・レターの内訳は，産業界（作成者）48通／88通（54%），会計士19通／88通（22%），研究者12通／88通（14%），銀行5通／88通（6%），政府機関1通／88通（1%）およびその他3通／88通（3%）であった。

その中で，目的適合性と信頼性の両方あるいはいずれか一方への賛否を示したコメント・レターは，68通であり，その内訳は，産業界（作成者）38通／68通（56%），会計士15通／68通（22%），研究者10通／68通（15%），銀行2通／68通（3%），政府機関1通／68通（1%）およびその他2通／68通（3%）であった。投稿者数の内訳は，図表2.3のように纏められ，また，目的適合性と信頼性に対する賛否を示したコメント・レターは，図表2.4のように纏められる。

図表2.3 コメント・レターの投稿者の職種と投稿数（『ED：特性』（1979年）に対するコメント・レター）

投稿者の職種	全投稿数	%	目的適合性と信頼性の両方あるいはいずれか一方への賛否を示したコメント・レター	%
産業界（作成者）	48	54	38	56
会計士（8大会計事務所を含む）	19	22	15	22
研究者	12	14	10	15
銀行	5	6	2	3
政府機関	1	1	1	1
その他	3	3	2	3
合計	88	100	68	100

（出所）FASB [1979b] pp. 64-402 の内容に基づき，筆者が作成した。なお，FASB [1979b] pp. 1-63 には，『ED：特性』（1979年）が掲載されている。

図表 2.4　目的適合性と信頼性に対する賛否の分析結果（『ED：特性』（1979 年）に対するコメント・レター）

番号	投稿者の名称	投稿者の職種	目的適合性	信頼性	賛否の分類
2	Richard C. Lotz Crabtree, Carlton, Merrill & Co.	会計士	×	×	両方×
3	Jim G. Ashburne	研究者	×	○	目的適合性× 信頼性○
4	Ervin G. Feany McGladrey Hendrickson & Co.	会計士	○	○	両方○
6	Victor F. DeMarco	会計士	×	×	両方×
8	Robert L. Gray New York State Society of Certified Public Accountants Financial Accounting Standards Committee	会計士協会	○	○	両方○
9	Richard T. Grainger Ethyl Corporation	産業界（作成者）	○	○	両方○
10	M. G. Sanchez The Robert Morris Associates	銀行	○	○	両方○
11	Bruce A. Beery NCNB Corporation	産業界（作成者）	○	○	両方○
12	T. K. Cowan University of Otago	研究者	—	○	信頼性のみ○
13 13A	Hubert F. Fowler Indiana CPA Society Local Practice Technical Response Committee	会計士協会	○	○	両方○
15	Keith G. Stanga The University of Tennessee	研究者	○	○	両方○
16	Donald A. Corbin University of Hawaii at Manoa	研究者	○	○	両方○
17	Norman W. Harris Ⅲ The Toro Company	産業界（作成者）	○	○	両方○
18	Woolsey Carmalt	その他	○	○	両方○
19	G. David Woosley Southern California Gas Company	産業界（作成者）	○	○	両方○

21	R. L. Shuman Westinghouse Electric Corporation	産業界 (作成者)	○	○	両方○
22	James M. Patton Barry L. Lewis University of Pittsburgh	研究者	○	×	目的適合性○ 信頼性×
23	Ronald M. Copeland American Accounting Association Committee on Financial Accounting Standards	研究者	×	×	両方×
24	B. Horwitz State University of New York at Binghamton	研究者	○	○	両方○
26	James B. Thomas, Jr. Interstate Commerce Commission	政府機関	○	○	両方○
27	Steven A. Windell R. W. Beck and Associates	産業界 (作成者)	×	×	両方×
28	Hans G. Storr Philip Morris Incorporated	産業界 (作成者)	○	○	両方○
29	H. Jim Snavely The University of Texas at Arlington	研究者	○	○	両方○
33	Herbert H. Seiffert National Association of Accoun- tants Management Accounting Practices Committee	産業界 (作成者)	○	○	両方○
34	Deloitte Haskins & Sells	会計 事務所	○	○	両方○
35	James T. Whitman Hospital Financial Management Association	その他	○	○	両方○
37	H. C. Knortz International Telephone and Telegragh Corporation	産業界 (作成者)	○	○	両方○
38	W. Merwyn Pittman Northwest Energy Company	産業界 (作成者)	○	○	両方○
39	J. M. Kenning Caterpillar Tractor Co.	産業界 (作成者)	○	○	両方○

40	B. G. Lawler Chessie System, Inc.	産業界 (作成者)	○	○	両方○
41	J. S. Dimling Marathon Oil Cimpany	産業界 (作成者)	○	○	両方○
42	Sherman R. Roser St. Cloud State University	研究者	○	—	目的適合性 のみ○
43	Charles W. Radda American Gas Association	産業界 (作成者)	○	—	目的適合性 のみ○
45	Cynthia M. Gulliksen Arizona Society of Certified Public Accountants Financial Accounting Standards Committee	会計士 協会	○	○	両方○
46	R. L. Leach Eaton Corporation	産業界 (作成者)	○	○	両方○
47	Arthur Andersen & Co.	会計 事務所	×	×	両方×
48	I. C. MuCutcheon Royal Dutch/Shell Group	産業界 (作成者)	○	○	両方○
52	Paul S. Bradshaw Carolina Power & Light Company	産業界 (作成者)	×	×	両方×
53	Peat, Marwick, Mitchell & Co.	会計 事務所	○	○	両方○
54	Robert G. Maxon AEtna Life Insurance Company	産業界 (作成者)	○	○	両方○
56	G. G. Flint Moore Corporation Limited	産業界 (作成者)	○	○	両方○
58	F. H. Landgraf General Mills. Inc.	産業界 (作成者)	○	○	両方○
59	A. N. Fritz Southern Natural Resources, Inc.	産業界 (作成者)	○	○	両方○
60	W. R. Love Texaco Inc.	産業界 (作成者)	○	○	両方○
62	John H. Stewart International Business Machines Corporation	産業界 (作成者)	○	○	両方○

102

63	U. J. LeGrange Exxon Corporation	産業界 (作成者)	○	○	両方○
64	Joseph A. Sciarrino Financial Executives Institute Committee on Corporate Reporting	産業界 (作成者)	○	○	両方○
65	J. C. Jacobsen Shell Oil Company	産業界 (作成者)	○	○	両方○
66	Price Waterhouse & Co.	会計 事務所	○	○	両方○
67	Arthur G. Gillum Interstate Natural Gas Association of America	産業界 (作成者)	○	○	両方○
68	Thomas B. Fauls National Electrical Manufacturers Asscoiation	産業界 (作成者)	○	○	両方○
69	Coopers & Lybrand	会計 事務所	○	○	両方○
70	C. E. Noland E. I. duPont de Nemours & Company Incorporated	産業界 (作成者)	○	○	両方○
72	Jerome W. Carlson Hewlett-Packard Company	産業界 (作成者)	○	○	両方○
73	Robert N. Anthony Harvard University Graduate School of Business Administration	研究者	○	○	両方○
75	Douglas A. Smith General Foods Corporation	産業界 (作成者)	○	○	両方○
76	Arthur Young & Company	会計 事務所	○	—	目的適合性 のみ○
77	Clifford H. Whitcomb The Prudential Insurance Company of America	産業界 (作成者)	○	○	両方○
78	W. R. Teager Armco Inc.	産業界 (作成者)	○	○	両方○

79	Virgil D. Wagner American Council of Life Insurance Financial Reporting Principles Committee	産業界 (作成者)	○	○	両方○
80	W. E. Hogland General Motors Corporation	産業界 (作成者)	○	○	両方○
82	R. C. Pearson Texas Instruments Incorporated	産業界 (作成者)	×	×	両方×
83	H. E. Fikse Rockwell International Corporation	産業界 (作成者)	○	○	両方○
84	Touche Ross & Co.	会計 事務所	○	○	両方○
85	William C. Norby Duff and Phelps, Inc.	産業界 (作成者)	○	○	両方○
86	Norman N. Strauss American Institute of Certified Public Accountants Task Force on Conceptual Framework for Accounting and Reporting	会計士 協会	○	○	両方○
87	Roger W. Trupin Citicorp	銀行	○	○	両方○
88	Ernst & Whinney	会計 事務所	×	—	目的適合性 のみ×
合　　計			○…58 ×… 9	○…56 ×… 8	

(出所) FASB [1979b] pp. 64-402 の内容に基づき，筆者が作成した。
(注) ○は，目的適合性または信頼性に賛成したコメント・レターであり，×は，目的適
　　合性または信頼性に反対したコメント・レターである。—は，賛否が不明なコメント・
　　レターを表している。

　図表2.5は，目的適合性に対する賛否を集計した結果を示している。目的
適合性と信頼性の両方あるいはいずれか一方への賛否を示した68通のコメ
ント・レターのうち，信頼性の賛否のみを示したコメント・レターが，1通
——研究者——あった。したがって，目的適合性に対する賛否を示したコメ
ント・レターは，67通あり，その内訳は，産業界（作成者）38通／67通

図表 2.5　目的適合性に対する賛否（『ED：特性』（1979 年）に対するコメント・レター）

投稿者の職種	目的適合性に対する賛否を示した投稿数	%	賛成	%	反対	%
産業界（作成者）	38	57	35	92	3	8
会　計　士 （8大会計事務所を 全て含む）	15	22	11	73	4	27
研　究　者	9	13	7	78	2	22
銀　　　　　行	2	3	2	100	0	0
政　府　機　関	1	2	1	100	0	0
そ　の　他	2	3	2	100	0	0
合　　　　　計	67	100	58	87	9	13

（出所）FASB［1979b］pp. 64-402 の内容に基づき，筆者が作成した。

（57%），会計士 15 通／67 通（22%），研究者 9 通／67 通（13%），銀行 2 通／67 通（3%），政府機関 1 通／67 通（2%）およびその他 2 通／67 通（3%）であった。

　目的適合性に対する賛否を示したコメント・レターのうち，目的適合性に賛成する見解は，58 通／67 通（87%）であり，反対する見解は，9 通／67 通（13%）であった。投稿者別に見ると，産業界（作成者）は，賛成が 35 通／38 通（92%），反対が 3 通／38 通（8%）であった。会計士は，賛成が 11 通／15 通（73%），反対が 4 通／15 通（27%）であった。研究者は，賛成が 7 通／9 通（78%），反対が 2 通／9 通（22%）であった。銀行は，賛成が 2 通／2 通（100%），反対が 0 通／2 通（0%）であった。政府機関は，賛成が 1 通／1 通（100%），反対が 0 通／1 通（0%）であった。その他は，賛成が 2 通／2 通（100%），反対が 0 通／2 通（0%）であった。

　図表 2.6 は，信頼性に対する賛否を集計した結果を示している。目的適合性と信頼性の両方あるいはいずれか一方への賛否を示した 68 通のコメント・レターのうち，目的適合性の賛否のみを示したコメント・レターが，4 通——産業界（作成者）1 通，会計士 2 通および研究者 1 通——あった。し

図表 2.6　信頼性に対する賛否（『ED：特性』(1979年) に対するコメント・レター）

投稿者の職種	信頼性に対する賛否を示した投稿数	％	賛成	％	反対	％
産業界（作成者）	37	57	34	92	3	8
会　計　士 (8大会計事務所のうち6社含む)	13	20	10	77	3	23
研　究　者	9	14	7	78	2	22
銀　　　行	2	3	2	100	0	0
政　府　機　関	1	2	1	100	0	0
そ　の　他	2	3	2	100	0	0
合　　　計	64	100	56	88	8	12

（出所）FASB［1979b］pp. 64-402 の内容に基づき，筆者が作成した。

たがって，信頼性に対する賛否を示したコメント・レターは，64 通あり，その内訳は，産業界（作成者）37 通／64 通（57%），会計士 13 通／64 通（20%），研究者 9 通／64 通（14%），銀行 2 通／64 通（3%），政府機関 1 通／64 通（2%）およびその他 2 通／64 通（3%）であった。

　信頼性に対する賛否を示したコメント・レターのうち，信頼性に賛成する見解は，56 通／64 通（88%）であり，反対する見解は，8 通／64 通（12%）であった。投稿者別に見ると，産業界（作成者）は，賛成が 34 通／37 通（92%），反対が 3 通／37 通（8%）であった。会計士は，賛成が 10 通／13 通（77%），反対が 3 通／13 通（23%）であった。研究者は，賛成が 7 通／9 通（78%），反対が 2 通／9 通（22%）であった。銀行は，賛成が 2 通／2 通（100%），反対が 0 通／2 通（0%）であった。政府機関は，賛成が 1 通／1 通（100%），反対が 0 通／1 通（0%）であった。その他は，賛成が 2 通／2 通（100%），反対が 0 通／2 通（0%）であった。

　図表 2.7 は，目的適合性と信頼性に対する賛否の分類を示している。目的適合性と信頼性の両方あるいはいずれか一方への賛否を示した 68 通のコメント・レターのうち，目的適合性と信頼性の両方に賛成する見解が 54 通／68 通（80%），目的適合性と信頼性の両方に反対する見解が 7 通／68 通（10

106

図表 2.7　目的適合性と信頼性に対する賛否の分類（『ED：特性』（1979 年）に対するコメント・レター）

賛　　否　　の　　分　　類	投稿数	%
目 的 適 合 性 と 信 頼 性 の 両 方 に 賛 成	54	80
目 的 適 合 性 と 信 頼 性 の 両 方 に 反 対	7	10
目 的 適 合 性 に の み 賛 成	3	4
目 的 適 合 性 に の み 反 対	1	1.5
目 的 適 合 性 に 賛 成 ・ 信 頼 性 に 反 対	1	1.5
目 的 適 合 性 に 反 対 ・ 信 頼 性 に 賛 成	1	1.5
信 頼 性 の み 賛 成	1	1.5
合　　　　　　　　　　　　　　　計	68	100

（出所）FASB［1979b］pp. 64-402 の内容に基づき，筆者が作成した。

%），目的適合性のみに賛成する見解が 3 通／68 通（4%），目的適合性のみに反対する見解が 1 通／68 通（1.5%），目的適合性に賛成し，信頼性に反対する見解が 1 通／68 通（1.5%），目的適合性に反対し，信頼性に賛成する見解が 1 通／68 通（1.5%），信頼性にのみ賛成する見解が 1 通／68 通（1.5%）であった。したがって，『ED：特性』（1979 年）に対するコメント・レターでは，目的適合性と信頼性への支持が併存していたと考えられる。

　図表 2.8 は，目的適合性と信頼性のトレード・オフに対する賛否を集計した結果を示している。目的適合性と信頼性のトレード・オフに対する賛否を示したコメント・レターは，34 通あり，その内訳は，産業界（作成者）17 通／34 通（50%），会 計 士 11 通／34 通（32%），研 究 者 4 通／34 通（12%），銀行 1 通／34 通（3%），政府機関 0 通／34 通（0%）およびその他 1 通／34 通（3%）であった。

　目的適合性と信頼性のトレード・オフに対する賛否を示したコメント・レターのうち，トレード・オフに賛成する見解は，27 通／34 通（79%）であり，反対する見解は，7 通／34 通（21%）であった。投稿者別に見ると，産業界（作成者）は，賛成が 15 通／17 通（88%），反対が 2 通／17 通（12%）であった。会計士は，賛成が 9 通／11 通（82%），反対が 2 通／11 通（18

図表 2.8　目的適合性と信頼性のトレード・オフに対する賛否（『ED：特性』（1979 年）に対するコメント・レター）

投稿者の職種	トレード・オフに対する賛否を示した投稿数	％	賛成	％	反対	％
産業界（作成者）	17	50	15	88	2	12
会計士	11	32	9	82	2	18
研究者	4	12	2	50	2	50
銀行	1	3	0	0	1	100
政府機関	0	0	0		0	
その他	1	3	1	100	0	0
合計	34	100	27	79	7	21

（出所）FASB［1979b］pp. 64-402 の内容に基づき，筆者が作成した。

％）であった。研究者は，賛成が 2 通／4 通（50％）であった。銀行は，賛成が 0 通／1 通（0％），反対が 1 通／1 通（100％）であった。その他は，賛成が 1 通／1 通（100％），反対が 0 通／1 通（0％）であった。

　図表 2.9 は，図表 2.5 の目的適合性と図表 2.6 の信頼性に関して，8 大会計事務所に絞り込んで賛否を集計したものである。図表 2.9 が示すように，『ED：特性』（1979 年）に対する 8 大会計事務所——図表の 2.5 会計士に含まれている 8 通／15 通の会計事務所——のコメント・レターでは，目的適合性に関して，賛成する見解が 6 通／8 通（75％），反対する見解が 2 通／8 通（25％）であった。また，8 大会計事務所——図表 2.6 の会計士に含まれている 6 通／13 通の会計事務所——のコメント・レターでは，信頼性に関して，不詳の 2 通を除くと，賛成する見解が 5 通／6 通（83％），反対する見解が 1 通／6 通（17％）であった。

　このように，『ED：特性』（1979 年）に対するコメント・レターでは，目的適合性と信頼性に賛成する見解が圧倒的に多数であり，特に産業界と 8 大会計事務所のコメント・レターにおいても，両者に賛成する見解が多数であ

108

図表 2.9 『ED：特性』（1979 年）における 8 大会計事務所の目的適合性と信頼性
への賛否

投稿者の名称	目的適合性への賛否	信頼性への賛否
Arthur Andersen & Co.	反対	反対
Arthur Young & Company	賛成	不詳
Coopers & Lybrand	賛成	賛成
Deloitte Haskins & Sells	賛成	賛成
Ernst & Whinney	反対	不詳
Peat, Marwick, Mitchell & Co.	賛成	賛成
Price Waterhouse & Co.	賛成	賛成
Touche Ross & Co.	賛成	賛成
合計	賛成 6／8（75%） 反対 2／8（25%）	賛成 5／6（83%） 反対 1／6（17%）

（出所）FASB [1979b] pp. 64-402 の内容に基づき，筆者が作成した。

った。ところで，産業界と 8 大会計事務所が，1979 年に FASB に対して寄
付金を提供していたか否かという証拠は見当たらない。しかし，産業界と 8
大会計事務所は，1975 年と 1985 年に，FASB の親組織である財務会計財団
（Financial Accounting Foundation：以下，FAF と略称）に対して相当に多
額の寄付金を提供している，という次のような事実がある。

　Lee Metcalf 上院議員を委員長とする「報告書，会計および経営に関する
小委員会」の報告書（United States Senate [1976]：以下，Metcalf 報告書
と略称)[2]は，FAF が 1975 年に約 413 万ドルの寄付金を受け取り，その内
訳は，会計専門家が約 206 万ドル（50%），「商工業〔産業界〕」が約 193 万
ドル（47%），その他が約 14 万ドル（3%）であり，特に，会計専門家の中
の 8 大会計事務所は，それぞれ 20 万ドル，合計 160 万ドル——会計専門家
全体の 78%——を寄付していたことを指摘している。「会計基準」を設定す

---

2) Metcalf 報告書（1976 年）に関しては，今福 [1980] 125-148 頁，津守 [2002] 289-
　320 頁および千代田 [2014] 159-163 頁も参照。

るための「運営資金」は，「AICPA とその他の支援組織から FAF を通じて
FASB に」提供されており，Metcalf 報告書（1976 年）は，「AICPA と『8
大』会計事務所」が，「FASB の最も重要で影響力のある支援者」であり，
財務担当経営者協会が，AICPA に次いで，FASB の「最も重要な支援者」
であると見なしている。したがって，Metcalf 報告書（1976 年）は，FASB
が AICPA とその他の民間利害関係団体から「独立する」ことができない
（United States Senate［1976］pp. 142, 146, 154, 157, 159, 1232）と指摘して
いる。さらに，1985 年の FASB の予算では，FAF を通じて得られた約 480
万ドルの寄付金のうち，「財務諸表の作成者〔産業界〕」がその 50％強，「監
査人」──主に 8 大会計事務所3)──が 40％弱および「財務諸表の利用者」
等が 10％であった（Miller and Redding［1986］p. 34：邦訳［1989］56 頁）。
　ここで明らかなように，『ED：特性』（1979 年）に対するコメント・レタ
ーでは，目的適合性と信頼性に賛成する見解が圧倒的に多数であり，特に産
業界と 8 大会計事務所のコメント・レターにおいても，両者に賛成する見解
が多数であった。FASB は，1975 年と 1985 年に FAF を通じて，産業界と
8 大会計事務所から，相当に多額の寄付金を受け取っていたので，『ED：特
性』（1979 年）が公表された当時においても，FASB は，産業界と 8 大会計
事務所から，FAF を通じて相当に多額の寄付金を受け取っているものと推
測することが可能である。したがって，そのような寄付金があるとすれば，
『ED：特性』（1979 年）で提案された目的適合性と信頼性に賛成した産業界
と 8 大会計事務所のコメント・レターは，相当に大きな影響力を有していた
ものと推測されるであろう4)。

---

3)　1985 年の FASB の寄付金収入に関しては，1975 年と同じく，産業界と監査人がその
　9 割を占めており，1975 年と同様，8 大会計事務所が多額の寄付金を提供しているもの
　と推測される。
4)　これに関して，『DM：測定』（1976 年）に対するコメント・レターでは，「米国のア
　カウンティング・ファーム〔会計事務所〕による会計基準への積極的な関与が確認」さ
　れ，「FASB の一連の概念フレームワークへの影響も生じている」（市川［2021］41 頁）
　ことが指摘されている。

2.4 財務会計概念書第2号『会計情報の質的特性』(1980年) におけるトレード・オフの確立

FASB は,「情報」を「有用なもの」にするために必要な「会計情報の特性」について検討することを目的として, SFAC 第2号 (1980年) を公表した。SFAC 第2号 (1980年) は, SFAC 第1号 (1978年) と「財務諸表の構成要素ならびにその認識, 測定および表示」を扱って公表される「他のステートメント」との「橋渡し」としてみられるべきものである。SFAC 第2号 (1980年) は, 情報を望ましいものにする特性を「特性の階層構造」として, 図表2.10のように示している (FASB [1980] paras. 1, 32:邦訳 [2002] 62, 76頁)。

SFAC 第2号 (1980年) は, まず「意思決定にとっての有用性」を「最も重要なもの (most importance)」と位置づけている。次に, SFAC 第2号 (1980年) は,「会計情報」が「目的に適合するものであり, 信頼できるもの (relevant and reliable)」でなければならないことを「第一義的な (primary)」質的特性としており, それらの特性のいずれか一方が完全に失われる場合には, 当該情報は有用ではなくなる。また, 階層構造図では,「比較可能性」5)が,「情報の有用性」を高めるために,「目的適合性と信頼性」に関連する「副次的特性」として掲げられている。さらに, 階層構造図では, 情報が「有用」かつ「提供するに値するもの」であるためには,「情報のべ

---

5) 比較可能性とは, 情報「利用者」に「二組の経済現象の類似点と相違点」を識別させる「情報の特性」である (FASB [1980] Glossary of Terms:邦訳 [2002] 59頁)。特定の企業に関する情報は, その情報を「他企業に関する同種の情報」および当該企業の「他の期間または他の時点」における同一の情報と比較することができるならば,「有用性」を非常に高めることになる (FASB [1980] para. 111:邦訳 [2002] 113頁)。『ED:特性』(1979年) における比較可能性は, 中立性とともに意思決定・有用性を支える情報の特性とされていたが, SFAC 第2号 (1980年) における比較可能性は, 目的適合性と信頼性に関連する副次的特性へと変更されている。

図表 2.10　会計情報を有用にさせる特性の階層構造

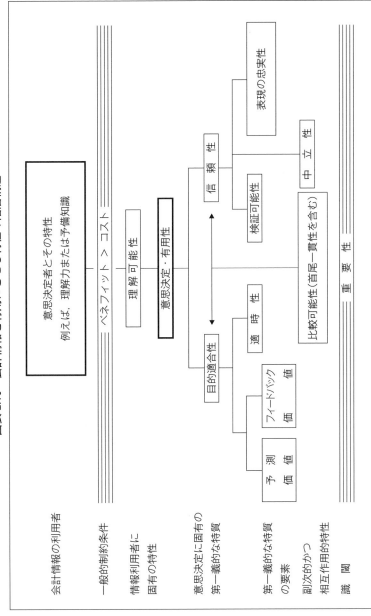

（出所）FASB [1980] para. 33 : 邦訳 [2002] 77 頁。

112

ネフィット」がその「コスト」を上回るものでなければならないことと，「重要性」[6]の「識閾」という「二つの制約」が示されている（FASB［1980］paras. 32, 33：邦訳［2002］76-78頁）。

　まず，「目的適合性」は，「第一義的な質的特性（a primary qualitative characteristic）」に位置づけられている（FASB［1984］para. 73：邦訳［2002］245頁）。目的適合性とは，情報「利用者」に「過去，現在および将来の事象」もしくは「成果の予測」または「事前の期待値」の確認もしくは訂正を行わせることによって情報利用者の「意思決定」に影響を及ぼす「情報の能力」である（FASB［1980］Glossary of Terms：邦訳［2002］60頁）。「会計情報」が，「投資者，債権者その他の情報利用者の投資，与信およびこれに類似する意思決定」にとって適合するためには，当該会計情報が情報「利用者」に「過去，現在および将来の事象の成果の予測」または「事前の期待値」の「確認もしくは訂正」を行わせることによって情報利用者の「意思決定」に影響を及ぼし得るものでなければならない（FASB［1980］para. 47：邦訳［2002］85頁）。

　目的適合性は，「いくつかの内訳要素」に分解することができ，情報が「目的に適合する」ために，当該情報は，適時性を持たなければならず，かつ，「予測価値」と「フィードバック価値」のいずれかまたは「その両者」を持たなければならない（FASB［1980］para. 33：邦訳［2002］78頁）。フィードバック価値とは，情報「利用者」に「事前の期待値」を確認または訂正させる情報の特質であり，予測価値とは，「過去または現在の事象の成果」を情報「利用者」に正しく予測させる可能性を高めるのに役立つ情報の特質である（FASB［1980］Glossary of Terms：邦訳［2002］59, 60頁）。「情報」は，「意思決定者の予測能力」を改善することによって，また「彼らの

6）　ここでの重要性とは，「周囲の状況」からみて，会計情報が省略または誤って表示されているならば，その情報に依存する「合理的な人間の判断」が変更されたりまたは影響を受けたりするおそれがある場合の「当該〔会計〕情報の省略または誤表示の大きさ」を意味する（FASB［1980］Glossary of Terms：邦訳［2002］59, 60頁）。

事前の期待値」を確認または訂正することによって，「意思決定」に影響を
及ぼし得る（FASB［1980］para. 51：邦訳［2002］87 頁）。

　適時性とは，情報が「意思決定」に影響を及ぼす効力を有する間に，「意
思決定者」に「情報」を利用可能にさせることである（FASB［1980］Glos-
sary of Terms：邦訳［2002］60 頁）。適時性は，「目的適合性の補完的な側
面」であり，「適時性」のみでは，「情報」を「目的に適合させる」ことはで
きないが，「適時性」を欠けば，適時性を有していれば当該情報が有してい
たはずの「目的適合性」を失わせることにもなる（FASB［1980］para. 56：
邦訳［2002］89，90 頁）。

　このような目的適合性に対して，「信頼性」は，目的適合性と対をなす
「もう一方の第一義的な質的特性（the other primary qualitative character-
istic）」に位置づけられている（FASB［1984］para. 75：邦訳［2002］246
頁）。信頼性とは，情報にほとんど「誤謬や偏向が存在しないこと」，また表
現しようとするものを忠実に表現していることを保証する情報の特質である
（FASB［1980］Glossary of Terms：邦訳［2002］60 頁）。情報が，「目的に
適合するものであり，かつ信頼できるもの（reliable as well as relevant）」
でなければならないということは，会計の中心となる観念とされている
（FASB［1980］para. 58：邦訳［2002］91 頁）。その上で，SFAC 第 2 号（1980
年）は，信頼性の意味について次のように述べている。

　「信頼性」には，2 つの「異なる意味」があり，それは，薬が「信頼でき
る」とはどのような意味であるかを考えることによって，区別し説明するこ
とができる。薬が信頼できるとは，その薬が処方される「病気」を治癒また
は和らげるので信頼できるという意味であり，もしくは，「一服の薬」が，
ラベルに示されている効能書きと一致しているので，信頼できるという意味
である。前者の意味は，薬が期待通りに「効く（effective）」ことを意味し
ている。後者の意味は，「効能（effectiveness）」のことではなく，「ラベル」
の説明と「ビン」の中身が同じであるということを意味している。「有効性」
は，確かに「情報に必要な特性」であるが，会計学では，「別の名称―すな
わち，目的適合性」と呼ばれている。「本ステートメント」において，「信頼

性という用語」を用いる場合には，「有効性」という意味を一切含まない。「会計情報」は，それが表現しようとする「経済状態または経済事象」を表現しているので，情報「利用者」がその情報に依存することができるという点において，「信頼できる」ものである。「会計情報の信頼性」は，区別することが「望ましい」2つの特性，すなわち「検証可能性と表現の忠実性」から生じる。「情報の中立性」も，これらの2つの特性と相互に作用して情報の「有用性」に影響を及ぼす（FASB［1980］paras. 60-62：邦訳［2002］91-92頁）。

　ここでは，『ED：特性』（1979年）と同様に，薬を例にして信頼性に2つの意味があることが説明されている。SFAC第2号（1980年）における信頼性は，有効性または目的適合性の意味を含まず，情報が表現しようとする経済状態または事象を表現し，利用者がその情報に依存できることを意味している。そして，信頼性は，検証可能性と表現の忠実性で構成されている。また，中立性は，『ED：特性』（1979年）では意思決定・有用性を支える情報の特性とされていたが，SFAC第2号（1980年）では，信頼性の下で検証可能性と表現の忠実性と相互に作用して有用性に影響を及ぼす特性とされている。

　信頼性の内訳要素に関して，「表現の忠実性」とは，「ある測定値または記述」と，それらが表現しようとする「現象」が「対応または一致すること」を言う。表現されるべき現象は，「経済的資源および債務ならびにそれらを変動させる取引および事象（the transactions and events）」である（FASB［1980］para. 63：邦訳［2002］92頁）。また，検証可能性とは，測定者間の合意を通じて，情報が表現しようとするものを表現していること，または誤謬もしくは偏向もなく測定方法が選択適用されていることを保証する能力である（FASB［1980］Glossary of Terms：邦訳［2002］61頁）。「検証」とは，「合意」を意味し，検証可能性は，「複数の測定者」が「同一の測定値」を得る可能性が高いことを意味する（FASB［1980］paras. 84, 89：邦訳［2002］102, 103頁）。さらに，中立性とは，「あらかじめ定められた結果」を達成し，または「特定の行動様式」を導き出すことを意図した「偏向」

が，「報告情報」に存在しないことである（FASB［1980］Glossary of Terms：邦訳［2002］60 頁）。

　このように，SFAC 第 2 号（1980 年）では，トップダウン・アプローチを重視する「意思決定・有用性概念を最も中心となる主軸」にしながらも，第一義的な特性の箇所では，トップダウン・アプローチを重視する目的適合性と，ボトムアップ・アプローチを重視する信頼性が，それぞれ配置されている（椛田［2021a］52 頁）と指摘されている。そして，SFAC 第 2 号（1980 年）は，目的適合性と信頼性の関係について，両者が相互に対立する場合もあるが，「財務情報」が有用であるためには，情報に「目的適合性があり，かつ信頼性がある」ものでなければならないとされている。そこで，SFAC 第 2 号（1980 年）は，目的適合性と信頼性が一方を完全になくすわけにはいかないが，相互に入れ替えることはできるとして，特性間で「トレード・オフ」を行うことが必要または有効な場合もある（FASB［1980］paras. 42, 90：邦訳［2002］83, 104 頁）と述べている。

　ここで明らかなように，SFAC 第 2 号（1980 年）では，『ED：特性』（1979 年）の内容が継承されており，まず意思決定・有用性（トップダウン・アプローチ重視）を最も重要なものとして位置づけている。その上で，SFAC 第 2 号（1980 年）は，2 つの第一義的な質的特性として，目的適合性（トップダウン・アプローチ重視）と信頼性（ボトムアップ・アプローチ重視）を対等に位置づけている。ここでの目的適合性と信頼性は，対立する場合もあるが，どちらもなくてはならないものであるため，SFAC 第 2 号（1980 年）では，両者のトレード・オフが，確立されてきたものと考えられる。

2.5　おわりに

　ここでは，本章で述べた内容を纏めておきたい。まず，設立当初の FASB は，トップダウン・アプローチに基づいた意思決定・有用性と利用者指向を

重視した概念フレームワークの形成を構想し，質的特性に関しては，目的適合性を第一義的に位置づけていた。ところが，『ED：目的』（1977年）では，目的適合性（トップダウン・アプローチ重視）と信頼性（ボトムアップ・アプローチ重視）が，質的特性の中で最も基本的なもの——目的適合性と信頼性を第一義的と位置づけていない——にそれぞれ位置づけられるように変容しているが，それ以上の議論は先送りにされ，両者のトレード・オフに関しても言及されていなかった。

その後，『ED：特性』（1979年）は，まず意思決定・有用性（トップダウン・アプローチ重視）を最上位に位置づけた上で，目的適合性（トップダウン・アプローチ重視）と信頼性（ボトムアップ・アプローチ重視）を意思決定のために会計情報を有用なものにする2つの第一義的な特質として位置づけている。これは，『ED：目的』（1977年）に対するコメント・レター——目的適合性と信頼性の両方に賛成する見解が多数であり，両者への支持が併存——を反映したかのような内容になっている。また，『ED：特性』（1979年）では，目的適合性を高めた場合，信頼性が低くなることや，その逆もあることを指摘し，目的適合性と信頼性のトレード・オフを提案している。

『ED：特性』（1979年）に対するコメント・レターでは，目的適合性と信頼性に賛成する見解が圧倒的に多数であり，特に産業界と8大会計事務所のコメント・レターにおいても，両者に賛成する見解が多数であった。FASBは，1975年と1985年にFAFを通じて，産業界と8大会計事務所から，相当に多額の寄付金を受け取っていたので，『ED：特性』（1979年）が公表された当時においても，FASBは，産業界と8大会計事務所から，FAFを通じて相当に多額の寄付金を受け取っているものと推測することが可能である。したがって，そのような寄付金があるとすれば，『ED：特性』（1979年）で提案された目的適合性と信頼性に賛成した産業界と8大会計事務所のコメント・レターは，相当に大きな影響力を有していたものと推測されるであろう。

そして，SFAC第2号（1980年）では，『ED：特性』（1979年）の内容がほぼ継承されており，まず意思決定・有用性（トップダウン・アプローチ重

視）を最も重要なものとして位置づけ，その上で，2 つの第一義的な質的特性として，目的適合性（トップダウン・アプローチ重視）と信頼性（ボトムアップ・アプローチ重視）を位置づけている。ここでの目的適合性と信頼性は，対立する場合もあるが，どちらもなくてはならないものであるため，SFAC 第 2 号（1980 年）では，両者のトレード・オフが確立されてきたものと考えられる。

　このように，SFAC 第 2 号（1980 年）――結果――では，目的適合性（トップダウン・アプローチ重視）と信頼性（ボトムアップ・アプローチ重視）が 2 つの第一義的な質的特性となり，両者のトレード・オフが確立されている。このような結果に至った複数の原因は，①目的適合性（トップダウン・アプローチ重視）と信頼性（ボトムアップ・アプローチ重視）を最も基本的な質的特性に位置づけた『ED：目的』（1977 年），②①に対するコメント・レター，③目的適合性（トップダウン・アプローチ重視）と信頼性（ボトムアップ・アプローチ重視）を 2 つの第一義的な特質に位置づけた『ED：特性』（1979 年）および④③に対するコメント・レターがあると考えられる。その中で，主要な原因となるのは，④『ED：特性』（1979 年）に対するコメント・レター――目的適合性と信頼性に賛成する見解が大多数――であると考えられる。すなわち，FAF を通じて FASB に相当に多額の寄付金を提供してきたと推測される産業界と 8 大会計事務所が，『ED：特性』（1979 年）の目的適合性と信頼性を積極的に支持していたので，SFAC 第 2 号（1980 年）では，対立する場合もあるが，どちらもなくてはならないものと見なされる目的適合性と信頼性のトレード・オフが確立してきたものと考えられる。

第 3 章

財務会計概念書第 8 号『財務報告のための
概念フレームワーク』（2010 年）における
忠実な表現の問題点

3.1 はじめに

　米国では，Enron 社と Worldcom 社による大型の会計不正が，2001 年から 2002 年にかけて発覚し，これに対応するために，米国議会は，2002 年に，SOX 法を制定した。SOX 法（2002 年）第 108 条（d）項は，SEC に原則主義に基づく会計制度の研究を命じ，これを受けて，SEC は，2003 年に『SEC 研究』を公表した。『SEC 研究』（2003 年）は，原則主義的または目的志向型会計基準の開発を強調し，会計基準が改善された一貫して適用される概念フレームワークに基づくべきであると指摘している。『SEC 研究』（2003 年）に対して，FASB は，2004 年に『FASB 回答』を公表した。『FASB 回答』（2004 年）は，『SEC 研究』（2003 年）の勧告を受け入れ，原則主義的会計基準の公表と概念フレームワークの欠陥への対処を表明している。

　このような動きを踏まえて，FASB と IASB は，2004 年から共通の概念フレームワークを開発するための共同プロジェクトに着手した。その後，FASB は，『予備的見解』（2006 年）と『ED：概念』（2008 年）を経て，IASB と共同で開発した SFAC 第 8 号（2010 年）を公表した。そこで，本章では，従来の信頼性を置き換えた忠実な表現に焦点を当てつつも，補強的な質的特性に位置づけられた検証可能性も含めて，『予備的見解』（2006 年），『ED：概念』（2008 年）および SFAC 第 8 号（2010 年）を分析し，その問題点を明らかにする。

3.2 『予備的見解　財務報告のための概念フレームワーク：財務報告の目的と意思決定に有用な財務報告情報の質的特性』（2006 年）の分析

FASB は，IASB との共同概念フレームワーク・プロジェクトにおける最

初の文書として，『予備的見解』（2006 年）を公表した（FASB ［2006a］
para. P1）。まず，『予備的見解』（2006 年）は，財務報告の目的について次
のように述べている。

「一般目的外部財務報告の目的」とは，「現在と潜在的な投資者，融資者お
よびその他の者」が「投資，貸付および同様の資源配分の意思決定」を行う
際に有用な財務情報を提供することである。この目的を達成するために，
「財務報告」は，「企業の将来のキャッシュ・インフローとアウトフローに関
する金額，タイミングおよび不確実性」を評価する上で，「現在と潜在的な
投資家，債権者およびその他の者」に役に立つ情報を提供しなければならな
い。その情報は，企業が「正味キャッシュ・インフロー」を生み出し，投資
家と融資者にリターンを提供する能力を評価する際に不可欠である。「財務
報告の目的」は，経営者の受託責任を評価する際に「有用な情報」を提供す
ることを包含する（FASB ［2006a］ paras. OB2, OB3, OB28）。

　ここでは，まず投資者等に対する意思決定に有用な財務情報の提供を財務
報告の目的として掲げ，そのための具体的な目的として，企業の将来キャッ
シュ・フローの評価に役立つ情報の提供が示されている。これらは，利用者
指向とトップダウン・アプローチを強調した会計目的である（椛田 ［2021a］
48, 49 頁を参照）と考えられる。一方，『予備的見解』（2006 年）では，「意
思決定・有用性目的のみを重視して，受託責任目的はこの意思決定・有用性
目的の中に包含されている」ため，「受託責任目的は，別個の独立した会計
目的と考えられていない」（椛田 ［2019c］ 51 頁）。

　次に，『予備的見解』（2006 年）の第 2 章は，「意思決定に有用な財務報告
情報の質的特性」（FASB ［2006a］ p. 22）と題されており，「受託責任ではな
く，意思決定・有用性の概念」が，その内容を「支配している（dominates）」
（Whittington ［2008b］ p. 500）と考えられる。質的特性とは，「財務報告に
関する意思決定を行う際に求められる特質」であり，そのような「意思決定
に有用な財務報告情報の特質」として，「*目的適合性，忠実な表現，比較可
能性および理解可能性*」が規定されている（FASB ［2006a］ paras. QC1,
QC7. 斜体は原文）。

　第1の質的特性である目的適合性に関して，「投資，貸付および類似の資源配分の意思決定」に際して有用であるために，情報は，これらの意思決定に目的適合性がなければならない。目的適合性のある情報は，利用者が「将来キャッシュ・フローに関する過去，現在または将来の取引やその他の事象の潜在的効果」を評価すること（予測価値），または利用者の「過去の評価」を確認または訂正するのに役立つこと（確認価値）によって，「利用者の意思決定」に相違をもたらすことができる。また，適時性とは，「意思決定」に影響を及ぼす能力を失う前に，情報を「意思決定者」に利用可能にさせることであり，「目的適合性の別の側面」である（FASB［2006a］para. QC8）。ここでは，トップダウン・アプローチを重視する目的適合性が，質的特性の1つとして掲げられている。

　第2の質的特性である忠実な表現に関して，「投資，貸付および類似の資源配分の意思決定」に際して有用であるために，情報は，それが表現しようとしている「現実世界の経済現象」に関する「*忠実な表現（faithful representation）*」でなければならない。「財務報告で表現される現象」は，経済的資源，経済的債務およびそれらを変動させる取引とその他の事象や環境である。「これら経済現象の忠実な表現」であるために，情報は，検証可能，中立的および完全でなければならない。SFAC 第2号（1980年）では，「意思決定に有用な財務報告情報」に「不可欠な質的特性」として「*信頼性（reliability）*」が含められていたが，『予備的見解』（2006年）では，忠実な表現が使用されている（FASB［2006a］paras. QC16, BC2. 13, BC2. 29. 斜体は原文）。ここでは，ボトムアップ・アプローチを重視する従来の信頼性を忠実な表現に置き換えている。

　忠実な表現の構成要素について，まず情報は，それが表現しようとしている「経済現象」を忠実に表現していることを利用者に保証するために，「検証可能」でなければならない。検証可能性とは，必ずしも完全に一致することではないけれども，「知識があり，独立した異なる観察者」が「一般的な合意」に達することであり，それは，（a）情報が，「（直接的な検証によって）重大な誤謬や偏向がなく」表現しようとしている経済現象を表現してい

ること，または（b）「選択された認識または測定方法」が，「（間接的な検証によって）重大な誤謬や偏向がなく」適用されていることで達成される（FASB［2006a］para. QC23）。

　また，中立性とは，「所定の結果」を達成したり，「特定の行動」をもたらしたりするような意図された「偏向」がないことである。「偏った財務報告情報」は，「経済現象」を忠実に表現できないため，中立性は，「表現の忠実性の不可欠の側面」とされている（FASB［2006a］para. QC27）。さらに，『予備的見解』（2006 年）は，忠実な表現の構成要素である完全性について次のように述べている。

　完全性は，情報が表現しようとしている「経済現象の忠実な表現」にとって必要な「全ての情報」を財務報告に含むことを意味する。それゆえに，「完全性」は，「コスト」を考慮しつつ，「重要かつ実現可能な」範囲内で，「忠実な表現」にとって「不可欠な構成要素」である。「完全性」は，「評価手法を使用して公正価値を見積る」場合のように，「経済現象の見積り」を行う際に重要である。たとえば，「価格モデル」を使用して「金融商品の公正価値」を見積るには，使用するモデルへの「有効なインプット」である「全ての経済的要因」を考慮しなければならない（FASB［2006a］paras. QC32, QC33）。

　ここでは，完全性が評価手法を使用して公正価値を見積る場合など，経済現象の見積りを行う際に重要とされており，忠実な表現に必要な情報には，公正価値に関する情報が含まれている。したがって，完全性を構成要素とする忠実な表現は，公正価値を明示した箇所ではトップダウン・アプローチを重視しているものと考えられる。

　その他の質的特性について，「比較可能性」は，「首尾一貫性」を含んでおり，「投資，貸付および類似の資源配分の意思決定」において，「財務報告情報の有用性」を高める。比較可能性は，「利用者」が「2 組の経済現象間の類似点と相違点」を特定化できるようにする「情報の特質」である。首尾一貫性は，単一の企業内の「ある会計期間から別の会計期間」か，企業間の一会計期間内のいずれかで，「同じ会計方針と手続き」を利用することをいう。

124

比較可能性は,「目標」であり, 首尾一貫性は, その目標を達成する際に役立つ「目的にとっての手段」である。また, 理解可能性は,「事業活動と経済活動や財務報告に関する合理的な知識」を持ち,「合理的な努力」を伴って情報を研究する利用者が, その意味を把握することを可能にさせる「情報の特質」である。情報は, 利用者が理解できる方法で示されない限り,「特定の利用者の意思決定」に影響を与えることはできない (FASB [2006a] paras. QC35, QC39, QC40)。このような質的特性を踏まえて,『予備的見解』(2006年) は, その適用方法について次のように述べている。

「目的適合性の質的特性の適用」は, 経済現象に関する「意思決定に有用な情報」を提供するために, 財務報告に描写されるべき経済現象を識別する。意思決定のために有用情報に関する経済現象は, 目的適合性があり, 有用ではない情報に関する経済現象は, 目的適合性がない。したがって, 目的適合性は,「他の質的特性」よりも先に考慮されなければならない。「論理的順序 (logical order)」において, 適用されるべき次の質的特性は, 忠実な表現である。目的適合性が適用されると, 忠実な表現は, どの経済現象の描写が「目的適合性のある現象」に最も一致するかを決定するために適用される。「目的適合性と忠実な表現の質的特性」は,「異なる方法」で「意思決定・有用性」に貢献する。描写は,「投資と貸付の意思決定に適合する経済現象」を忠実に表現する場合にのみ, 意思決定に有用であるため,「目的適合性と忠実な表現の両方が, 必要である」。忠実な表現の次に, 比較可能性と理解可能性が, 適用され, この2つの質的特性は, 目的適合性があり, 忠実な表現である財務報告情報の意思決定・有用性を高める (FASB [2006a] paras. QC43-QC46)。

ここでは, 目的適合性と忠実な表現がどちらも必要な質的特性とされつつも, 質的特性が, 目的適合性, 忠実な表現, 比較可能性および理解可能性という論理的順序に従って適用されることが示されている。その際,『予備的見解』(2006年) は,「目的適合性のない情報」には「有用性がない」という主張に基づいて,「目的適合性」が, 検討される「第1の項目 (the first item)」に昇格している (Gore and Zimmerman [2007] p. 34)[1]。

　そして，『予備的見解』（2006 年）は，最初に「最も目的適合性があるもの」を基準に「会計方法」を選択し，次に，この選択を「忠実な表現」に基づいた「フィルター（filter）」にかけるという順序を提案している。このような変更は，「*信頼性*」を「*忠実な表現*」に置き換えることと合わせて，「*目的適合性と信頼性の間のトレード・オフの可能性*」が排除されることに繋がると言われている。「このトレード・オフ」は，「目的適合性はあるが，信頼できない」と考えられている「公正価値測定」を使用しない理由として頻繁に引き合いに出されてきた（Whittington [2008a] p. 146. 斜体は原文）。したがって，『予備的見解』（2006 年）における「質的特性の変化」は，FASB が「財務報告において公正価値測定をより広範に使用するための根拠（rationale）」を開発していることを示唆している（Gore and Zimmerman [2007] p. 34）。このような『予備的見解』（2006 年）は，モデルの参照や現在価値で決定された数値のように「ほとんど信頼できない」公正価値に依存しており，「そのような『柔らかい』数値を提供する会計報告」は，「会計数値の有用性」にとって「有害（harmful）」となり得るという批判がある（AAA [2007] p. 230）[2]。

　ここで明らかなように，『予備的見解』（2006 年）では，まず会計目的に関して，トップダウン・アプローチに基づいた意思決定・有用性と利用者指向を重視し，質的特性の内容も，意思決定・有用性の影響を強く受けていると考えられる。次に，『予備的見解』（2006 年）では，目的適合性（トップダウン・アプローチ重視）と忠実な表現（公正価値を明示した箇所ではトップダウン・アプローチ重視）を含む 4 つの質的特性を規定し，従来の信頼性（ボトムアップ・アプローチ重視）を置き換えている。また，忠実な表現は，検証可能性，中立性および完全性を構成要素としているが，特に完全性に関して，経済現象の忠実な表現に必要な情報には，公正価値に関する情報が含

1)　これに関しては，古賀 [2009] 36 頁と古賀 [2010] 31，32 頁も参照。
2)　これに関して，「現在価値，モデルおよび出口価格の見積り」から導き出される「公正価値」は，「経営者」が操作しやすいという批判がある（AAA [2007] p. 235）。

められている。このような質的特性の変化は，FASB が公正価値測定をより広範に使用するための根拠となるように，概念フレームワークを開発していることを示唆しているが，信頼できない公正価値に依存して，柔らかな数値を提供する会計報告は，会計数値の有用性にとって有害となり得るという批判がある。

3.3 『公開草案　財務報告のための概念フレームワーク：財務報告の目的と意思決定に有用な財務報告情報の質的特性と制約』（2008 年）の分析

FASB は，『予備的見解』（2006 年）に対するコメント・レターで提起された問題を検討した上で，『ED：概念』（2008 年）を公表した（FASB［2008］para. P2）。まず，『ED：概念』（2008 年）は，「一般目的財務報告の目的」（FASB［2008］para. OB2）について次のように述べている。

「一般目的財務報告の目的」とは，現在と潜在的な株式投資者，融資者およびその他の債権者が，「資本提供者」として「意思決定」を行う際に有用な報告企業に関する「財務情報」を提供することである。「資本提供者」は，意思決定を行う際に，「正味キャッシュ・インフロー」を生み出す「企業の能力」と，「資本提供者の投資」を保護し強化する「経営者の能力」を評価することに関心がある。「財務報告」は，「企業の経済的資源（その資産）とそれらの資源に対する請求権（その負債と資本）に関する情報」を提供すべきである。また，財務報告は，「企業の経済的資源とそれらの資源に対する請求権」を変動させる「取引の影響」と「その他の事象と状況」に関する情報を提供すべきである。その情報は，「資本提供者」が「正味キャッシュ・インフロー」を生み出す企業の能力と，経営者が受託責任を果たした有効性を評価する際に役立つ（FASB［2008］paras. OB2, OB9, OB15）。

ここでは，まず投資者等の資本提供者に対して意思決定に有用な情報を提供することが，一般目的財務報告の目的として掲げられており，そのための

　具体的な目的として，正味キャッシュ・インフローに関心がある資本提供者に対して，資産，負債，資本およびそれらを変動させる取引の影響等に関する情報を提供することが規定されている。したがって，『ED：概念』（2008年）では，意思決定・有用性目的（利用者指向とトップダウン・アプローチ重視）が最重視されている。一方，『ED：概念』（2008年）では，受託責任という用語が使用されており，「受託責任の議論」が拡張されたものの，「受託責任が財務報告の個別目的ではない」という『予備的見解』（2006年）からの基本的な位置づけは変わっていない（Whittington［2008b］p. 498 n. 2)[3]と指摘されている。

　次に，『ED：概念』（2008年）の第2章は，「意思決定に有用な財務報告情報の質的特性と制約」（FASB［2008］p. 17）と題されており，『予備的見解』（2006年）と同様に，「受託責任ではなく，意思決定・有用性の概念」が，その内容を支配している（Whittington［2008b］p. 500）と指摘されている。その上で，『ED：概念』（2008年）では，「財務情報」を「有用」にする属性を「質的特性」としており，「情報の有用性」にどのように影響するかに応じて，「基本的な特性または補強的な特性」に区別している。「財務情報」が有用であるためには，目的適合性と忠実な表現という「2つの基本的な質的特性（two fundamental qualitative characteristics)」を備えていなければならないとされている（FASB［2008］paras. QC1, QC2）。

　一方の基本的な質的特性である目的適合性に関して，情報は，「資本提供者」としての地位にある利用者が行う意思決定に相違をもたらすことができる場合に，目的適合性がある。「経済現象に関する情報」は，「予測価値，確認価値またはその両方（predictive value, confirmatory value, or both)」がある場合に相違をもたらすことができる。まず，「経済現象に関する情報」は，「資本提供者」が「将来」に関する期待を形成するために使用する「予測プロセスへのインプット」としての価値がある場合，「予測価値」があり，また，過去の評価に基づいて「過去（または現在）の期待」を確認または変

---

3)　これに関しては，椛田［2019c］54頁も参照。

更する場合,「確認価値」がある（FASB［2008］paras. QC3-QC5）。ここで
は,トップダウン・アプローチを重視する目的適合性が,基本的な質的特性
の１つとして掲げられている。

　他方の基本的な質的特性である忠実な表現に関して,情報が財務報告にお
いて「有用である」ためには,それが表現しようとしている「経済現象の忠
実な表現」でなければならない。「忠実な表現」は,経済現象の描写が「完
全で,中立的で,重大な誤謬がない（complete, neutral, and free from ma-
terial error）」場合に達成される。SFAC第２号（1980年）では,*信頼性*
が「意思決定に有用な財務報告情報」に「不可欠な質的特性」として含めら
れていたが,『ED：概念』（2008年）では,『予備的見解』（2006年）と同
様,「*信頼性*ではなく,*忠実な表現*」が使用されている（FASB［2008］paras.
QC7, BC2.11, BC2.17. 斜体は原文）。ここでは,『予備的見解』（2006年）と
同様に,従来の信頼性（ボトムアップ・アプローチ重視）が,忠実な表現
（トップダウン・アプローチ重視）に置き換えられており,その上で,『ED：
概念』（2008年）は,忠実な表現の構成要素について次のように述べてい
る。

　「経済現象の描写」は,それが表現しようとしている「経済現象の忠実な
表現」に必要な「全ての情報」が含まれていれば完全である。「脱漏」があ
ると,情報は,「虚偽または誤解」を招き,したがって「財務報告の利用者」
にとって役に立たなくなる。中立性とは,「所定の結果」を達成したり,「特
定の行動」をもたらしたりするよう意図された「偏向」がないことである。
「中立的な情報」には,「偏向」がないため,表現しようとしている「経済現
象」を忠実に表現する。「財務報告に示される経済現象」は,一般に「不確
実な条件」の下で測定されるため,「忠実な表現」は,「経済現象の描写にお
いて誤謬が全くないこと」を意味するものではない。したがって,「ほとん
どの財務報告の測定」には,「経営者の判断」を組み込んだ「様々な種類の
見積り」を含んでいる。「経済現象」を忠実に表現するためには,「見積り」
が「適切なインプット」に基づかなければならず,それぞれのインプット
は,「利用可能な最良の情報」を反映しなければならない。「見積り（と見積

りへのインプット）の完全性と中立性」が望ましい。しかし，「見積り」が「経済現象の忠実な表現」であるためには，最低限の「正確性（accuracy）」も必要である（FASB［2008］paras. QC9-QC11）。

　ここでは，忠実な表現の構成要素として，完全性，中立性および重大な誤謬がないことについて述べられている。『予備的見解』（2006 年）では，検証可能性が忠実な表現の構成要素とされていたが，『ED：概念』（2008 年）では，検証可能性に代わって，重大な誤謬がないことが構成要素に加えられている。また，『予備的見解』（2006 年）では，完全性とは情報が表現しようとしている経済現象の忠実な表現に必要な全ての情報を財務報告に含むことと定義され，経済現象の忠実な表現に必要な情報には，公正価値に関する情報が含められている。一方，『ED：概念』（2008 年）では，完全性の定義において公正価値に関して述べられていなかったが，『予備的見解』（2006 年）と同様，完全性は，経済現象の忠実な表現に必要な全ての情報を含むことであり，そのような情報には，公正価値が含まれる可能性がある。したがって，完全性を構成要素とする忠実な表現は，トップダウン・アプローチであると推測される。このような基本的な質的特性を踏まえて，『ED：概念』（2008 年）は，その適用について次のように述べている。

　「目的適合性の質的特性の適用」は，経済現象に関する「意思決定に有用な情報」を提供する目的で，どの経済現象が財務報告で表示されるべきかを特定する。目的適合性は，描写ではなく，「経済現象」に注意を向けるため，「他の質的特性」よりも先に考慮される。どの経済現象が，意思決定に適合するかを決定するために，目的適合性が適用されると，「それらの〔経済〕現象」のどの描写が，「目的適合性のある現象」に最も一致するかが決定されるために，「忠実な表現」が適用される。「忠実な表現の特性の適用」によって，「提案された単語と数字の描写」が，描写されている経済現象に「忠実である（または忠実ではない）」かどうか決定する。「基本的な質的特性」として，「目的適合性と忠実な表現」は，共に機能して，様々な方法で「情報の意思決定・有用性」に貢献する。「目的適合性のある現象の忠実な表現ではない描写」が，「意思決定」に有用ではない情報をもたらすのと同様

に,「目的適合性のない現象の忠実な表現である描写」は,意思決定に有用ではない（FASB［2008］paras. QC12-QC14）。ここでは,目的適合性と忠実な表現がどちらも必要な質的特性とされつつも,質的特性を適用する際には,まず目的適合性が考慮され,次に忠実な表現が適用されることが示されており,この点に関しては,『予備的見解』（2006 年）の内容を継承している。

このような基本的な質的特性に対して,「補強的な質的特性」は,基本的な質的特性を「補完するもの（complementary）」である。「補強的な質的特性」には,「比較可能性,検証可能性,適時性および理解可能性」が規定され,目的適合性があり忠実に表現されている「財務報告情報の意思決定・有用性」を高める。まず,比較可能性とは,利用者が「2 組の経済現象の類似点と相違点」を識別できるようにする「情報の特質」である。首尾一貫性とは,企業内の期間ごとに,または企業間の「単一の期間」で「同じ会計方針と手続き」を使用することを言う。比較可能性は,「目標」であり,首尾一貫性は,その目標を達成する際に役立つ「目的にとっての手段」である（FASB［2008］paras. QC15, QC16）。

次に,検証可能性とは,情報が表現しようとしている「経済現象」を忠実に表現していることを「利用者」に保証するのに役立つ「情報の特質」である。検証可能性は,「知識があり,独立した異なる観察者」が,必ずしも完全に一致することはないとしても,「一般的な合意」に達することであり,それは,(a) 情報が,「重大な誤謬や偏向がなく」表現しようとしている「経済現象」を表現していること,または (b)「適切な認識または測定方法」が,「重大な誤謬や偏向がなく」適用されていることで達成される（FASB［2008］para. QC20）。

さらに,適時性とは,「意思決定」に影響を与える能力を失う前に,「意思決定者」が,情報を利用できるようにすることを意味する。「目的に適合する情報」をより早く利用できるようにすることは,「意思決定」に影響を与える能力を高めることができ,「適時性の欠如」は,「その潜在的な情報の有用性」を奪うことがあり得る。最後に,理解可能性は,利用者が「その意

味」を理解できるようにする「情報の特質」である。情報が，分類され，特徴づけられ，明瞭かつ簡潔に示されると，理解可能性が向上し，理解可能性は，「比較可能性」によって高められる（FASB［2008］paras. QC22, QC23）。

このように，『ED：概念』（2008 年）は，「信頼性」を取り除くとともに，「検証可能性を基本的な質的特性である忠実な表現の構成要素から二次的な区分（secondary category）である『補強的な質的特性』に降格（demote）」させており，これによって，「公正価値会計」は，より容易に推進されることができる（O'Brien［2009］p. 269）[4]と指摘されている。

ここで明らかなように，『ED：概念』（2008 年）は，『予備的見解』（2006年）と同様，まず会計目的に関して，トップダウン・アプローチに基づいた意思決定・有用性と利用者指向を重視し，質的特性の内容も，意思決定・有用性の影響を強く受けていると考えられる。次に，『ED：概念』（2008 年）では，目的適合性（トップダウン・アプローチ重視）と忠実な表現（トップダウン・アプローチ重視）という基本的な質的特性を規定し，信頼性（ボトムアップ・アプローチ重視）を置き換えている。忠実な表現は，完全性，中立性および重大な誤謬がないことを構成要素にしており，『予備的見解』（2006 年）において忠実な表現の構成要素であった検証可能性は，補強的な質的特性として位置づけられている。したがって，『ED：概念』（2008 年）では，完全性が『予備的見解』（2006 年）と異なり，公正価値に関する記述を含んでいないが，信頼性（ボトムアップ・アプローチ重視）を忠実な表現（トップダウン・アプローチ重視）に置き換え，検証可能性を補強的な質的特性に降格して位置づけており，これは，公正価値会計の拡大に繋がると指摘されている。

---

4)　岩崎は，忠実な表現が「従来の基本的質的特性である信頼性の 1 構成要素から基本的な質的特性へと格上げ」されるとともに，検証可能性が「補強的な質的特性へ格下げされている」ことは，「従来よりも広い時価（CV）〔公正価値〕の適用を想定」している（岩崎［2019］69 頁）と指摘している。これに関しては，岩崎［2011］32-34 頁も参照。

3.4 財務会計概念書第 8 号『財務報告のための概念フレームワーク』（2010 年）の問題点

FASB は,『ED：概念』（2008 年）の公表後の審議を経て, SFAC 第 8 号（2010 年）を公表した（FASB［2010］para. BC1. 3）。まず, SFAC 第 8 号（2010 年）は,「一般目的財務報告の目的」（FASB［2010］para. OB2）について次のように述べている。

「一般目的財務報告の目的」は,「現在と潜在的な投資者, 融資者およびその他の債権者」が, 企業への資源提供に関する「意思決定」を行う際に有用な報告企業に関する「財務情報」を提供することである。「現在と潜在的な投資者, 融資者およびその他の債権者」は,「企業への将来の正味キャッシュ・インフローの見通し」を評価するのに役立つ情報を必要としている。「将来の正味キャッシュ・インフローに関する企業の見通し」を評価するために,「現在と潜在的な投資者, 融資者およびその他の債権者」は,「企業の資源」,「企業に対する請求権」および「企業の経営者と統治機構」が「企業の資源」を利用する「責任」をどれだけ「効率的かつ効果的」に果たしたかに関する情報を必要としている（FASB［2010］paras. OB2-OB4）。

ここでは, 投資者等に対する意思決定に有用な情報の提供が, 一般目的財務報告の目的として掲げられており, そのための具体的な目的として, 将来の正味キャッシュ・インフローを必要としている投資者等に対して, 企業の資源等に関する情報を提供することが規定されている。したがって, SFAC 第 8 号（2010 年）では, 意思決定・有用性目的（利用者指向とトップダウン・アプローチ重視）が最重視されている。また, SFAC 第 8 号（2010 年）では, 受託責任という用語を使用しないことが決定されており（FASB［2010］para. BC1. 28）, 会計目的は, 意思決定・有用性目的に「一本化」されている（椛田［2019c］55 頁）と考えられる。

次に, SFAC 第 8 号（2010 年）の第 3 章は,「有用な財務報告情報の質的特性」（FASB［2010］p. 16）と題されており,「*意思決定・有用性*」が「最も

重要な特性（overriding quality）」とされている（Miller et al. [2016] p. 95：邦訳 [2017] 127 頁，斜体は原文）。「有用な財務情報の質的特性」とは，「現在と潜在的な投資者，融資者およびその他の債権者」が，「報告企業」の「財務報告書（財務情報）」に基づいて「意思決定」を行う際に「最も有用となる」可能性の高い「情報の種類」を識別するものである。「財務情報」が有用であるには，目的適合性があり，それが表現しようとしているものを忠実に表現しなければならず，また，「財務情報の有用性」は，それが「比較可能で，検証可能で，適時で，理解可能」であれば，補強される（FASB [2010] paras. QC1, QC4）。

　「基本的な質的特性（fundamental qualitative characteristics）」とは，目的適合性と忠実な表現である。一方の目的適合性に関して，「目的適合性のある財務情報」は，利用者が行う意思決定に相違を生じさせることができ，財務情報は，「予測価値，確認価値またはその両方」を有する場合，「意思決定に相違」を生じさせることができる。財務情報は，「利用者」が「将来の結果」を予測するために用いる「プロセスへのインプット」として使用できる場合には，「予測価値」を有し，「過去の評価」に関するフィードバックを提供する（確認または変更する）場合には，「確認価値」を有する。さらに，情報は，その脱漏または誤表示によって特定の報告企業に関する財務情報に基づいて利用者が行う意思決定に影響し得る場合，重要性があり，「重要性」は，「目的適合性の側面（aspect of relevance）」である（FASB [2010] paras. QC5-QC9, QC11）。ここでは，トップダウン・アプローチを重視する目的適合性が，基本的な質的特性の 1 つとして掲げられている。

　他方の忠実な表現に関して，財務情報は，有用であるためには「目的適合性のある現象」を表現するだけでなく，表現しようとしている現象を忠実に表現しなければならない。「完璧に忠実な表現」であるためには，描写は，「*完全で，中立的で，誤謬がない*」という「3 つの特性」を有する。また，従来の「*信頼性という用語*」は，「*忠実な表現*」に置き換えられた（FASB [2010] paras. QC12, BC3. 25. 斜体は原文）。ここでは，『予備的見解』（2006 年）と『ED：概念』（2008 年）と同様に，従来の信頼性（ボトムアップ・

134

アプローチ重視）が，忠実な表現（トップダウン・アプローチ重視）に置き換えられており，その上で，SFAC 第 8 号（2010 年）は，忠実な表現の構成要素について次のように述べている。

　「完全な描写」は，「全ての必要な記述と説明」を含め，描写しようとしている現象を「利用者」が理解するのに必要な「全ての情報」を含んでいる。たとえば，「ある資産グループの完全な描写」は，最低限，「グループの資産の内容に関する記述，グループの資産の全ての数的描写およびその数的描写が表していることに関する記述（たとえば，当初の原価，修正後の原価または公正価値)」を含むことになる。「中立的な描写」は，「財務情報の選択または表示に偏りがない」ものである。財務情報が利用者に有利または不利に受け取られる確率を増大させるために歪曲，ウェイトづけ，強調，軽視およびその他の操作が行われていない。「忠実な表現」とは，「全ての点で正確である」ことを意味するものではない。「誤謬がない」とは，「その現象の記述に誤謬や脱漏」がなく，「報告された情報」を作成するために用いられたプロセスが，誤謬がなく選択され適用されたことを意味する。この文脈において，誤謬がないとは，「全ての点で完全に正確である」ことを意味しない（FASB [2010] paras. QC13-QC15)。

　ここでは，忠実な表現の構成要素として，完全性，中立性および誤謬がないことについて述べられている。『ED：概念』（2008 年）における重大な誤謬がないことが，SFAC 第 8 号（2010 年）では誤謬がないに，名称変更されているものの，『ED：概念』（2008 年）の内容は，概ね SFAC 第 8 号（2010年）に継承されていると考えられる。また，完全性に関しては，当初原価のみならず，公正価値の記述も含まれており，『ED：概念』（2008 年）には見られなかった公正価値に関する説明が，再度明示されるようになった。しかし，このような質的特性の規定は，「市場価格による評価のみならず，さらには割引キャッシュ・フロー法や価格決定モデルを用いた理論価格による測定に途を開くものといえる」（高須 [2014] 139 頁）ため，公正価値の拡大に繋がるものと考えられる。このような基本的な質的特性を踏まえて，SFAC 第 8 号（2010 年）は，その適用について次のように述べている。

　「情報」が有用であるためには，目的適合性があり，忠実に表現されていなければならない。「目的適合性のない現象の忠実な表現」も「目的適合性のある現象の忠実でない表現」も，利用者が「適切な意思決定」を行うことには役立たない。「基本的な質的特性を適用するための最も効率的かつ効果的なプロセス」は，通常次のようになる。第1に，「報告企業の財務情報の利用者」にとって有用となる可能性のある「経済現象」を識別する。第2に，利用可能で忠実に表現できるとした場合に，「最も目的適合性の高い現象に関する情報の種類」を識別する。第3に，その情報が利用可能で忠実に表現できるかどうかを判断する。もしそうであれば，「基本的な質的特性」を充足するプロセスは，その時点で終了する。そうでない場合には，「その次に目的適合性の高い種類の情報」でそのプロセスが繰り返される（FASB [2010] paras. QC17, QC18）。

　ここでは，目的適合性と忠実な表現がどちらも必要な質的特性とされつつも，質的特性を適用する際には，まず目的適合性が考慮され，次に忠実な表現が適用されることが示されている。したがって，SFAC 第8号（2010年）は，『ED：概念』（2008年）で示された忠実な表現に関する見解を概ね継承していると考えられる。

　基本的な質的特性に対して，補強的な質的特性である比較可能性，検証可能性，適時性および理解可能性は，目的適合性があり忠実に表現されている情報の有用性を補強する質的特性である。第1に，「比較可能性」とは，利用者が「項目間の類似点と相違点」を識別し理解できるようにする「質的特性」である。これに対して，首尾一貫性は，「報告企業の期間」ごとに，または企業間の「単一の期間」において「同じ項目に同じ方法を使用すること」を指しており，「比較可能性と関連したもの」ではあるが，同じではない。比較可能性は，「目標」であり，首尾一貫性は，その目標を達成する際に役立つものである（FASB [2010] paras. QC19, QC21, QC22）。

　第2に，「検証可能性」とは，情報が表現しようとしている「経済現象」を忠実に表現していることを「利用者」に保証するのに役立つ。検証可能性は，「知識があり，独立した異なる観察者」が，必ずしも完全に一致するこ

とはないとしても,「一般的な合意」に達することを意味する。「検証」は,
「直接的」であることも「間接的」であることもあり得る。「直接的な検証」
とは,たとえば「現金の実査」のように,「直接的な観察」を通じて,「金額
またはその他の表現」を検証することを意味する。「間接的な検証」とは,
「モデル,算式またはその他の技法へのインプット」の照合と「同一の方法
論」を用いてのアウトプットの再計算を意味する。第3に,「適時性」とは,
「意思決定者」の決定に影響を与えることができるように適時に情報を利用
可能とすることを意味する。第4に,理解可能性については,情報を分類
し,特徴づけ,明瞭かつ簡潔に表示されることで,情報が理解可能となる
(FASB [2010] paras. QC26, QC27, QC29, QC30)。

　ここで明らかなように,SFAC第8号(2010年)は,『予備的見解』(2006
年)と『ED:概念』(2008年)――公正価値に関しては,記述されていな
い――と同様,まず会計目的に関して,トップダウン・アプローチに基づい
た意思決定・有用性と利用者指向を重視し,質的特性に関しても,意思決
定・有用性が最も重要な特性としている。次に,SFAC第8号(2010年)
は,目的適合性(トップダウン・アプローチ重視)と忠実な表現(公正価値
を明示した箇所ではトップダウン・アプローチ重視)という基本的な質的特
性を規定し,信頼性(ボトムアップ・アプローチ重視)を置き換えている。
また,忠実な表現は,完全性,中立性および誤謬がないことを構成要素にし
ており,特に完全性に関しては,当初原価のみならず,公正価値の記述も含
まれている。そして,SFAC第8号(2010年)は,『ED:概念』(2008年)
と同様,検証可能性を補強的な質的特性に降格して位置づけている。したが
って,SFAC第8号(2010年)は,『ED:概念』(2008年)と同様,信頼性
(ボトムアップ・アプローチ重視)を忠実な表現(公正価値を明示した箇所
ではトップダウン・アプローチ重視)に置き換え,検証可能性を補強的な質
的特性に降格して位置づけているので,公正価値会計の拡大に繋がると考え
られる。

3.5　おわりに

　ここでは，本章で述べた内容を纏めておきたい。まず，『予備的見解』（2006 年）では，トップダウン・アプローチに基づいた意思決定・有用性と利用者指向を重視した上で，質的特性に関しては，目的適合性（トップダウン・アプローチ重視）と忠実な表現（公正価値を明示した箇所ではトップダウン・アプローチ重視）を規定し，従来の信頼性（ボトムアップ・アプローチ重視）を置き換えている。また，忠実な表現は，検証可能性，中立性および完全性を構成要素としているが，特に完全性に関して，経済現象の忠実な表現に必要な情報には，公正価値に関する情報が含められている。

　次に，『ED：概念』（2008 年）は，『予備的見解』（2006 年）と同様，トップダウン・アプローチに基づいた意思決定・有用性と利用者指向を重視した上で，目的適合性（トップダウン・アプローチ重視）と忠実な表現（トップダウン・アプローチ重視）という基本的な質的特性を規定し，信頼性（ボトムアップ・アプローチ重視）を置き換えている。また，忠実な表現は，完全性，中立性および重大な誤謬がないことを構成要素にしているが，完全性に関しては，『予備的見解』（2006 年）と異なり，公正価値に関する記述は見当たらなかった。そして，『ED：概念』（2008 年）では，検証可能性を補強的な質的特性に降格して位置づけている。

　SFAC 第 8 号（2010 年）は，『予備的見解』（2006 年）と『ED：概念』（2008 年）――公正価値に関しては，記述されていない――と同様，トップダウン・アプローチに基づいた意思決定・有用性と利用者指向を重視した上で，目的適合性（トップダウン・アプローチ重視）と忠実な表現（公正価値を明示した箇所ではトップダウン・アプローチ重視）という基本的な質的特性を規定し，信頼性（ボトムアップ・アプローチ重視）を置き換えている。また，忠実な表現は，完全性，中立性および誤謬がないことを構成要素にしており，特に完全性に関しては，当初原価のみならず，公正価値の記述も含まれている。そして，SFAC 第 8 号（2010 年）では，検証可能性を補強的

138

な質的特性に降格して位置づけている。

　このように，SFAC第8号（2010年）は，信頼性（ボトムアップ・アプローチ重視）を忠実な表現（公正価値を明示した箇所ではトップダウン・アプローチ重視）に置き換え，検証可能性を補強的な質的特性に降格して位置づけているので，公正価値の拡大に繋がると批判されている。すなわち，「ほとんど信頼できない」公正価値に依存して，「『柔らかい』数値」を提供する会計報告は，「会計数値の有用性」にとって「有害（harmful）」となり得るという批判がある（AAA［2007］p. 230)。これが，SFAC第8号（2010年）の問題点である。

第4章

『予備的見解　財務報告のための概念フレームワーク：財務報告の目的と意思決定に有用な財務報告情報の質的特性』（2006年）に対するコメント・レターと米国議会，SEC および FASB 路線の対立

4.1 はじめに

　第3章では，従来の信頼性に代わって，基本的な質的特性に位置づけられた忠実な表現に焦点を当てて，『予備的見解』(2006年)，『ED：概念』(2008年) およびSFAC第8号 (2010年) を分析してきた。まず，『予備的見解』(2006年) では，トップダウン・アプローチに基づいた意思決定・有用性と利用者指向を重視した上で，質的特性に関しては，目的適合性 (トップダウン・アプローチ重視) と忠実な表現 (公正価値を明示した箇所ではトップダウン・アプローチ重視) を規定し，従来の信頼性 (ボトムアップ・アプローチ重視) を置き換えている。また，忠実な表現は，検証可能性，中立性および完全性を構成要素としているが，特に完全性に関して，経済現象の忠実な表現に必要な情報には，公正価値に関する情報が含められている。

　その後，FASBは，『予備的見解』(2006年) に対するコメント・レターの内容を検討した上で，『ED：概念』(2008年) を公表した。『ED：概念』(2008年) は，『予備的見解』(2006年) と同様，目的適合性 (トップダウン・アプローチ重視) と，完全性を構成要素に含む忠実な表現 (トップダウン・アプローチ重視) という基本的な質的特性を規定し，信頼性 (ボトムアップ・アプローチ重視) を置き換えるとともに，検証可能性を忠実な表現の構成要素ではなく，補強的な質的特性に降格して位置づけている。しかし，完全性に関しては，『予備的見解』(2006年) と異なり，公正価値に関する記述は見当たらなかった。そして，SFAC第8号 (2010年) には，『予備的見解』(2006年) と『ED：概念』(2008年)——公正価値に関しては，記述されていない——の内容がほぼ継承されている。

　そこで，本章では，『予備的見解』(2006年) に対するコメント・レターを分析した上で，SFAC第8号 (2010年) が公表される契機となった，上院・銀行委員会の公聴会 (2002年)，上院・保護法案 (2002年)，SOX法 (2002年)，Norwalk合意 (2002年)，『SEC研究』(2003年) および『FASB

回答』（2004 年）等を分析し，信頼性を忠実な表現に置き換えた複数の原因を所与のものとした主要な原因と，それを支える制度的基盤を解明する。

4.2 『予備的見解　財務報告のための概念フレームワーク：財務報告の目的と意思決定に有用な財務報告情報の質的特性』（2006 年）に対するコメント・レターの分析

4.2.1 『予備的見解』(2006 年)に対するコメント・レターの分析(1)

　本節では，信頼性，忠実な表現および検証可能性に焦点を当てて，FASB と IASB が受け取った『予備的見解』（2006 年）に対する 179 通のコメント・レター（FASB［2007］p.3）を具体的に分析していく[1]。なお，検証可能性に関しては，『予備的見解』（2006 年）の定義を批判しつつも，その改善を提案しているコメント・レターは，検証可能性を質的特性とすることには賛成しているものと推測して扱う。分析に先立ち，図表 4.1 では，FASB と IASB にコメント・レターを投稿した個人，企業および機関等の名称を示しておく。

---

1)　『予備的見解』（2006 年）とそのコメント・レターの分析を行った先行研究には，中山［2013］が挙げられる。中山［2013］は，FASB と IASB の概念フレームワーク・プロジェクトにおける財務情報の質的特性を全体的に概観しているが，コメント・レター分析に関しては，部分的・限定的にしか取り扱っていない。本書では，信頼性，忠実な表現および検証可能性に対するコメント・レターに関して，分析対象を全コメント・レターに広げて網羅的に検討する。

図表 4.1 『予備的見解』(2006 年)に対するコメント・レターの投稿者の名称と職種

番号	投稿者の名称	投稿者の職種
CL1	Dennis R. Beresford	個人
CL2	Marsha Wallace	投資家／アナリスト
CL3	Roland Verhille	個人
CL4	Norman B. Macintosh	研究者
CL5	Rosanna O'Guynn	個人
CL6	Rick Gore, Ph.D.	研究者
CL7	Paul Rosenfield	個人
CL8	Henry T. Chamberlain, S.J.	個人
CL9	Humphrey Nash	個人
CL10	Max Eibensteiner	作成者
CL11	Chauncey M. DePree, Jr., D.B.A	研究者
CL12	EIB (European Investment Bank)	投資家／アナリスト
CL13	Paul Conder	個人
CL14	New South Wales Treasury (Australia)	非営利組織
CL15	London Investment Banking Association (LIBA) (UK)	投資家／アナリスト
CL16	Neil Chisman	個人
CL17	Don Bjerke	個人
CL18	Nigel Davies / Charity Commission for England and Wales	非営利組織
CL19	Mikhail Kiselev / National Accounting Standards Board of Russia (NASB)	基準設定機関
CL20	The Financial Reporting Standards Board (FRSB) of the New Zealand Institute of Chartered Accountants	基準設定機関
CL21	The United Kingdom Shareholders' Association Limited	投資家／アナリスト
CL22	The North Carolina State Board of CPA Examiners	専門職団体
CL23	George J. Staubus	研究者

CL24	Holcim Group Support Switzerland	作成者
CL25	Eugene H. Flegm, CPA, CFE	個人
CL26	Michael E Bradbury PhD, FCA, CMA	研究者
CL27	Professor Martin Walker	研究者
CL28	South African Institute of Chartered Accountants（SAICA）	専門職団体
CL29	Bundesverband Deutscher Banken	投資家／ アナリスト
CL30	Governance for Owners	投資家／ アナリスト
CL31	Australian Institute of Company Directors	作成者
CL32	IIIWG of the European Committee of Central Balance Sheet Data Offices	非営利組織
CL33	Institut der Wirtschaftsprüfer（IDW）	専門職団体
CL34	Audit Commission	規制機関
CL35	Dr. R. A. Rayman	個人
CL36	Independent Audit Limited	会計事務所
CL37	New Zealand Shareholders' Association Inc	投資家／ アナリスト
CL38	Danish Shareholders Association（Dansk Aktionærforening, DAF）	投資家／ アナリスト
CL39	Mr I.Anthony Ryan	個人
CL40	Mind the GAAP, LLC	会計事務所
CL41	Coalition for Improved Business Reporting and Analysis（COIMBRA）Group	作成者
CL42	University of Manitoba	研究者
CL43	University of Verona	研究者
CL44	Mexican Accounting Standards Board	基準設定機関
CL45	Malaysian Accounting Standards Board（MASB）	基準設定機関
CL46	Institute of Chartered Accountants in Ireland（ICAI）	基準設定機関
CL47	Fidelity Investment Management Ltd.	投資家／ アナリスト

CL48	Irish Bankers Federation	投資家／アナリスト
CL49	Zentraler Kreditausschuss	投資家／アナリスト
CL50	Ian Dennis Oxford Brookes University	研究者
CL51	David Damant	個人
CL52	Washington Society of Certified Public Accountants	専門職団体
CL53	Standard Life Investments	投資家／アナリスト
CL54	Legal and General Group Plc	投資家／アナリスト
CL55	Austrian Financial Reporting and Auditing Committee (AFRAC)	基準設定機関
CL56	Financial Reporting Advisory Board - HM Treasury	規制機関
CL57	International Corporate Governance Network (ICGN)	非営利組織
CL58	Accounting and Auditing standards Committee	基準設定機関
CL59	Mark Hughes, Andrew Read, Cameron Gordon - University of Canberra	研究者
CL60	Australasian Council of Auditors-General	非営利組織
CL61	International Association of Insurance Supervisors (IAIS)	作成者
CL62	Korea Accounting Association (KAA)	研究者
CL63	Management Commentary project team - Accounting Standards Board (ASB)	基準設定機関
CL64	Council on Corporate Disclosure and Governance (CCDG)	基準設定機関
CL65	The International Financial Reporting Standards Review Committee (IFRSRC) of the Korea Accounting Standards Board (KASB)	基準設定機関
CL66	Malcolm Sullivan	個人
CL67	The Chartered Institute of Management Accountants (CIMA)	専門職団体
CL68	Investment Management Association	投資家／アナリスト
CL69	Audit Scotland	規制機関
CL70	National Audit Office	規制機関

CL71	Consiglio Nazionale dei Dottori Commercialisti and Consiglio Nazionale dei Ragionieri	専門職団体
CL72	Instituto de Contabilidad y Auditoria de Cuentas (ICAC)	基準設定機関
CL73	Michael Page and Tony Hines	研究者
CL74	Institute of Chartered Accountants of Scotland (ICAS)	専門職団体
CL75	RWE Aktiengesellschaft	作成者
CL76	Institute of Certified Public Accountants of Kenya	専門職団体
CL77	Conseil National de la Comptabilité (CNC)	基準設定機関
CL78	Basel Committee on Banking Supervision	規制機関
CL79	Grant Thornton International & Grant Thornton LLP	会計事務所
CL80	The Ohio Society of CPAs	専門職団体
CL81	Foreningen af Statsautoriserede Revisorer (FSR)	専門職団体
CL82	Swiss GAAP FER	基準設定機関
CL83	BG Group	作成者
CL84	The Corporate Reporting Users Forum	投資家／アナリスト
CL85	International Actuarial Association (IAA)	非営利組織
CL86	Morley Fund Management	投資家／アナリスト
CL87	Hermes Investment Management Ltd	投資家／アナリスト
CL88	Anglo American Plc	作成者
CL89	International Federation of Accountants (IFAC) International Auditing and Assurance Standards Board	基準設定機関
CL90	Association of British Insurers (ABI)	作成者
CL91	Financial Executives International (FEI Canada)	作成者
CL92	Shell International B.V	作成者
CL93	[Joint Response] American Council of Life Insurers, American Insurance Association, America's Health Insurance Plans, Blue Cross Blue Shield Association, National Association of Mutual Insurance Companies, Property Casualty Insurers Association of America	作成者

CL94	BNP Paribas	投資家／アナリスト
CL95	Paul W. Polinski, Ph.D. CPA	個人
CL96	International Federation of Accountants (IFAC)	専門職団体
CL97	KPMG (International)	会計事務所
CL98	UBS AG	投資家／アナリスト
CL99	Association pour la participation des entreprises françaises à l'harmonisation comptable internationale (ACTEO) and Mouvement des Entreprises de France (MEDEF) and Association Française des Entreprises Privées (AFEP)	作成者
CL100	Fitch Ratings Ltd	投資家／アナリスト
CL101	Mailis Klaus	個人
CL102	David Heald	研究者
CL103	CPA Australia	専門職団体
CL104	Altaf Noor Ali	個人
CL105	Anglo Platinum Limited	作成者
CL106	Dutch Accounting Standards Board (DASB)	基準設定機関
CL107	BDO Global Coordination B.V	会計事務所
CL108	Committee of European Banking Supervisors (CEBS)	非営利組織
CL109	International Swaps and Derivatives Association (ISDA)	非営利組織
CL110	Microsoft Corportion	作成者
CL111	Private Companies Practice Section of the American Institute of Certified Public Accountants (AICPA)	専門職団体
CL112	Accounting Principles Committee of the Illinois CPA Society	専門職団体
CL113	Sawyer Business School, Suffolk University	研究者
CL114	Accounting Standards Executive Committee of the American Institute of Certified Public Accountants (AICPA)	専門職団体
CL115	Securities Industry and Financial Markets Association	投資家／アナリスト
CL116	Office of the Chief Auditor, Public Company Accounting Oversight Board	規制機関

CL117	The Swedish Enterprise Accounting Group (SEAG)	専門職団体
CL118	Fédération Bancaire Française	投資家／アナリスト
CL119	Union of Industrial and Employer's Confederations of Europe (UNICE)	作成者
CL120	Silicon Economics, Inc	作成者
CL121	Norsk RegnskapsStiftelse - Norwegian Accounting Standards Board	基準設定機関
CL122	Institute of Management Accountants (IMA)	専門職団体
CL123	Financial Executives International (FEI)	作成者
CL124	PricewaterhouseCoopers	会計事務所
CL125	Chartered Institute of Public Finance and Accountancy (CIPFA)	専門職団体
CL126	UK 100 Group	作成者
CL127	Ernst & Young	会計事務所
CL128	Connecticut Society of Certified Public Accountants, Accounting and Reporting Standards Committee	専門職団体
CL129	London Stock Exchange	非営利組織
CL130	Petri Vehmanen	研究者
CL131	Swedish Financial Accounting Standards Council	基準設定機関
CL132	Mary Ellen Oliverio, CPA, Ph.D.	個人
CL133	U.S. Government Accountability Office	非営利組織
CL134	British American Tobacco	作成者
CL135	MetLife USA	作成者
CL136	Dansk Industri (Confederation of Danish Industries)	作成者
CL137	European Association of Co-operative Banks	投資家／アナリスト
CL138	Group of North American Insurance Enterprises (GNAIE)	作成者
CL139	German Accounting Standards Committee (DRSC)	基準設定機関
CL140	Nestlé	作成者
CL141	HSBC Holdings plc	投資家／アナリスト

CL142	Ottawa International Airport Authority	非営利組織
CL143	Alex Milburn	個人
CL144	National Institute of Accountants	専門職団体
CL145	European Banking Federation	投資家／ アナリスト
CL146	Swiss Holdings	作成者
CL147	New York State Society of CPAs (NYSSCPA)	専門職団体
CL148	Kelley School of Business	研究者
CL149	Quoted Companies Alliance	作成者
CL150	Föreningen Auktoriserade Revisorer FAR SRS	専門職団体
CL151	International Banking Federation	投資家／ アナリスト
CL152	AstraZeneca PLC	作成者
CL153	Robin MacCormick	個人
CL154	PM Chestang & Associates	投資家／ アナリスト
CL155	Auditor General for Wales	規制機関
CL156	Crédit Mutuel	投資家／ アナリスト
CL157	Allianz SE	投資家／ アナリスト
CL158	Heads of Treasuries Accounting and Reporting Advisory Committee (HOTARAC)	規制機関
CL159	National Association of Pension Funds (NAPF)	投資家／ アナリスト
CL160	FRC Accounting Standards Board	基準設定機関
CL161	Australian Accounting Standards Board (AASB)	基準設定機関
CL162	Canadian Accounting Standards Board	基準設定機関
CL163	Institute of Chartered Accountants in England & Wales (ICAEW)	専門職団体
CL164	Deloitte Touche Tohmatsu	会計事務所
CL165	Richard Macve	研究者

CL166	Confederation of British Industry（CBI）	作成者
CL167	Goldman Sachs & Co	投資家／アナリスト
CL168	Association of Chartered Certified Accountants（ACCA）	専門職団体
CL169	Institute of Chartered Accountants in Australia（ICAA）	専門職団体
CL170	FEE（Fédération des Experts Comptables Européens, European Federation of Accountants）	専門職団体
CL171	British Bankers' Association	投資家／アナリスト
CL172	Accounting Standards Board of Japan（ASBJ）	基準設定機関
CL173	Hong Kong Institute of Certified Public Accountants	専門職団体
CL174	CFA Institute	投資家／アナリスト
CL175	BT Group	作成者
CL176	American Accounting Association	研究者
CL177	International Organization of Securities Commissions（IOSCO）	規制機関
CL178	Securities and Exchange Commission Thailand	規制機関
CL179	European Financial Reporting Advisory Group（EFRAG）	非営利組織

（出所）IFRS［2006］の内容に基づき，筆者が作成した。

　以下においては，特に信頼性，忠実な表現および検証可能性に焦点を当てて，コメント・レター分析を開始する。

（CL1）Dennis R. Beresford（個人）は，次のように述べている。
　　私は，予備的見解の要旨に「賛成である（agree）」。パラグラフ QC23 では，「検証可能性が忠実な表現の重要な構成要素である（verifiability is an important component of faithful representation）」理由を審議会が説明している。私は，全般的にこの議論に「反対ではない（don't disagree）」（IFRS［2006］CL1, pp. 2, 7）。ここでは，『予備的見解』（2006 年）の内容に概ね賛成していることから，信頼性に反対し，忠実な表現と検証可能性に賛成していると考えられる。

(CL2) Marsha Wallace（投資家／アナリスト）は，「概念フレームワークに
含まれる質的特性を選択した審議会の論拠に概ね賛成する（generally
agree)」(IFRS [2006] CL2, p. 2) と述べていることから，信頼性に反
対し，忠実な表現と検証可能性に賛成しているものと考えられる。

(CL3) Roland Verhille（個人）は，信頼性，忠実な表現および検証可能性
に対する明確な賛否を示していない（cf. IFRS [2006] CL3)。

(CL4) Norman B. Macintosh（研究者）は，信頼性，忠実な表現および検証
可能性に対する明確な賛否を示していない（cf. IFRS [2006] CL4)。

(CL5) Rosanna O'Guynn（個人）は，信頼性，忠実な表現および検証可能
性に対する明確な賛否を示していない（cf. IFRS [2006] CL5)。

(CL6) Rick Gore, Ph. D.（研究者）は，信頼性，忠実な表現および検証可能
性に対する明確な賛否を示していない（cf. IFRS [2006] CL6)。

(CL7) Paul Rosenfield（個人）は，次のように述べている。
　「草案〔『予備的見解』(2006 年)〕」は，「その〔信頼性の〕規準」を
削除しているが，信頼性は，別個の基準として必要である。「草案〔『予
備的見解』(2006 年)〕」は，情報が経済現象の忠実な表現であるために
検証可能で，中立的で，完全でなければならないと述べている。しか
し，「それ〔忠実な表現〕」が，「検証可能で，中立的で，完全である」
必要はない。「検証可能性，中立性および完全性」は，「別個の基準」で
ある必要がある（IFRS [2006] CL7, p. 3)。ここでは，信頼性を必要な
規準と位置づけているので，信頼性に賛成しているが，忠実な表現に関
しては，賛否は明確ではないと考えられる。また，検証可能性に関して
は，別個の基準とする必要があると述べているので，検証可能性にも賛
成しているものと考えられる。

（CL8）Henry T. Chamberlain, S. J.（個人）は，信頼性，忠実な表現および
　　検証可能性に対する明確な賛否を示していない（cf. IFRS［2006］CL8）。

（CL9）Humphrey Nash（個人）は，信頼性，忠実な表現および検証可能性
　　に対する明確な賛否を示していない（cf. IFRS［2006］CL9）。

（CL10）Max Eibensteiner（作成者）は，次のように述べている。
　　　　パラグラフ QC18：なぜならそのような「繰延費用」と「繰延資産」
　　は，「財務報告」の外側にある「現実世界」に存在しないので，それら
　　は，フレームワークで使われる用語として忠実に表現できない。この文
　　章の正確な意味が，もっと明確になるべきである（IFRS［2006］CL10,
　　p. 1）。ここでは，信頼性と検証可能性に対する明確な賛否は示されてい
　　ないが，忠実な表現の説明を明確にすることを求めていることから，忠
　　実な表現を批判し反対しているものと考えられる。

（CL11）Chauncey M. DePree, Jr., D. B. A（研究者）は，信頼性，忠実な表現
　　および検証可能性に対する明確な賛否を示していない（cf. IFRS［2006］
　　CL11）。

（CL12）EIB（European Investment Bank）（投資家／アナリスト）は，信
　　頼性，忠実な表現および検証可能性に対する明確な賛否を示していない
　　（cf. IFRS［2006］CL12）。

（CL13）Paul Conder（個人）は，次のように述べている。
　　　　「全般的に，私は，質的特性とそれを支持する結論の根拠に賛成する
　　（agree）」。信頼性が何を意味するのか。「私は，この論点の議論と『忠
　　実な表現』の使用に賛成する（agree）」。（IFRS［2006］CL13, p. 3）こ
　　こでは，『予備的見解』（2006 年）の質的特性に関する議論に賛成して
　　いることから，信頼性に反対し，忠実な表現と検証可能性に賛成してい

るものと考えられる。

(CL14) New South Wales Treasury（Australia）（非営利組織）は，次のように述べている。

　　「フレームワークの草案」は，それが表されると主張する現実世界の経済的現象の忠実な表現でなければならない情報を提供すると述べている。しかしながら，「現実世界の経済的現象」の意味することは，後の段階まで取り組まれない測定に関する議論に依存する。これら二つのフェーズの繋がりは不明確である。NSW 財務省は，「重大な誤謬」なしに適用された「不適切な方法」が，「検証」を構成しないという「代替的見解（パラグラフ AV2.2）」[2]に賛成する。つまり，「検証可能性」には，「適切な方法」が採用されているかどうかに関する検討事項が含まれていなければならない（IFRS [2006] CL14, pp. 11-12）。ここでは，忠実な表現の議論と測定に関する議論の繋がりが不明確であると指摘しているが，信頼性と忠実な表現に対する明確な賛否は示されていない。また，検証可能性に関しては，代替的見解を支持しているので，検証可能性を質的特性とすることには賛成しているものと推測される。

(CL15) London Investment Banking Association（LIBA）（UK）（投資家／アナリスト）は，次のように述べている。

　　私たちは，「新しい概念である『忠実な表現』」が，「置き換え」を意図されている「『信頼性』，『実質優先』および『真実かつ公正な概観』という揺るぎない概念よりも著しく弱い（significantly weaker）」よう

---

2)　『予備的見解』（2006 年）では，検証可能性に関する代替的見解も表明されている。代替的見解では，「知識があり，独立した観察者の間の合意」が，「信頼できる証拠（reliable evidence）」に基づくべきであると「検証可能性の説明」に明記することと，認識と測定に「使用される方法」が，「重大な誤謬や偏向のない経済現象の推定値」をもたらすと予想される方法でなければならないという要件を含めることを求めている（FASB [2006a] paras. AV2.1, AV2.2）。

に思われることに懸念を抱く（IFRS［2006］CL15, p. 2）。ここでは，信頼性等に比べて忠実な表現が弱い概念であることに懸念を示しているので，検証可能性に対する賛否は不明だが，信頼性に賛成し，忠実な表現に反対しているものと考えられる。

（CL16）Neil Chisman（個人）は，『予備的見解』（2006 年）の内容に「概ね賛成する（broadly agree）」（IFRS［2006］CL16, p. 2）と述べているため，信頼性に反対し，忠実な表現と検証可能性に賛成しているものと考えられる。

（CL17）Don Bjerke（個人）は，信頼性，忠実な表現および検証可能性に対する明確な賛否を示していない（cf. IFRS［2006］CL17）。

（CL18）Nigel Davies / Charity Commission for England and Wales（非営利組織）は，信頼性，忠実な表現および検証可能性に対する明確な賛否を示していない（cf. IFRS［2006］CL18）。

（CL19）Mikhail Kiselev / National Accounting Standards Board of Russia（NASB）（基準設定機関）は，次のように述べている。
　　討議資料は，忠実な表現の構成要素として実質優先を含めないと提案する。一部の NASB のメンバーは，討議資料のパラグラフ QC17 から，「実質優先の要求」が「中立性，完全性および検証可能性」とは異なる方法で考慮される理由が「不明確である」と指摘する。「実質優先の概念の適用」は，重要である。「実質優先」が，フレームワークで厳密に述べられないならば，この原則が，「特定の状況」で破られるおそれがある。私たちは，「実質優先」が「新しい概念フレームワークで忠実な表現の構成要素として」厳格に述べられるべきであると考える。討議資料は，「忠実な表現の特定の構成要素として検証可能性」を含めることを提案する。「私たちは，検証可能性の概念を概ね支持する（generally

support）」。（IFRS［2006］CL19, pp.1-2）ここでは，信頼性に対する明確な賛否は示されていないが，検証可能性に賛成している。また，忠実な表現に関しては，実質優先をその構成要素として含めるべきと主張しているので，間接的に賛成しているものと推測される。

(CL20) The Financial Reporting Standards Board (FRSB) of the New Zealand Institute of Chartered Accountants（基準設定機関）は，次のように述べている。

　「FRSB は，討議資料の提案を概ね支持する（generally supports）」。信頼性という用語は，忠実な表現に置き換えられるべきである。そうとは言っても，FRSB は，「忠実な表現の構成要素」として検証可能性を含むことに関して懸念を抱く。「それ〔検証可能性〕」は，「財務報告の用語」というよりも「監査用語」のようであるため，検証可能性という用語が「財務報告の概念フレームワーク」に含まれることは，「奇妙（odd）」に思われる。さらに，「検証可能性という用語」は，情報が忠実に表現されている必要性よりも「高水準の確実性または正確性」を暗示する。それは，「目的適合性のある情報の排除」という結果になる（IFRS［2006］CL20, pp.1, 7）。ここでは，信頼性を忠実な表現に置き換えることに賛成しているが，検証可能性を忠実な表現の構成要素とすることには，懸念を示していることから，信頼性と検証可能性に反対し，忠実な表現に賛成しているものと考えられる。

(CL21) The United Kingdom Shareholders' Association Limited（投資家／アナリスト）は，信頼性，忠実な表現および検証可能性に対する明確な賛否を示していない（cf. IFRS［2006］CL21）。

(CL22) The North Carolina State Board of CPA Examiners（専門職団体）は，次のように述べている。

　当審議会は，「意思決定に有用な財務報告情報の質的特性として『忠

実な表現』の代わりに『公正な表現』の使用（use of "fair representa-tion" instead of "faithful representation"）」を提言する。当審議会の見解では，「『公正』という文言」が，「全ての財務諸表作成者の目標」とすべきものをより明確に反映する。「情報の公正な表現」は，「全ての財務諸表作成者の目標」だけにすべきではなく，「監査人または立会証人」が実地調査を行い，報告書を作成する基準にもなる（IFRS［2006］CL22, p. 1）。ここでは，信頼性と検証可能性に対する賛否は示されていないが，忠実な表現を公正な表現とすることが提案されていることから，忠実な表現に反対しているものと考えられる。

（CL23）George J. Staubus（研究者）は，次のように述べている。

　　忠実な表現対信頼性。私は，「この領域での提案に対していくつかの反対意見（several objections）」がある。私は，「忠実な表現に技術的な欠陥」があると考える。「忠実な表現の概念」は，「信頼性の一部として」必要であるが，忠実な表現という「用語」は，必要ではない。「信頼性」は，「意思決定に有用な情報の 2 番目の規準の名称（the name of the second criterion of decision-useful information）」として，「忠実な表現」よりも「審議会の目的」に役立つと考える。検証可能性を説明しているパラグラフ QC23 は「問題なし（OK）」（IFRS［2006］CL23, pp. 3-4, 7）。ここでは，信頼性を必要とし，忠実な表現に置き換えることに反対していることから，信頼性に賛成し，忠実な表現に反対しているものと考えられる。また，検証可能性に関しては，問題なしと述べているので，賛成しているものと考えられる。

（CL24）Holcim Group Support Switzerland（作成者）は，次のように述べている。

　　「財務報告情報が表現上，忠実である（representationally faithful）」ためには，財務報告情報が財務諸表に含まれる情報を裏づける（検証する）ことができる，「知識が豊富で独立した観察者」によって「検証可能」

でなければならないという主張には「重大な疑問（significant doubts）」
がある。「忠実な表現の概念」が実際に何を意味するのかについての理
解が欠けており，「検証可能性の概念」よりも「測定の不確実性（つま
り「柔らかさ」）」を広く包含する「質的特性」の必要性について，さら
に検討されるべきと考えている。さらに，「DP〔『予備的見解』（2006
年）〕」に記載されている忠実な表現が，「現在公正価値の測定をより広
範に使用すること」を要求していると解釈できることを「最も懸念して
いる」。最後に，私たちは，「検証可能性を重視すること」で，「将来の
会計基準」が「原則主義よりもむしろ細則主義」に基づく結果になると
考えており，それは，Holcim が「全く受け入れられない（totally unac-
ceptable）」ものである（IFRS［2006］CL24, pp. 5-6）。ここでは，信頼
性に対する賛否は明確ではない。一方，忠実な表現に対しては，忠実な
表現の概念が不明確であり，さらに検討されるべきと述べるとともに，
忠実な表現が公正価値の使用の拡大に繋がると解釈できることに懸念を
示していることから反対しているものと考えられる。また，検証可能性
を重視することは，細則主義に基づく会計基準という結果になり，受け
入れられないと述べていることから，反対しているものと考えられる。

（CL25）Eugene H. Flegm, CPA, CFE（個人）は，信頼性，忠実な表現およ
び検証可能性に対する明確な賛否を示していない（cf. IFRS［2006］
CL25）。

（CL26）Michael E Bradbury PhD, FCA, CMA（研究者）は，信頼性，忠実
な表現および検証可能性に対する明確な賛否を示していない（cf. IFRS
［2006］CL26）。

（CL27）Professor Martin Walker（研究者）は，信頼性，忠実な表現および
検証可能性に対する明確な賛否を示していない（cf. IFRS［2006］CL27）。

(CL28) South African Institute of Chartered Accountants (SAICA)（専門
職団体）は，次のように述べている。

　「忠実な表現」が，「信頼性」に取って代わっているが，「私たちは，
これが適切であるとは納得していない」。「信頼性」は，「忠実な表現の
要素」として残されるべきである。「それ〔信頼性〕」は，明確に定義さ
れ，「精度（precision）」に言及すべきである（IFRS［2006］CL28, p. 5）。
ここでは，検証可能性に対する賛否は明確ではないが，信頼性を忠実な
表現に置き換えることに反対しつつも，忠実な表現の要素として信頼性
を残すことを提案していることから，忠実な表現とその構成要素として
の信頼性に賛成しているものと考えられる。

(CL29) Bundesverband Deutscher Banken（投資家／アナリスト）は，次
のように述べている。

　「重要で十分に試行された信頼性の原則（crucial, tried and tested
principle of reliability）」は，「忠実な表現の規準によって完全に扱われ
る（totally covered）」だろうと私たちは見なしている。これは，「財務
情報」を「高い品質」のまま維持することを確実にする唯一の方法であ
る（IFRS［2006］CL29, p. 3）。ここでは，検証可能性に対する賛否は明
確ではないが，信頼性が忠実な表現に完全に扱われると述べていること
から，信頼性に反対し，忠実な表現に賛成しているものと考えられる。

(CL30) Governance for Owners（投資家／アナリスト）は，信頼性，忠実
な表現および検証可能性に対する明確な賛否を示していない（cf. IFRS
［2006］CL30）。

(CL31) Australian Institute of Company Directors（作成者）は，信頼性，
忠実な表現および検証可能性に対する明確な賛否を示していない（cf.
IFRS［2006］CL31）。

（CL32）IIIWG of the European Committee of Central Balance Sheet Data Offices（非営利組織）は，次のように述べている。

　「III WG は，信頼性から忠実な表現に用語を変更することを支持しない（not support)」。第一に，「『信頼性』という用語」が「大きな誤解」につながるという「審議会の見解」を共有していない。第二に，私たちが理解している限り，「審議会自身」は，「用語の変更」を「この質的特性の内容に全面的な変更にはならない」ものと見なしている。これが事実ならば，「観念の内容」を明確にする必要があるだけで，直ちに用語を変更する必要はない。「『忠実な表現』の質的特性の構成要素」として述べられている検証可能性の観念は，「支持されない（not supported)」。一見したところ，「検証可能性という用語」は，証拠と関連づけることができるため，「強力な用語」のようである。しかし，「討議資料におけるこの構成要素の定義」は，「むしろ柔らかく（rather soft)」，用語を適切に反映していない（IFRS [2006] CL32, p. 8)。ここでは，信頼性を忠実な表現に置き換えることに反対していることから，信頼性に賛成し，忠実な表現に反対しているものと考えられる。また，検証可能性に関しては，強力な用語としつつも，『予備的見解』（2006 年）には，その定義が適切に反映されていないと述べているので，ここでは賛否不明としたい。

（CL33）Institut der Wirtschaftsprüfer（IDW)（専門職団体）は，次のように述べている。

　「私たちは，信頼性を忠実な表現に置き換えることを支持しない（not support)」。第一に，私たちは，審議会が「結論の根拠」として言及している「信頼性の適用に関する『長年の問題』」を認識していない。第二に，「用語体系の変更の背後に重要な暗示」があると思われる。これは特に，「検証可能性の定義」に当てはまる。「この曖昧で主観的な検証可能性の定義」は，「財務諸表の特質に悪影響」を及ぼす危険性がある。私たちは，審議会が「現在のフレームワーク」で定めている「信頼性概

念の用語と内容」に戻ることを提案したい（IFRS［2006］CL33, p. 6）。
ここでは，従来の信頼性の用語と内容に戻すことを提案するとともに，
検証可能性の定義が財務諸表の特質に悪影響を及ぼすと述べていること
から，信頼性に賛成し，忠実な表現と検証可能性に反対しているものと
考えられる。

（CL34）Audit Commission（規制機関）は，「財務情報の質的特性として信
　　　頼性を置き換える」前に，「忠実な表現のより良い定義を提供するため
　　　のさらなる取り組み」が必要という見解を「支持する（support）」（IFRS
　　　［2006］CL34, p. 2）と述べているが，信頼性と検証可能性に対する明確
　　　な賛否は示されておらず，また，忠実な表現に関しても，より良い定義
　　　を必要とする見解を支持すると述べているだけなので，その賛否は明確
　　　ではない。

（CL35）Dr. R. A. Rayman（個人）は，信頼性，忠実な表現および検証可能
　　　性に対する明確な賛否を示していない（cf. IFRS［2006］CL35）。

（CL36）Independent Audit Limited（会計事務所）は，信頼性，忠実な表現
　　　および検証可能性に対する明確な賛否を示していない（cf. IFRS［2006］
　　　CL36）。

（CL37）New Zealand Shareholders' Association Inc（投資家／アナリスト）
　　　は，「有用な財務報告情報の特質」が「目的適合性，忠実な表現，比較
　　　可能性および理解可能性」であると予備的見解で述べられていることに
　　　注意する（IFRS［2006］CL37, p. 4）と述べているが，信頼性，忠実な
　　　表現および検証可能性に対する明確な賛否は示されていない。

（CL38）Danish Shareholders Association（Dansk Aktionærforening, DAF）
　　　（投資家／アナリスト）は，次のように述べている。

　「忠実な表現」が必ずしも「信頼性」と同じではないことは，ほとんどの個人投資家にとって驚きである。個人投資家は，「財務報告」が「忠実な表現」と「信頼性」によって同時に特徴づけられることを期待し，要求する。「『信頼性』の特性」が，加えられるべきである（IFRS [2006] CL38, pp. 2-3）。ここでは，財務報告が忠実な表現と信頼性によって同時に特徴づけられることを要求しており，信頼性を加えることを求めているため，検証可能性に対する賛否は明確ではないが，信頼性と忠実な表現のどちらにも賛成しているものと考えられる。

（CL39）Mr I. Anthony Ryan（個人）は，信頼性，忠実な表現および検証可能性に対する明確な賛否を示していない（cf. IFRS [2006] CL39）。

（CL40）Mind the GAAP, LLC（会計事務所）は，図表4.2を用いて質的特性の変更を提案している。図表4.2では，『予備的見解』（2006年）と同様，「目的適合性」，「忠実な表現」，「比較可能性」および「理解可能

図表4.2　Mind the GAAP, LLC が提案する質的特性

質的特性	
現在のフレームワーク	提案される変更
目的適合性	目的適合性
予測価値と確認価値	予測価値と確認価値
適時性	重要性
忠実な表現	忠実な表現
検証可能性	透明性
中立性	慎重性 / 保守主義
完全性	完全性
比較可能性	比較可能性
理解可能性	理解可能性

（出所）IFRS [2006] CL40, p.8. なお，一部分を修正した。

性」を質的特性にしているが，「忠実な表現の構成要素」として，「透明性」が「検証可能性」に取って代わることを提案している（IFRS［2006］CL40, pp. 8-9）。したがって，ここでは，信頼性と検証可能性に反対し，忠実な表現に賛成しているものと考えられる。

（CL41）Coalition for Improved Business Reporting and Analysis（COIMBRA）Group（作成者）は，次のように述べている。

　　より深い意味において，パラグラフ「S9, S10, および S11 の財務データの定義」では，「検証可能，中立または完全」ではないことがよくある。また，私たちは，「『信頼性』を『忠実な表現』に置き換えることで議論が弱まる」と考える（IFRS［2006］CL41, p. 5）。ここでは，忠実な表現の構成要素である検証可能性等が満たされないことがよくあると指摘するとともに，信頼性を忠実な表現に置き換えることに対する懸念が示されていることから，信頼性に賛成し，忠実な表現と検証可能性に反対しているものと考えられる。

（CL42）University of Manitoba（研究者団体）は，「新しい質的特性の多くに賛成である（in favour of many of the new qualitative characteristics）」（IFRS［2006］CL42, p. 3）と述べていることから，信頼性に反対し，忠実な表現と検証可能性に賛成しているものと考えられる。

（CL43）University of Verona（研究者団体）は，信頼性，忠実な表現および検証可能性に対する明確な賛否を示していない（cf. IFRS［2006］CL43）。

（CL44）Mexican Accounting Standards Board（基準設定機関）は，次のように述べている。

　　「信頼性」は，「主要な財務情報の特性」と考えられてきた。さらに，それは，企業の利害関係者のために経営者によって作成された全ての情

162

報にとっての主要な特性である。私たちは,「財務諸表自体」が「信頼できる情報」である必要があると結論づけた（IFRS［2006］CL44, pp. 1-2）。ここでは,忠実な表現と検証可能性に対する明確な賛否は示されていないが,信頼性の必要性について述べられていることから,信頼性に賛成していると考えられる。

（CL45）Malaysian Accounting Standards Board（MASB）（基準設定機関）は,次のように述べている。

　私たちは,「意思決定に有用な財務報告情報の質的特性に関して, IASBメンバーの代替的見解を支持する（support）」。「検証可能性の説明」は,「知識があり,独立した観察者間の合意」が「信頼できる証拠」に基づくべきであるとさらに規定する必要がある。「信頼できる証拠」に基づかない合意は,「検証」を構成しない（IFRS［2006］CL45, p. 2）。ここでは,信頼性と忠実な表現に対する明確な賛否は示されていない。また,検証可能性に関しては,代替的見解を支持しているので,検証可能性を質的特性とすることには賛成しているものと推測される。

（CL46）Institute of Chartered Accountants in Ireland（ICAI）（基準設定機関）は,次のように述べている。

　新しい質的特性である忠実な表現は,信頼性を置き換えており,検証可能性をそのサブ構成要素にして置き換えることで信頼性をさらに低下させている。「忠実な表現の使用」は,「取得原価よりも多くの忠実な表現の情報」を提供するものとして,「公正価値報告への動き」と見なすことができるだろう。「AC〔会計委員会〕は,信頼性を忠実な表現に置き換える提案に懸念を抱いている」。ACは,「検証可能性」を「信頼性」に置き換えることを望んでおり,これが行われた場合,忠実な表現を受け入れるだろう。「信頼性の概念」は,「受託責任の最前線」にあり,長い間,財務報告に役立ってきた。ACは,忠実な表現が非常に重要だが,「財務報告において過度に主観的な評価（overly subjective valuations)」をもたらす結果となり得ることを懸念している（IFRS［2006］CL46, pp.3, 5）。ここでは，信頼性を財務報告に役立つものと評価する一方，忠実な表現への懸念と検証可能性を信頼性に置き換える提案が示されていることから，信頼性に賛成し，忠実な表現と検証可能性に反対しているものと考えられる。

（CL47）Fidelity Investment Management Ltd.（投資家／アナリスト）は，次のように述べている。

　私たちは，検証可能性の「間接的な検証」に関して，「代替的見解」の方を選好する。「現在の草案」は，「重大な誤謬または偏向なく」適用された，「完全に不適切な評価方法」が検証可能であると見なされることを提案しているようである。「忠実な表現」には「『信頼できる』と比較していくつかの利点（some benefits compared to "reliable"）」がある（IFRS［2006］CL47, pp.5-6）。ここでは，忠実な表現が信頼性よりも利点があると述べていることから，信頼性に反対し，忠実な表現に賛成しているものと考えられる。また，検証可能性に関しては，代替的見解を支持しているので，検証可能性を質的特性とすることには賛成しているものと推測される。

（CL48）Irish Bankers Federation（投資家／アナリスト）は，次のように述べている。

　私たちは，「『信頼性』の概念」を「『忠実な表現』の概念」に置き換えるという審議会の提案に「強く反対する（strongly disagree）」。「『信頼性』という用語」が金融市場で多く誤解され，誤用されてきたという理由だけで，概念を変更することを正当化するということは，私たちの考えではない。その代わりに，「この誤解と誤用」は，「信頼性」が何を意味するのか，「フレームワーク」が明確にする必要があることを示していると提言する。私たちの見解では，「『忠実な表現』と『検証可能性』」は，「質的特性としての『信頼性』を適切に置き換えたものではな

い。「『信頼性』を『忠実な表現』に置き換えること」は，「文書〔『予備的見解』（2006年）〕における『検証可能』の定義」と相まって，「認識と測定に関する後の議論」において「不適切な結論」をもたらす結果となり得る。さらに，「DP〔『予備的見解』（2006年）〕」は，「忠実な表現」には「検証可能性」が含まれると想定しているが，私たちは，「この想定の実質的な性質」について納得していない（IFRS［2006］CL48, pp.3-4）。ここでは，信頼性が忠実な表現と検証可能性に置き換えられたことと，忠実な表現に検証可能性を含むことを批判していることから，信頼性に賛成し，忠実な表現と検証可能性に反対しているものと考えられる。

(CL49) Zentraler Kreditausschuss（投資家／アナリスト）は，次のように述べている。

　「『信頼性』の原則を『忠実な表現』に置き換えること」は，「既存の用語体系の下で異なる理解または包括的な定義の欠如」があったという「事実」によって動機づけられているため，その限りにおいてこれを「意味のある置き換え」として「支持する（endorse）」。同時に，私たちは，「『忠実な表現』という新しい用語」が，「一貫性のない理解と包括的な定義の欠如」によって同様に妨げられるかどうかを懸念している。したがって，「この用語のより深い分析」と概念「フレームワークの下で矛盾しない説明」がされるだろうと理解する（IFRS［2006］CL49, p.5）。ここでは，検証可能性に対する賛否は明確ではないが，信頼性から忠実な表現に置き換えることを支持していることから，信頼性に反対し，忠実な表現に賛成しているものと考えられる。

(CL50) Ian Dennis Oxford Brookes University（研究者）は，信頼性，忠実な表現および検証可能性に対する明確な賛否を示していない（cf. IFRS［2006］CL50）。

(CL51) David Damant（個人）は，次のように述べている。

　　「私は，予備的見解の主な要旨に賛成（agree with the main thrust）」し，「賛成しない点についてのみ（only on points of disagreement）」意見する。私は，「『検証可能』という特性」が「独立した特性」であるべきという見解を支持する（IFRS［2006］CL51, pp. 1, 5）。ここでは，『予備的見解』（2006 年）の内容を支持していることから，信頼性に反対し，忠実な表現に賛成しているものと考えられる。また，検証可能性に関しては，独立した特性にすべきと述べているので，検証可能性を質的特性とすることには賛成しているものと考えられる。

(CL52) Washington Society of Certified Public Accountants（専門職団体）は，信頼性，忠実な表現および検証可能性に対する明確な賛否を示していない（cf. IFRS［2006］CL52）。

(CL53) Standard Life Investments（投資家／アナリスト）は，信頼性，忠実な表現および検証可能性に対する明確な賛否を示していない（cf. IFRS［2006］CL53）。

(CL54) Legal and General Group Plc（投資家／アナリスト）は，次のように述べている。

　　「『忠実な表現』の概念」は，「現在の IFRS の『信頼性』の要件」よりも「はるかに弱い基準（a much weaker standard）」であると私たちは考えている。さらに，「サブ概念（the sub-concept）である『検証可能性』」は，「忠実な表現に対して十分に厳格なテスト」を課していない。「2 人の独立した当事者」は，「基礎となる仮定」を疑うことなく，「計算」について合意する必要があるだけである。対照的に，「信頼性の概念」は，「一連の勘定で表される取引をより詳細に理解する」必要があり，「作成された情報のより慎重な検討」を要求する（IFRS［2006］CL54, p. 2）。ここでは，忠実な表現が信頼性よりも弱い概念であり，検

166

証可能性が忠実な表現への厳格なテストを課していないとする一方，信
頼性は，情報がより慎重な検討を要求すると指摘していることから，信頼
性に賛成し，忠実な表現と検証可能性に反対しているものと考えられる。

(CL55) Austrian Financial Reporting and Auditing Committee (AFRAC)
（基準設定機関）は，次のように述べている。

　「DP〔『予備的見解』（2006 年)〕」は，「検証可能性，中立性および完
全性」を含む「新しい特質である忠実な表現」を導入している。この用
語は，信頼性に置き換わるものである。「私たちは，この変更に概念的
に賛成する（agree)」が，「情報の正確さ（precision of information）
という意味」で「信頼性」を「別個の質的特性」として含めることを
「強く推奨する（strongly recommend)」(IFRS [2006] CL55, p. 7)。こ
こでは，検証可能性等を含む忠実な表現に，信頼性を置き換えることに
賛成しつつも，別個に信頼性を加えることを提案していることから，信
頼性，忠実な表現および検証可能性のいずれにも賛成していると考えら
れる。

(CL56) Financial Reporting Advisory Board-HM Treasury（規制機関）は，
次のように述べている。

　当審議会は，「『信頼性』を『忠実な表現』に置き換えることによっ
て」，「現在の信頼性の質的特性」を明確にするという提案に懸念を抱い
ている。予備的見解は，「この変更は実質的なものではない」と主張し
ているが，当審議会は「賛成しない（disagrees)」。当審議会は，「忠実
な表現への移行」が「信頼性と同じものではない」という点で「実質的
に変化を表す」という考えであり，そして「『実質優先』の原則」がな
く，その後「検証可能性」に依存していることと合わせると，実際に導
入するのに問題があるだろう。「忠実な表現」は，あまりよく理解され
ていない概念であり，実際には異なって解釈されるため，「財務報告の
一貫性」につながるようにはならないだろう（IFRS [2006] CL56, p. 3)。

ここでは，信頼性を忠実な表現に置き換えることに反対していることか
ら，信頼性に賛成し，忠実な表現に反対しているものと考えられる。ま
た，検証可能性に関しては，言及されているが，それ自体に対する賛否
は明確ではない。

(CL57) International Corporate Governance Network（ICGN）（非営利組
　　　織）は，次のように述べている。

　　　「討議資料〔『予備的見解』（2006 年)〕」では，「〔信頼性を忠実な表現
　　　に置き換えるという〕変更」が「単なる用語の 1 つ」なのか，それとも
　　　「もっと実質的なもの（more substantial)」なのかが説明されていない
　　　ため，私たちは，「提案された変更」について懸念している（IFRS
　　　[2006] CL57, p. 5)。ここでは，検証可能性に対する賛否は明確ではない
　　　が，信頼性を忠実な表現に置き換えることに対する懸念が示されているこ
　　　とから，信頼性に賛成し，忠実な表現に反対しているものと考えられる。

(CL58) Accounting and Auditing standards Committee（基準設定機関）
　　　は，信頼性，忠実な表現および検証可能性に対する明確な賛否を示して
　　　いない（cf. IFRS [2006] CL58)。

(CL59) Mark Hughes, Andrew Read, Cameron Gordon-University of Can-
　　　berra（研究者）は，次のように述べている。

　　　審議会は，「財務会計の質的特性として真実かつ公正な概観」を扱う
　　　必要はないと結論づけた。「この特性」が，「忠実な表現という質的特
　　　性」を通じて満たされると想定されているからである。この意見は，
　　　「ひどく傲慢である（terribly arrogant)」ように思われ，「間違った分
　　　析レベル（wrong level of analysis)」に焦点を合わせている（IFRS
　　　[2006] CL59, p. 4)。ここでは，信頼性と検証可能性に対する賛否は示
　　　されていないが，真実かつ公正な概観が忠実な表現を通じて満たされる
　　　という審議会の見解を批判していることから，忠実な表現に反対してい

168

ると考えられる。

(CL60) Australasian Council of Auditors-General（非営利組織）は，信頼性，忠実な表現および検証可能性に対する明確な賛否を示していない（cf. IFRS［2006］CL60）。

(CL61) International Association of Insurance Supervisors（IAIS）（作成者）は，次のように述べている。

　私たちは，IASB が「『信頼できる』という用語」の変更を提案している理由がわからない。「その根拠（argument）」は，「企業と監査人」が「用語の異なる解釈」を行い，「異なる方法でそれを使用している」ということのようである。その場合，IASB は，「別の単語」に置き換えるのではなく，「その用語の意味」を明確にすべきである。現在，「作成者，監査人および規制当局」の間で，なぜ今「この用語」を変更する必要があるのかについて，「より多くの混乱」が生じている。「改訂されたフレームワーク」では，「『信頼性』という用語」を置き換えるのではなく，さらに詳しく説明することを提言する。「会計残高の重要な要件」は，「監査可能である」必要があることである。「監査可能残高（auditable balances）」とは，信頼でき，かつ，経済的事象を忠実に表現すべきである。「検証可能性の概念」が優先される場合，それが「監査可能性」を含むことを実証するために「さらに詳細な説明」が必要であると考えるが，「保険負債の評価や公正価値のようなその他の概念の採用」に不可欠な「見積りとその他の測定技法の使用」を制限することではない（IFRS［2006］CL61, pp. 4-6）。ここでは，信頼性を忠実な表現に置き換えることに反対していることから，信頼性に賛成し，忠実な表現に反対しているものと考えられる。また，検証可能性に関しては，さらなる説明を求めているので，検証可能性を質的特性とすることには賛成しているものと推測される。

（CL62）Korea Accounting Association（KAA）（研究者団体）は，信頼性，
　　忠実な表現および検証可能性に対する明確な賛否を示していない（cf.
　　IFRS［2006］CL62）。

（CL63）Management Commentary project team-Accounting Standards
　　Board（ASB）（基準設定機関）は，信頼性，忠実な表現および検証可
　　能性に対する明確な賛否を示していない（cf. IFRS［2006］CL63）。

（CL64）Council on Corporate Disclosure and Governance（CCDG）（基準設
　　定機関）は，「信頼性の3つの側面（つまり，忠実な表現，中立性，検
　　証可能性）に賛成する（agree）」（IFRS［2006］CL64, p. 3）と述べてい
　　ることから，信頼性とその構成要素としての忠実な表現と検証可能性に
　　賛成している。

（CL65）The International Financial Reporting Standards Review Commit-
　　tee（IFRSRC）of the Korea Accounting Standards Board（KASB）（基
　　準設定機関）は，信頼性，忠実な表現および検証可能性に対する明確な
　　賛否を示していない（cf. IFRS［2006］CL65）。

（CL66）Malcolm Sullivan（個人）は，信頼性，忠実な表現および検証可能
　　性に対する明確な賛否を示していない（cf. IFRS［2006］CL66）。

（CL67）The Chartered Institute of Management Accountants（CIMA）
　　（専門職団体）は，次のように述べている。
　　　「検証可能性」が「財務報告の望ましい質的特性」であることは認め
　　るが，QC23-26で特定された範囲で検証できなかった「情報」は，常
　　に「財務諸表」から除外されることを懸念する。「『未確認』の情報」が
　　依然として「意思決定に有用である」ことが証明される場合もあるだろ
　　う（IFRS［2006］CL67, p. 2）。ここでは，信頼性と忠実な表現に対する

170

明確な賛否を示していない。また，検証可能性に関しては，望ましい質的特性としつつも，検証できなかった情報が除外されることへの懸念を示していることから，ここでは賛否不明としたい。

（CL68）Investment Management Association（投資家／アナリスト）は，次のように述べている。

　　IMA は，「情報の質的特性」を決定する際に，多くの人に理解され，「必要なすべての要素」を包含している場合に，「既存の用語」が変更されていることを「懸念」している。さらに，当初，「会計情報」も「信頼できる」ものであるべきと決定されていた。「『信頼できる』情報」は，株主に対する「受託責任の役割（stewardship role）」を果たすために「不可欠」であると考える。また，「実質優先」が「忠実な表現の構成要素」として提示されていないことも懸念している。要するに，実質優先と「信頼性」が「不可欠な質的特性」であると考える（IFRS [2006] CL68, p.7）。ここでは，検証可能性に対する賛否は明確ではないが，信頼性から忠実な表現への置き換えに反対するとともに，信頼性を不可欠な質的特性としていることから，信頼性に賛成し，忠実な表現に反対しているものと考えられる。

（CL69）Audit Scotland（規制機関）は，次のように述べている。

　　私たちが，「よく理解されている用語」であると考える「現在の信頼性の使用」よりも，「忠実な表現の使用」が理解しやすいということに，私たちは「納得していない（not convinced）」（IFRS [2006] CL69, p.2）。ここでは，検証可能性に対する賛否は明確ではないが，信頼性をよく理解されている用語と評する一方，忠実な表現への置き換えに反対していることから，信頼性に賛成し，忠実な表現に反対しているものと考えられる。

（CL70）National Audit Office（規制機関）は，次のように述べている。

　私たちは，「長い間よく理解されているいくつかの特性」があまりよ
く理解または定義されていないであろう「用語」に包含または置き換え
られていることを懸念している。たとえば，「忠実な表現」は，「信頼
性」ほどよく理解されていない概念であると私たちは考えている。ま
た，私たちは，「検証可能性が忠実な表現の論理的な構成要素である」
ということに納得していない（IFRS［2006］CL70, pp. 2-3）。ここでは，
忠実な表現が信頼性に置き換えられることに反対するとともに，検証可
能性が忠実な表現の構成要素であることに納得していないと述べている
から，信頼性に賛成し，忠実な表現と検証可能性に反対しているものと
考えられる。

（CL71）Consiglio Nazionale dei Dottori Commercialisti and Consiglio Nazi-
　　　onale dei Ragionieri（専門職団体）は，「『信頼性』の概念」を排除し，
　　　「『忠実な表現』に置き換えること」が「適切（opportune）」である（IFRS
　　　［2006］CL71, p. 3）と述べていることから，検証可能性に対する賛否は
　　　明確ではないが，信頼性に反対し，忠実な表現に賛成しているものと考
　　　えられる。

（CL72）Instituto de Contabilidad y Auditoria de Cuentas（ICAC）（基準設
　　　定機関）は，次のように述べている。
　　　　討議資料では，忠実な表現が信頼性の質的特性に置き換わっている。
　　　私たちは，「忠実な表現」が「質的特性」であり，「実質優先」がその一
　　　部であることにも「賛成する（agree）」。しかしながら，「信頼性」は，
　　　情報の詳細に関与していない「利用者」に対して，財務報告によって与
　　　えられる「情報の不可欠な特性（an essential characteristic）」である
　　　と考えている。討議資料で起草されたような「忠実な表現」には，「現
　　　行のIASBの概念フレームワーク」において「信頼性」に起因する「ほ
　　　とんどすべての特性」が含まれているが，私たちの意見では，「信頼性」
　　　は「実質優先」と同様に「忠実な表現」と関連づけて「フレームワーク

の一部」のままであるべきである（IFRS［2006］CL72, p. 3）。ここでは，忠実な表現が質的特性であることには賛成しているが，信頼性を不可欠な特性とみなし，忠実な表現と関連づけて信頼性を質的特性に加えることを提案している。したがって，ここでは，検証可能性に対する賛否は明確ではないが，信頼性と忠実な表現のどちらにも賛成しているものと考えられる。

（CL73）Michael Page and Tony Hines（研究者）は，次のように述べている。

　「これ〔忠実な表現〕」は，「批判的評価（critical appraisal）」に値する。「航空写真」は，「地図」よりも「地形の『忠実な表現』」であるが，地図の方が，ある地点からある地点までの移動に役立つ。地図は，「特定の目的」を達成するために，「いくつかの事実」を抑制し，「他の事実」を強調する「モデル」である。「財務報告」は，「企業活動の側面に関する『モデル』」であり，（QC20 が認めているように）「選択的」である。したがって，「忠実な表現」は，「有用性の説明または規準」ではない。「統計的信頼性（Statistical reliability）」は，「よく理解されている概念」であり，「会計測定のより質的な考慮事項」に拡張することはあまり困難ではない。詳述された議論から浮かび上がる主な論点は，「信頼性の恩恵（the benefits of reliability）」のために「統計的バイアス」を受け入れることが有益である場合があり，審議会がそれを不合理に拒否したということである。検証可能性は，「誤った言葉の選択（poor choice of word）」である。「議論の最も深刻な欠陥」は，「間接的検証の仮定」を検証する方法に関する「議論が省略されていること」である。「方法と仮定」に対する経営者の操作は，いくつかの「間接的な評価方法の「重要な欠陥」であり，審議会の意味では検証可能であるように思われるが，他の世界に関する限り，「日和見主義的で馬鹿げたもの（opportunistic nonsense）」である（IFRS［2006］CL73, pp. 12-13）。ここでは，忠実な表現と検証可能性を批判する一方，信頼性の利点を指

摘していることから，信頼性に賛成し，忠実な表現と検証可能性に反対
しているものと考えられる。

(CL74) Institute of Chartered Accountants of Scotland（ICAS）（専門職団
体）は，次のように述べている。

　　「信頼性」を「質的特性として『忠実な表現』」に置き換えるべきであ
ることに「賛成しない（do not agree）」。私たちは，この変更が行われ
る論理がわからない。「文書〔『予備的見解』（2006 年）〕」は，「『信頼
性』という用語の解釈と使用」に問題があると述べているが，「これら
の問題」が何であるかを完全には説明していない。つまり，「論拠」が
一方的であるため，「『忠実な表現』を支持する論拠の妥当性」を評価す
ることが困難である。「信頼性に関する古い定義の一側面としての『忠
実な表現』」は，「より限定的で有用性の低い特性」であるように思われ
るため，「新しい定義」が意味を明確にするということに同意しない。
「多くの関係者」が同意するように，「情報の信頼性のような要素」を考
慮する必要がないため，「この〔検証可能性の〕定義」が「判断の必要
性」を排除しているように思われることを私たちは懸念している。検証
できなくても「忠実な表現」があり得るため，「検証可能性」は，特に
有用な概念ではないと考える。したがって，私たちは，「忠実な表現の
要素としてこれ〔検証可能性〕を支持しない（do not support this）」。
(IFRS［2006］CL74, p. 4) ここでは，信頼性を忠実な表現に置き換える
ことに反対するとともに，検証可能性を支持しないと述べていることか
ら，信頼性に賛成し，忠実な表現と検証可能性に反対しているものと考
えられる。

(CL75) RWE Aktiengesellschaft（作成者）は，信頼性，忠実な表現および
検証可能性に対する明確な賛否を示していない（cf. IFRS［2006］
CL75）。

（CL76）Institute of Certified Public Accountants of Kenya（専門職団体）は，次のように述べている。

　　私たちは，この討議資料を検討し，特に「財務報告情報の質的特性」に関して，「その主要な提案に実質的に同意している（concur substantially with its key proposals）」ことを指摘したい（IFRS［2006］CL76, p. 2）。ここでは，『予備的見解』（2006 年）が提案した質的特性の内容に賛成していることから，信頼性に反対し，忠実な表現と検証可能性に賛成しているものと考えられる。

（CL77）Conseil National de la Comptabilité（CNC）（基準設定機関）は，次のように述べている。

　　「信頼性」は，現在，「負債または無形資産」を認識すべきかどうかを決定するための「閾値規準」として使用されている。「信頼性の閾値」は「フレームワークの草案」で消えたように思われる。討議資料では，「信頼性」を定義するのは困難であると述べられているが，「それ〔信頼性〕」は，実際の適用上，「有用な概念」であるように思われる。「私たちは，信頼性とその認識の閾値機能を排除することに賛成しない（disagree with eliminating reliability and its recognition threshold function）」。「信頼性なくして目的適合性はない」ため，「信頼性」は，「目的適合性と同時に」評価されるべきである。それゆえに，多くのコメンテーターは，「信頼性」が「目的適合性と同程度に重要な質的特性」であると考えている（IFRS［2006］CL77, p. 9）。ここでは，検証可能性に対する賛否は明確ではないが，信頼性を削除することに反対しており，信頼性を目的適合性と同程度に重要な質的特性と位置づけていることから，信頼性に賛成し，忠実な表現に反対しているものと考えられる。

（CL78）Basel Committee on Banking Supervision（規制機関）は，次のように述べている。

　　当委員会は，「『信頼性』という概念のより強固な定義を支持し（sup-

ports)」,「『信頼性』という用語」が置き換えられることに「反対する
(objects)」。私たちは,「運用可能な用語」において何を意味するのか
国際的な合意が確実ではない,「『忠実な表現』という新しい曖昧な用
語」に代わって,「『信頼性』という幅広くより意味のある概念」を使い
続けることを提案する。当委員会は,「検証可能性の概念」をフレーム
ワークにおいて著しく強化すべきであると考える(IFRS[2006]CL78,
pp. 5-6)。ここでは,忠実な表現を曖昧な用語とする一方,信頼性を忠
実な表現に置き換えることに反対し,信頼性を使い続けることを提案し
ていることから,信頼性に賛成し,忠実な表現に反対しているものと考
えられる。また,検証可能性に関しては,その概念を強化することを求
めているので,検証可能性を質的特性とすることには賛成しているもの
と推測される。

(CL79) Grant Thornton International & Grant Thornton LLP(会計事務所)
は,信頼性,忠実な表現および検証可能性に対する明確な賛否を示して
いない(cf. IFRS[2006]CL79)。

(CL80) The Ohio Society of CPAs(専門職団体は,次のように述べている。
　　「『信頼性』を『忠実な表現』に置き換えること」は,「幻想的かつ測
定不可能(illusory and unmeasurable)」であろう「主観的な心理状態
の概念(a concept of subjective mental state)」を暗示する。「信頼性」
は,「客観的な事実の用語」であり,「意思決定・有用性のフレームワー
クのより適切な質的特性」である。「信頼性という用語に伴う歴史的問
題に対するより良い解決策」は,「異なる解釈」を思わせる「新しい用
語」に特性を置き換えるよりもむしろ,FASB が意図している「信頼性
の意味」に関する「より明確な定義」を提供することである(IFRS
[2006]CL80, p. 1)。ここでは,検証可能性に対する賛否は明確ではな
いが,信頼性を忠実な表現に置き換えることに反対する一方,信頼性を
より適切な質的特性としていることから,信頼性に賛成し,忠実な表現

に反対しているものと考えられる。

（CL81）Foreningen af Statsautoriserede Revisorer（FSR）（専門職団体）は，信頼性，忠実な表現および検証可能性に対する明確な賛否を示していない（cf. IFRS［2006］CL81）。

（CL82）Swiss GAAP FER（基準設定機関）は，次のように述べている。

　　討議資料で提案されている「これらの変更〔信頼性を忠実な表現に置き換えること〕」について，「いくつか懸念（some concerns）」がある。Swiss GAAP FER は，「その意味合いとサブ特性（sub-characteristics）を伴う信頼性の概念」が十分に理解されており，「あまり明確ではない」「観念〔である忠実な表現〕」に置き換えるべきではないと考えている（IFRS［2006］CL82, p. 2）。ここでは，検証可能性に対する賛否は明確ではないが，信頼性を忠実な表現に置き換えることに反対するとともに，信頼性の概念は十分に理解されていると述べていることから，信頼性に賛成し，忠実な表現に反対しているものと考えられる。

（CL83）BG Group（作成者）は，次のように述べている。

　　私たちは，「意思決定に有用な財務情報の主要な特質の1つとして」，「忠実な表現」が「信頼性」に置き換えられたことを懸念している。また，私たちは，「信頼性よりも目的適合性の優位性」を促し，「財務情報の全体的な質」を損なうと考えている。「『信頼性』という用語」は，「単純な論理的意味」を持ち，つまり，「信頼でき，信用でき，正確であり，信頼できる（dependable, credible, accurate and trustworthy）」ということである。「『忠実な表現』という用語」は，「信頼性の概念」を広げ，和らげるための「文字通りの意味（at face value）」と思われる。したがって，「信頼性」は，「財務報告の重要な質的特性」として維持されるべきである（IFRS［2006］CL83, p. 2）。ここでは，検証可能性に対する賛否は明確ではないが，信頼性を忠実な表現に置き換えることに懸

念を示し，信頼性を質的特性として維持すべきと述べていることから，信頼性に賛成し，忠実な表現に反対しているものと考えられる。

（CL84）The Corporate Reporting Users Forum（投資家／アナリスト）は，次のように述べている。
　「利用者」として，質的特性に関する「様々な用語」の意味が明確ではない。同様に，「多くの作成者」にとっても「監査人」にとっても用語が明確ではないと考える。「すべての利害関係者間」で「特定の用語（おそらく特に信頼性）に関する共通の理解」が常にあるとは限らないことを認める（IFRS［2006］CL84, pp. 3-4）。ここでは，質的特性に関する用語の意味が明確ではなく，特に信頼性に関する理解が不十分とされていることから，信頼性，忠実な表現および検証可能性のいずれも反対しているものと考えられる。

（CL85）International Actuarial Association（IAA）（非営利組織）は，信頼性に対する明確な賛否を示していないが，忠実な表現の文言の修正を提案している。また，パラグラフQC23-26に記載されている「検証可能性の説明」は，「不確実な経済的事象」の文脈において「懸念（concern）」があり，「重要な不確実性に直面して」，「（定義されているような）見積りの直接的な検証は不可能である」（IFRS［2006］CL85, pp. 8-9）と述べている。したがって，ここでは，忠実な表現と検証可能性に反対しているものと考えられる。

（CL86）Morley Fund Management（投資家／アナリスト）は，信頼性，忠実な表現および検証可能性に対する明確な賛否を示していない（cf. IFRS［2006］CL86）。

（CL87）Hermes Investment Management Ltd（投資家／アナリスト）は，次のように述べている。

178

　「信頼性の概念」は，「会計基準においてかなりの価値」があり，「財務報告の過程」の当事者によって理解されていると私たちは考えている（IFRS［2006］CL87, p. 4）。ここでは，忠実な表現と検証可能性への明確な賛否は示されていないが，信頼性に賛成しているものと考えられる。

（CL88）Anglo American Plc（作成者）は，次のように述べている。

　私たちは，忠実な表現における現実世界の経済現象という概念の導入に関して懸念（concerns）がある。これは，「現在の会計概念」の信用を傷つけるために使用されているようである。「この思考過程の自然な拡張」は，「有形資産の減価償却と，無形資産とのれんの認識（と償却）のような概念」にも疑問を投げかけるだろう（IFRS［2006］CL88, p. 4）。ここでは，信頼性と検証可能性に対する明確な賛否は示されていないが，忠実な表現における現実世界の経済現象の概念について批判していることから，忠実な表現に反対しているものと考えられる。

（CL89）International Federation of Accountants（IFAC）International Auditing and Assurance Standards Board（基準設定機関）は，次のように述べている。

　IAASBには以下の懸念がある。(a)「検証可能性」が「忠実な表現」の構成要素あると理解することは困難である。(b) 原則として，「検証可能性」は，「望ましい質的特性」であり，一般に，「監査人」は特にそれを認める傾向にある。しかし，「すべての財務情報」を「検証可能」にすることを要求すると，「利用者」に提供される「情報」が制限されると考えられる。IAASBは，IASBが「『検証可能性』という用語」が「正しい用語」であるかどうか検討することを奨励する。IAASBは，「『信頼性』という用語に関する長年の問題」に取り組む良い機会であることに同意するが，「最善の解決策」が「用語」を放棄することであるとは，「納得していない（not convinced）」。「信頼性」には，見積りが

「その認識」を適切にするために十分に確認されるかどうかなど，失わ
れたと思われる暗示がある。私たちは，IASB がその用語を放棄する決
定を再考することを勧める。また，IASB は，「質的特性」として規定
する前に，「『忠実な表現』という用語とその提案された構成要素」をさ
らに研究すべきと私たちは考える（IFRS［2006］CL89, pp. 2-3）。ここ
では，信頼性を放棄することの再考を求めるとともに，忠実な表現をさ
らに研究すべきと述べていることから，信頼性に賛成し，忠実な表現に
反対しているものと考えられる。また，検証可能性に関しては，それが
望ましい質的特性であるとしつつも，検証可能性が正しい用語であるか
検討するよう求めていることから，ここでは賛否不明としたい。

（CL90）Association of British Insurers（ABI）（作成者）は，次のように述
べている。

　　私たちは，「信頼性，忠実な表現および公正な表示のそれぞれの意味
とそれらの間の重複」に関する議論に注目する。討議資料で表明された
見解に反して，私たちは，「これらの表現」のいずれも「他の表現の同
義語」とは見なさない。「信頼性」は，特に「会計目的に対する公正価
値の使用という背景において」，「非常に重要かつ目的適合的な質的特
性」という印象を私たちに与え，それが「他の特性」に含まれていると
いう議論には懸念がある（IFRS［2006］CL90, p. 6）。ここでは，信頼性
と忠実な表現を同一視しておらず，信頼性を重要な質的特性とみなして
いる。そして，信頼性が，忠実な表現に含まれることに懸念を示してい
ることから，検証可能性に対する賛否は明確ではないが，信頼性に賛成
し，忠実な表現に反対しているものと考えられる。

4.2.2　『予備的見解』(2006 年)に対するコメント・レターの分析(2)

（CL91）Financial Executives International（FEI Canada）（作成者）は，次
のように述べている。

　「これ〔忠実な表現〕」は，討議資料の1つのセクションであり，何度も読んだ上で，理解するのが難しかった。「現実世界の経済現象の定義」から始めて，事例を提供することを提案する。これにより，議論されている概念がより明確になるだろう（IFRS［2006］CL91, p. 2）。ここでは，信頼性と検証可能性に対する明確な賛否は示されていないが，忠実な表現に関して内容が困難であると述べられているので，忠実な表現に反対していると考えられる。

（CL92）Shell International B. V（作成者）は，次のように述べている。

　私たちは，第2章で「財務情報の『目的適合性』」を強調し，「忠実な表現，検証可能性および中立性の構成要素の属性」を支持して「信頼性という用語」を削除したことに懸念を抱いている。「これらの要素」は，「企業による現金の流入または流出の最終的な実現との相関関係」を必要とする「信頼性の側面」に対処していないと提言する。「財務報告情報」が表現的に忠実であるためには，「検証可能」でなければならないという「（パラグラフQC23-26における）審議会の主張」について「重大な懸念」がある。「検証可能性に重点を置くこと」は，「原則主義よりも細則主義」に基づく「将来の会計基準」が生じる結果になると考える。「私たちが強く選好すること（strong preference）」は，「財務情報が信頼できること」をフレームワークで強調し続けることである（IFRS［2006］CL92, pp. 1, 9-10）。ここでは，信頼性の削除に反対するとともに，忠実な表現と検証可能性に対する懸念が示されていることから，信頼性に賛成し，忠実な表現と検証可能性に反対しているものと考えられる。

（CL93）［Joint Response］American Council of Life Insurers, American Insurance Association, America's Health Insurance Plans, Blue Cross Blue Shield Association, National Association of Mutual Insurance Companies, Property Casualty Insurers Association of America（作成

者）は，次のように述べている。

　目的適合性，忠実な表現，比較可能性および理解可能性というパラグラフ QC7 の質的特性の一覧に「異議はない（no objection）」が，「首尾一貫性，重要性およびベネフィット・コスト」を追加することで，「特性の一覧」を強化できると考える（IFRS［2006］CL93, p. 4）。ここでは，検証可能性に対する賛否は明確ではないが，『予備的見解』（2006年）で示された質的特性の一覧を支持していることから，信頼性に反対し，忠実な表現に賛成しているものと考えられる。

（CL94）BNP Paribas（投資家／アナリスト）は，次のように述べている。

　私たちは，「『忠実な表現』の定義」に懸念を抱いている。私たちは，それが何を意味しているのか明確ではないため，意見することができない。より一般的には，「『信頼性』の質的特性」を「忠実な表現」に置き換えることは容易ではない。IASB は，2 つの用語が本質的に同じことを意味すると考えている。私たちは，「この見解に賛成せず（disagree）」，「この変更」は，IASB が予想するよりも「広範囲にわたる結果」をもたらすと考えている。私たちは，一組の財務諸表の原則に検証可能性の観念が含まれていることに懸念を抱いている。私たちは，既存の IASB フレームワークで採用されている信頼性という用語とは対照的に，この用語は，「狭く排他的である」と考えている（IFRS［2006］CL94, pp. 4-5）。ここでは，忠実な表現の定義，信頼性からの置き換えおよび検証可能性を質的特性に含むことに懸念を示していることから，信頼性に賛成し，忠実な表現と検証可能性に反対しているものと考えられる。

（CL95）Paul W. Polinski, Ph. D. CPA（個人）は，信頼性，忠実な表現および検証可能性に対する明確な賛否を示していない（cf. IFRS［2006］CL95）。

（CL96）International Federation of Accountants（IFAC）（専門職団体）は，

182

次のように述べている。

　この提出物には，国際監査・保証基準審議会（IAASB）からの提出物が含まれている。「この提出物」は，「検証可能性の概念と定義，『信頼性』と『実質優先』への言及を排除する提案，『忠実な表現』に関する記述の完全性およびフレームワーク草案の範囲」に焦点を当てている。IFAC は，IAASB が提出時に表明した見解を「完全に支持（fully supports）」する（IFRS［2006］CL96, p. 1）。ここでは，IAASB の見解（CL89）を完全に支持すると述べているため，IAASB と同様，信頼性に賛成し，忠実な表現に反対しているものと考えられるが，検証可能性に関しては，賛否不明としたい。

（CL97）KPMG（International）（会計事務所）は，次のように述べている。

　私たちは，「忠実な表現」を「主要な質的特性」に昇格させたことを支持する。「忠実な表現に重点を置くこと」は，「現実世界の経済現象に関する偏りのない説明」という「会計と報告プロセスの目標」を適切に説明する。私たちは，「主要な質的特性として信頼性を忠実な表現に置き換える審議会の提案に同意する」が，「信頼性」が「忠実な表現の重要な構成要素」であり，そのため審議会は，「忠実な表現に関する議論」に「信頼性の役割」を含むべきであるとも考える。私たちは，情報が「経済現象の忠実な表現」であるためには，検証可能で，中立的で，完全でなければならないという審議会の決定に賛成する（IFRS［2006］CL97, pp. 5-6）。ここでは，主要な質的特性として信頼性を忠実な表現に置き換え，忠実な表現の構成要素が検証可能性，中立性および完全性であるという『予備的見解』（2006 年）の内容を支持する一方，忠実な表現の構成要素として，信頼性を含めることも提案していることから，忠実な表現と，その構成要素としての信頼性と検証可能性に賛成しているものと考えられる。

（CL98）UBS AG（投資家／アナリスト）は，信頼性，忠実な表現および検

証可能性に対する明確な賛否を示していない（cf. IFRS［2006］CL98）。

（CL99）Association pour la participation des entreprises françaises à l'harmonisation comptable internationale（ACTEO）and Mouvement des Entreprises de France（MEDEF）and Association Française des Entreprises Privées（AFEP）（作成者）は，次のように述べている。

　　私たちは，「『忠実な表現』を『信頼性』の代わりに使用するための正当な理由はない」と考える。「与えられた唯一の理由」は，「『信頼性』という用語」がよく理解されていなかったということである。「信頼性」は，維持され，その構成要素は，「実質優先」，「検証可能性」，「中立性」および「完全性」を含むものと定義されるべきである（IFRS［2006］CL99, Appendix p. 5）。ここでは，信頼性を忠実な表現に置き換えることに反対し，検証可能性を構成要素に含む信頼性が，維持されるように求めていることから，信頼性とその構成要素としての検証可能性に賛成し，忠実な表現に反対しているものと考えられる。

（CL100）Fitch Ratings Ltd（投資家／アナリスト）は，次のように述べている。

　　「Fitch は，概念フレームワークの 4 つの主要な質的特性である，目的適合性，忠実な表現，比較可能性（首尾一貫性を含む）および理解可能性に関する審議会の提案を支持する（supports）」。（IFRS［2006］CL 100, p. 2）ここでは，『予備的見解』（2006 年）が提案する質的特性の内容に賛成していることから，信頼性に反対し，忠実な表現と検証可能性に賛成しているものと考えられる。

（CL101）Mailis Klaus（個人）は，次のように述べている。

　　目的適合性がない現象の忠実な表現である描写，または目的適合性がある事象だが忠実な表現ではない描写は，意思決定に有用ではない，というパラグラフ BC2. 64 でなされた声明に私は「部分的にしか賛成でき

ない（can only partly agree）」。私の意見では，「財務報告」は「包括
的」であるべきで，「すべての目的適合性のある情報」を含めるべきで
ある。確かに，「忠実な表現について不確実性があるという事実」は，
重要な情報である。「目的適合性はある」が，「検証可能で中立である」
かを含めて，忠実に表現されているかどうかについてかなり曖昧な「財
務報告の情報」は，「まったく情報がない」よりも優れているので，「十
分な忠実な表現の欠如」が開示されるべきだろう（IFRS［2006］CL101,
p. 3）。ここでは，信頼性と検証可能性に対する明確な賛否は示されてい
ないが，忠実な表現ではない描写が意思決定に有用ではないという忠実
な表現に反対しているものと考えられる。

（CL102）David Heald（研究者）は，適用される質的特性として，検証可能
性を構成要素の一つに含む信頼性を図示しており（IFRS［2006］CL102,
p. 3），その上で次のように述べている。

　「『信頼性』を『忠実な表現』に置き換える事例には，説得力がない
（unconvincing）」。審議会は，以下の点を考慮する必要がある。「信頼
性」には，「不正確さ」が伴うだろうが，「『目的適合性』と『信頼性』
の間の潜在的なトレード・オフ」は，利用者と直ちに関係するものであ
る。「忠実な表現」の背後には，「そのような直感」はない。それが会計
業界内で発展するのにはかなりの時間がかかり，外部では決して発展し
ないだろう。私は，(a)「忠実な表現」の代わりに「信頼性」を使用し，
(b)「実質優先」を明示的にすることを好む（IFRS［2006］CL102,
p. 2）。ここでは，信頼性を忠実な表現に置き換えることに反対し，検証
可能性を構成要素にする信頼性を使用することを提案していることか
ら，信頼性と検証可能性に賛成し，忠実な表現に反対しているものと考
えられる。

（CL103）CPA Australia（専門職団体）は，信頼性，忠実な表現および検証
可能性に対する明確な賛否を示していない（cf. IFRS［2006］CL103）。

（CL104）Altaf Noor Ali（個人）は，パラグラフ QC16 のように，表現しよ
　　うとしているものという用語を詳しく説明した QC19 の事例に従うこと
　　ができなかった（IFRS［2006］CL104, p. 4）と述べていることから，信
　　頼性と検証可能性に対する明確な賛否は示されていないが，忠実な表現
　　に反対していると考えられる。

（CL105）Anglo Platinum Limited（作成者）は，次のように述べている。
　　「私たちは，討議資料〔『予備的見解』（2006 年）〕を概ね支持（gener-
　　ally supportive）している」。私たちは，「検証可能性，中立性および完
　　全性」を含む「忠実な表現の特性」が，「信頼性の概念」を「適切に
　　（adequately）」包含していると考えている（IFRS［2006］CL105, pp. 1,
　　6）。ここでは，『予備的見解』（2006 年）の提案内容を概ね支持し，忠
　　実な表現が信頼性を包含していると述べていることから，信頼性に反対
　　し，忠実な表現と検証可能性に賛成しているものと考えられる。

（CL106）Dutch Accounting Standards Board（DASB）（基準設定機関）は，
　　次のように述べている。
　　「忠実な表現」が「財務情報の質的特性としての信頼性」に取って代
　　わるべきであるという「提案」について私たちが「懸念（concerns）」
　　する問題がある。この問題は，「情報の柔らかさ（the softness of the
　　information）」に関連して，「信頼性という既存の特性」が「長年にわ
　　たって多くの実務家」によって広く適用されてきた方法から生じる。言
　　い換えれば，「既存の信頼性の概念に多くの難しさ」があった「理由の
　　1 つ」は，人々がそれを適用したい方法と「既存のフレームワーク」で
　　の記述方法が違ったためと思われる。単に「特性」の名前を変更するよ
　　りもむしろ，人々がそれを自分のやり方で使いたい理由をより十分に調
　　査する方がよいと私たちは考える（IFRS［2006］CL106, p. 6）。ここで
　　は，検証可能性に対する賛否は明確ではないが，信頼性を忠実な表現に
　　置き換えることに懸念を示し，名称変更に反対していることから，信頼

186

性に賛成し，忠実な表現に反対しているものと考えられる。

(CL107) BDO Global Coordination B. V（会計事務所）は，次のように述べている。

　「私たちは，信頼性の代わりに『忠実な表現』という質的特性を使用することに不快感を覚える」。「信頼できる」というのは，「より単純で広く受け入れられている概念」であると私たちは考えており，「忠実な表現」に置き換えることで「フレームワークがより明確になる」という審議会の主張を拒否する（IFRS [2006] CL107, p. 4）。ここでは，検証可能性に対する賛否は明確ではないが，信頼性を広く受け入れられている概念とする一方，信頼性を忠実な表現に置き換えることに反対していることから，信頼性に賛成し，忠実な表現に反対しているものと考えられる。

(CL108) Committee of European Banking Supervisors（CEBS）（非営利組織）は，次のように述べている。

　「『忠実な表現』の概念と正確な定義」が「明確で国際的に受け入れられている意味」を持っているかどうかは確かではない。とりわけ，「再定義された概念」が，特に「不完全な市場で取引される非流動的な商品の評価過程のような認識と測定の困難な領域において」，「専門的かつ客観的な判断の最重要性（the paramount importance of professional and objective judgment）」を「『信頼性』と同じ力」で伝えられないかもしれないことを懸念している。「忠実な表現の３つの要素の１つである検証可能性の定義」は，強化されるべきであり，この点について，私たちは，パラグラフ「AV2.1 と AV2.2 で表明されている代替的見解」に賛成する（IFRS [2006] CL108, pp. 4-5）。ここでは，忠実な表現の概念と定義が不確実であると指摘するとともに，信頼性を忠実な表現に置き換えることに懸念していることから，信頼性に賛成し，忠実な表現に反対しているものと考えられる。また，検証可能性に関しては，その定義を

強化するよう求めているので，検証可能性を質的特性とすることには賛
成しているものと考えられる。

(CL109) International Swaps and Derivatives Association (ISDA)（非営利
　　　　組織）は，次のように述べている。

　　　「文書〔『予備的見解』（2006 年）〕」は，「信頼性の概念」を「忠実な
　　表現」に置き換え，情報が検証可能でなければならないという「新しい
　　原則」を確立した。ISDA は，「検証可能であることを情報の要件を含
　　めること」は，「信頼できる情報の要件」とは異なると見なされ得るこ
　　とを懸念している (IFRS [2006] CL109, p. 5)。ここでは，信頼性と忠
　　実な表現に対する明確な賛否を示していないが，検証可能性に対する懸
　　念が示されているので，検証可能性に反対しているものと考えられる。

(CL110) Microsoft Corportion（作成者）は，次のように述べている。

　　　Microsoft は，「審議会の既存のフレームワーク」に見られる「信頼
　　性の質的特性」を置き換える「忠実な表現の質的特性」に「反対ではな
　　い (not disagree)」。ただし，「忠実な表現の質的特性（特に検証可能
　　性）に関するはるかに強固な説明」がなければならず，そうでなけれ
　　ば，「信頼性の質的特性」で生じた「長年の問題」は，「忠実な表現の質
　　的特性」に関して繰り返される運命にある (IFRS [2006] CL110, p. 1)。
　　ここでは，忠実な表現と検証可能性に対してさらなる説明を加えること
　　を求めつつも，信頼性を忠実な表現に置き換えることに反対ではないと
　　述べ，信頼性に問題があることを認めている。したがって，『予備的見
　　解』（2006 年）には，反対していないので，信頼性に反対し，忠実な表
　　現と検証可能性に賛成しているものと推測される。

(CL111) Private Companies Practice Section of the American Institute of
　　　　Certified Public Accountants (AICPA)（専門職団体）は，次のように
　　　　述べている。

　「TIC〔技術問題委員会〕は，『信頼性』という用語を『忠実な表現』に置き換え，『検証可能性』を『忠実な表現』に含めるという審議会の主張に賛成しない（disagree）」。TIC は，「検証可能性と信頼性」が「フレームワークでより重要な役割」を果たすべきであると考えている。現在のフレームワークでは，「表現の忠実性と検証可能性」は，「信頼性の２つの側面」である。TIC は，「現在の構造」を維持することを勧め，これにより，「検証可能性」は，「表現の忠実性とは分離された別個の特性」として提示される（IFRS［2006］CL111, pp. 5-6）。ここでは，信頼性を忠実な表現に置き換えることに反対し，現状維持を求めていることから，信頼性と検証可能性に賛成し，忠実な表現に反対しているものと考えられる。

（CL112）Accounting Principles Committee of the Illinois CPA Society（専門職団体）は，信頼性，忠実な表現および検証可能性に対する明確な賛否を示していない（cf. IFRS［2006］CL112）。

（CL113）Sawyer Business School, Suffolk University（研究者団体）は，次のように述べている。
　「他の場所（〔パラグラフ〕BC2. 29）」では，「PV〔『予備的見解』（2006年）〕」が「信頼性を忠実な表現と同等にするというかなり重要な手順」を踏んでいる。これは，「２つを同等と定義することによって，測定基準としての『忠実な表現』の信頼性に対する懸念（concerns over the reliability of "faithful representation"）」を排除するという「厄介な企て（an untoward bid）」のように思われる。２つが実際に「同じ」ならば，なぜ「直感的で普遍的に理解されている信頼性の概念」に取って代わる「新しい用語」を導入するのだろうか（IFRS［2006］CL113, p. 2）。ここでは，検証可能性に対する賛否は明確ではないが，信頼性を忠実な表現に置き換えることを厄介な企てと批判していることから，信頼性に賛成し，忠実な表現に反対しているものと考えられる。

(CL114) Accounting Standards Executive Committee of the American Institute of Certified Public Accountants (AICPA)（専門職団体）は，次のように述べている。

　　AcSEC は，予備的見解が「意思決定に有用な情報の適切な特質」を規定していると考えている。しかし，AcSEC は，検証可能性が表現の忠実性に含められるべきではないと考えている。その代わりに，AcSEC は，検証可能性が「別個の質的特性」であるべきと考えている。AcSEC は，「検証可能性」が「表現の忠実性」とは異なると考えている。AcSEC は，これらの別個の特性を分離しておくことで，「いずれかの特性」が不明瞭になることを防ぎ，「現在または提案されている基準の判断」を容易にすると考えている（IFRS [2006] CL114, p. 4）。ここでは，『予備的見解』（2006 年）の内容を適切な特質と評価していることから，信頼性に反対し，忠実な表現に賛成しているものと考えられる。また，検証可能性に関しては，別個の特性にすべきと述べているので，検証可能性を質的特性とすることには賛成しているものと考えられる。

(CL115) Securities Industry and Financial Markets Association（投資家／アナリスト）は，次のように述べている。

　　私たちは，予備的見解で説明されている「財務報告の質的特性に賛成する（agree）」。特に，情報は，「目的適合性があり，理解可能であり，経済現象を忠実に表現するもの」でなければならないと私たちは考える。しかしながら，「意思決定に有用な財務情報の特質」を評価する際に，「比較可能性と検証可能性」が果たす「役割」について懸念がある。私たちは，「検証可能性」が「表現の忠実性の構成要素」である方法と理由と，「比較可能性と検証可能性のレベルの低下」が，「目的適合性があり，理解可能で，表現的に忠実である」とみなされる「財務情報の質の評価」にどのように影響するかについて，審議会が明確にする必要があると考えている（IFRS [2006] CL115, pp. 4-5）。ここでは，『予備的

見解』（2006 年）の内容に賛成しつつも，検証可能性に関する懸念が示
されていることから，信頼性と検証可能性に反対し，忠実な表現に賛成
しているものと考えられる。

(CL116) Office of the Chief Auditor, Public Company Accounting Over-
sight Board（規制機関）は，次のように述べている。

　　情報が，表現しようとしている「経済現象」を忠実に表現しているこ
とを「利用者」に保証するために「検証可能」でなければならないという
「PVD〔『予備的見解』（2006 年）〕の概念に私たちは賛成する（agree）」。
(IFRS〔2006〕CL116, p.2）ここでは，信頼性に対する明確な賛否は示
されていないが，忠実な表現と検証可能性に関する『予備的見解』（2006
年）の内容を支持していることから，忠実な表現と検証可能性に賛成し
ていると考えられる。

(CL117) The Swedish Enterprise Accounting Group（SEAG）（専門職団体）
は，信頼性，忠実な表現および検証可能性に対する明確な賛否を示して
いない（cf. IFRS〔2006〕CL117）。

(CL118) Fédération Bancaire Française（投資家／アナリスト）は，次のよ
うに述べている。

　　「私たちは，いくつかの理由から，『信頼性』の概念を『忠実な表現』
の概念に置き換えることには強く非難する（strongly disapprove）」。第
一に，「これらの概念」は「互換性（interchangeable）」があり，「同じ
財務情報」をもたらすとは考えない。第二に，「明確に定義されていな
い概念の導入」が，過去に誤解されていた「『信頼性』の問題」にどう
対処できるかがわからない。最後に，「関連する属性である『検証可能
性』」とは，「不確実性の程度が可能な限り低い情報」を得ることではな
く，「偏りのない過程の適合性（compliance）」を扱うことであると考え
ている（IFRS〔2006〕CL118, p.2）。ここでは，信頼性を忠実な表現に

置き換えることに強く非難し，それに関連づけて検証可能性も非難して
いることから，信頼性に賛成し，忠実な表現と検証可能性に反対してい
るものと考えられる。

(CL119) Union of Industrial and Employer's Confederations of Europe
(UNICE)（作成者）は，次のように述べている。

　私たちは，「『信頼性』という用語」が削除された理由について「正当
な根拠」がないと理解できる。審議会は，「その用語」がよく理解され
ていないと表明している。もしそうだとすれば，その用語が明確化され
るべきであり，削除されたり置き換えられたりするべきではない。私た
ちは，「『忠実な表現』を採用すること」でどうやって「質的特性」を明
確にするのかわからない。検証可能性に対して「読者が抱く印象」は，
「利用者（独立した知識のある人）」が検証できない限り，「一組の財務
諸表」に「誤り」または「詐欺的な虚偽表示」が含まれ得るということ
である。「検証可能性を扱うパラグラフ全体」では，少なくともこの質
的特性が何を達成することを意味するのかについて，「書き直しと明確
化」が必要である（IFRS［2006］CL119, pp. 6-8）。ここでは，信頼性を
忠実な表現に置き換えることに反対するとともに，忠実な表現の採用を
批判していることから，信頼性に賛成し，忠実な表現に反対しているも
のと考えられる。また，検証可能性に関しては，その内容の書き直しと
明確化を求めているが，検証可能性を質的特性とすることには反対して
おらず，賛成であると推測される。

(CL120) Silicon Economics, Inc（作成者）は，信頼性，忠実な表現および
検証可能性に対する明確な賛否を示していない（cf. IFRS［2006］CL
120）。

(CL121) Norsk RegnskapsStiftelse-Norwegian Accounting Standards
Board（基準設定機関）は，次のように述べている。

　さらに重要なことに，私たちは，「財務報告の受託責任の目的」を考慮することへの「明らかな認識の欠如」と，「信頼性の質的特性を忠実な表現に置き換えること」に特に懸念を抱いている。討議資料では，「忠実な表現」が「信頼性よりも財務報告に対する制約がはるかに弱い」と見なされていることが明確に示されている。さらに，「2つの用語〔信頼性と忠実な表現〕が同義語であるという主張」には多少困惑している（IFRS［2006］CL121, pp. 1, 6）。ここでは，検証可能性に対する賛否は明確ではないが，信頼性を忠実な表現に置き換えることに反対していることから，信頼性に賛成し，忠実な表現に反対しているものと考えられる。

（CL122）Institute of Management Accountants（IMA）（専門職団体）は，信頼性，忠実な表現および検証可能性に対する明確な賛否を示していない（cf. IFRS［2006］CL122）。

（CL123）Financial Executives International（FEI）（作成者）は，次のように述べている。

　　私たちは，「検証可能性と理解可能性の質的特性に関する議論の頑健性（robustness）」に懸念を抱いている。私たちは，「忠実な表現」が「信頼性の側面」として「以前のフレームワーク」に含まれていた「全ての特質」を包含することに「概ね賛成する（generally agree）」。しかしながら，私たちは，忠実な表現の意味とその使用法に関する明確な指針を提供する必要があると考える。特に，「項目」が「基本となる経済的事象の忠実な表現」であるかどうかの決定する際に，「検証可能性の相対的な重要性」について「より確固たる議論」を行うべきであると私たちは考えている。「より確固たる議論がなければ，他にそういう場がないので（by default）」，「公正価値」は，常に「経済的事象」を最も忠実に表す「測定目的（the measurement objective）」と見なされることを「懸念」しており，これは，私たちが「強く反対する（strongly dis-

agree)」立場である（IFRS [2006] CL123, pp. 1-3）。ここでは，信頼性
を忠実な表現に置き換えることを支持していることから，信頼性に反対
し，忠実な表現に賛成しているものと考えられる。また，検証可能性に
関しては，その重要性に関する確固たる議論を求めているので，検証可
能性を質的特性とすることには賛成しているものと推測される。

（CL124）PricewaterhouseCoopers（会計事務所）は，次のように述べてい
　　る。

　　　「審議会の意図」は理解するが，「提案された解決策」は，解決するよ
　　りも混乱を招くと考えている。「『信頼性』という用語」は，実際には一
　　般的によく理解されているというのが「私たちの経験」である。「異な
　　る見解」を持っている人には，「用語の削除」ではなく，用語を「明確
　　化」することで恩恵を受けると私たちは提言する。「忠実な表現の定義」
　　は，「直感的」ではなく，おそらく誤用される可能性が高く，さらに混
　　乱に繋がる。審議会は，「『信頼性』という用語の使用」を復活させ，審
　　議会が存在すると考えている「誤解」を正すために「追加的な議論」を
　　提供すべきと考えている。「忠実な表現」は，「信頼性の構成要素（a
　　component of reliability)」としてよりよく理解されており，「この能力
　　においてのみ」保持されるべきである。私たちは，「検証可能性」が
　　「信頼性の重要な要素」であることに「賛成する（agree)」（IFRS
　　[2006] CL124, pp. 7-8）。ここでは，信頼性を忠実な表現に置き換える
　　ことに反対し，信頼性の復活を提案しているが，検証可能性と併せて，
　　忠実な表現を信頼性の構成要素として含めることも提案している。した
　　がって，ここでは，信頼性と，その構成要素としての検証可能性と忠実
　　な表現に賛成しているものと考えられる。

（CL125）Chartered Institute of Public Finance and Accountancy（CIPFA）
　　（専門職団体）は，次のように述べている。
　　　討議資料を読んだ結果，CIPFA は，「『忠実な表現』への移行」が

194

「改善または明確化」であるとは納得していない。全体として，信頼性は，はるかによく理解されていると考えており，「明確な信頼性」を表すために「忠実な表現」を促すよりも，「その用語〔信頼性〕」を直接的に明確にする方がよいだろう。「検証可能性の議論」は，IAS 第 37 号を改訂する 2005 年公開草案での提案を彷彿とさせる。その議論に対する CIPFA の回答では，「偶発負債」を「確率加重負債」に変換する提案は，「一般的に概念的には健全である」ものの，「十分に信頼できる情報」が「入手できない」という「問題（problem）」にさらされていることに注目した（IFRS［2006］CL125, p. 7）。ここでは，検証可能性の問題点を指摘するとともに，信頼性を忠実な表現に置き換えることに反対する一方，信頼性はよく理解されていると述べていることから，信頼性に賛成し，忠実な表現と検証可能性に反対しているものと考えられる。

（CL126）UK 100 Group（作成者）は，次のように述べている。

「質的特性としての忠実な表現（と特に検証可能性）の昇格」は，不当であり，「基準を設定する原則の希薄化（a dilution of standard setting principles）」を表す。私たちは，「忠実な表現の昇格と検証可能性とともに信頼性を置き換えること」が「誤りである（misguided）」と考える。私たちは，「独立した検証」が「使用される方法にある程度の保証」を与えることには賛成するが，現状の「検証可能性の定義」は，欠陥があるだけでなく，「経済現象」の反映と関係がない場合，または方法が経済的に証明されていない場合，それは概念的に間違っていると考える。私たちは，同様に表現の忠実性を経験的に測定することができないという事実を考えると，「信頼性を経験的に測定できるか」というパラグラフ BC2. 23 での議論が含まれている理由はわからない。信頼性は，既存の IASB フレームワークに包含される質的特性であり，私たちは，それが容易に理解されると信じている（IFRS［2006］CL126, pp. 4, 14-15）。ここでは，忠実な表現と検証可能性の昇格と，信頼性を忠実な

表現に置き換えることに反対し，信頼性を容易に理解される質的特性と
していることから，信頼性に賛成し，忠実な表現と検証可能性に反対し
ているものと考えられる。

（CL127）Ernst & Young（会計事務所）は，次のように述べている。

　「『信頼性』の意味」が，「誤解」を避けるために「既存のフレームワ
ーク」では十分明確に伝えられていないことには同意する。ただし，
「フレームワークの草案」が，「信頼性を『忠実な表現』に置き換えるこ
と」で，必ずしも「この問題」を解決したとは考えていない。「忠実な
表現の3つの要素——検証可能性，中立性，完全性——の相互関係」
と，「これらの属性間の妥協とトレード・オフ」が必要であるという
「事実」が「フレームワーク」で議論されていない場合，「忠実な表現の
意味」について「同様の見解の相違」が生じると私たちは考えている。
「『実質優先』の概念」は，「財務情報の誠実性」を分析する手段として，
また「『忠実な表現』の不可欠な特性」を伝える手段として実際に有用
であることが証明されているため，審議会は，おそらく「直ちには理解
しにくい（less readily understood）用語である『忠実な表現』の定義」
の範囲内で，その言葉をフレームワークの中で保持すべきである。「検
証可能性」が，「『忠実な表現』の非常に重要な構成要素」であることに
同意するが，「知識があり，独立した観察者」が，「重大な誤謬や偏向が
なく」，選択された「認識または測定方法」が適用されたという「一般
的な合意」に達するという理由だけで，「情報」が検証されたと見なさ
れるべきであることには同意しない。「フレームワーク草案の『検証可
能性』の定義」は，変更されるべきである（IFRS［2006］CL127, pp.
8-9）。ここでは，既存のフレームワークが信頼性の意味を十分明確に伝
えていないことを理由に，信頼性には反対していると推測されるが，忠
実な表現に関しては，具体的な賛否は明確ではない。また，検証可能性
に関しては，その定義を変更することを求めているが，忠実な表現の構
成要素であることには同意しているので，検証可能性に賛成しているも

のと考えられる。

(CL128) Connecticut Society of Certified Public Accountants, Accounting
and Reporting Standards Committee（専門職団体）は，次のように述
べている。

　　「実質優先」は，「信頼性の主要な構成要素」であるべきである。私た
ちは，「『忠実な表現』と『実質優先』の両方の用語」が，「倫理的な個
人」によって適用された場合に，「経済現象の実体」を報告する結果に
なると強く考えている（IFRS［2006］CL128, p. 3）。ここでは，検証可
能性に対する賛否は明確ではないが，忠実な表現と実質優先を支持する
見解が述べられるとともに，実質優先が信頼性の構成要素であるべきと
述べている。したがって，ここでは，信頼性と忠実な表現のどちらにも
賛成しているものと考えられる。

(CL129) London Stock Exchange（非営利組織）は，次のように述べてい
る。

　　審議会の目標は，基準が明確に「一貫した原則」に基づくことにある
という主張にもかかわらず，「市場参加者」は，「フレームワーク」が
「原則と一致する」ように努力しすぎて，最終的には過度の細目と定義
をもたらし，その結果，「より『細則主義』の形式」の必要性を助長し
ていると注意している。「重要な例」としては，「『忠実な表現』に関す
る提案」があり，これは，一般的に理解されている「『信頼性』の概念」
に取って代わり，「『検証可能性』の概念」を導入しているようである。
「『忠実な表現』の定義」は，「直感的」ではなく，「多くの説明」が必要
になるだろう。検証可能性は，「幅広い誤解（wide misinterpretation）」
をもたらす概念である（IFRS［2006］CL129, p. 4）。ここでは，信頼性
に対する明確な賛否は示されていないが，原則主義の問題の例として，
信頼性を忠実な表現に置き換えることを取り上げている。そして，忠実
な表現には，多くの説明が必要になり，また，検証可能性が誤解を招く

概念であるという否定的な意見が述べられているため，忠実な表現と検証可能性に反対しているものと考えられる。

(CL130) Petri Vehmanen（研究者）は，次のように述べている。

　「この概念フレームワークの草案に関連する最も不可解な懸念」は，財務報告への科学的アプローチという「幻想」を与えることである。討議資料の「全体的な方法論」は，「経験的科学のいくつかの基本的な要件」を満たしていない。「これらのパラグラフ〔QC12, QC16, QC18, QC21〕」は，科学において一般的に理解されている方法から「概念全体」に水を差す方法で，表現の忠実性という「基本的な概念」を定義し，説明する。「パラグラフ QC16」は，忠実な表現に会計固有の特別な意味を与える。すなわち，「情報」が表現しようとしている「現実世界の経済現象」を忠実に表現するには，「検証可能で，中立的で，完全」でなければならない。したがって，「検証可能性の概念」は，「忠実な表現の 3 つの要素の 1 つ」として考えられているが，科学では「その逆 (other way around)」である。「検証可能性」は，「知識があり独立した異なる観察者」が「直接的な検証または間接的な検証のいずれかによって一般的な合意」に達することを意味すると主張されている。「科学的方法の観点から」，上記の見解には「少なくとも 3 つの異議」がある。第一に，「検証可能性」は，「忠実な表現」に従属するべきではない。第二に，「一般的な合意」は，定量的観察の代わりとして使用されるべきではない。第三に，「間接的検証」は「真の検証」ではなく，「監査」と呼ばれるべきである（IFRS［2006］CL130, pp. 4, 23-24）。ここでは，まず『予備的見解』（2006 年）が科学的アプローチを採用していると主張しつつも，実際にはその要件を満たしていないことが指摘されている。その上で，忠実な表現と検証可能性の問題点を指摘していることから，信頼性に対する明確な賛否は示されていないが，忠実な表現と検証可能性に反対しているものと考えられる。

（CL131）Swedish Financial Accounting Standards Council（基準設定機関）
　は，次のように述べている。

　　「現在のIASBフレームワークにおける質的特性の多くの概念とフレ
　ームワーク階層におけるそれらの位置づけ」は，うまく機能していると
　主張できるだろう。討議資料で提案されている変更理由のいくつかは，
　完全に理解するのが容易ではないだろう。その一例は，「第2章の『信
　頼性』」とそれが実際に何を意味するのか，そして「その意味」をどの
　ように伝えるのが最善かに関する「かなり長い議論」である。信頼性
　は，フレームワークで役割を果たしており，概念の意味について「混
　乱」がある場合，「フレームワーク」は，その意味と適用方法を明確に
　する場所にすべきである。「『忠実な表現』の概念とそれがもたらす結
　果」がよくわからない。さらに，討議資料では，「忠実な表現（QC18）
　の意図された意味」を明確にするために，現実世界の経済現象の重要性
　が強調されていることがわかる。しかし，「このパラグラフの簡単な例」
　は，「忠実な表現の意味」を把握するのにあまり役に立たない。私たち
　は，検証可能性が「忠実な表現の構成要素に関する決定を行う上で役割
　を果たすこと」を理解する（IFRS［2006］CL131, pp. 3, 6）。ここでは，
　信頼性を支持し，検証可能性の役割を認める一方，忠実な表現の概念が
　不明確であると批判していることから，信頼性と検証可能性に賛成し，
　忠実な表現に反対しているものと考えられる。

（CL132）Mary Ellen Oliverio, CPA, Ph. D.（個人）は，信頼性，忠実な表現
　および検証可能性に対する明確な賛否を示していない（cf. IFRS［2006］
　CL132）。

（CL133）U. S. Government Accountability Office（非営利組織）は，次のよ
　うに述べている。

　　フレームワークは，「忠実な表現」を提供するために，「財務報告」が
　「十分な裏づけとなる証拠（sufficient supporting evidence）」に基づく

べきであり，それは好ましくは「効果的な内部統制」を有するシステム
によって生成されるべきであると述べるべきである。「裏づけとなる証
拠の必要性」は，「検証可能性と忠実な表現に関する議論」に追加また
は統合されるべきである。結論の根拠で示されたように，「実質優先」
は，「忠実な表現における重要な概念」であり，もし会計が実態を表さ
ないならば，それは「忠実な表現」ではない。「読者」は，この点を誤
解し得るので，私たちは，「実質優先の概念」が「忠実な表現に関する
議論」で明確に示されることを提案する（IFRS［2006］CL133, pp. 2,
4）。ここでは，信頼性に対する明確な賛否は示されていない一方，裏づ
けとなる証拠の必要性を検証可能性と忠実な表現の議論に追加すること
と，忠実な表現の議論の中で実質優先の概念を明らかにすることを提案
している。したがって，忠実な表現と検証可能性に関しては，間接的に
賛成しているものと推測される。

（CL134）British American Tobacco（作成者）は，信頼性，忠実な表現お
　　よび検証可能性に対する明確な賛否を示していない（cf. IFRS［2006］
　　CL134）。

（CL135）MetLife USA（作成者）は，信頼性，忠実な表現および検証可能
　　性に対する明確な賛否を示していない（cf. IFRS［2006］CL135）。

（CL136）Dansk Industri（Confederation of Danish Industries）（作成者）は，
　　次のように述べている。
　　　　私たちの見解では，「信頼性」は，依然として「質的特性」である。
　　私たちは，「それ〔信頼性〕」を「忠実な表現」の下位に位置づけること
　　を提案する。私たちは，「検証可能性」も質的「特性」であることに留
　　意する（IFRS［2006］CL136, p. 7）。ここでは，忠実な表現，その構成
　　要素としての信頼性および検証可能性に賛成しているものと考えられ
　　る。

（CL137）European Association of Co-operative Banks（投資家／アナリスト）は，次のように述べている。

　「『信頼性』の原則を『忠実な表現』に置き換えること」が，「異なる理解」がされていたという「事実」によって動機づけられた場合，またはさらに，「この置き換え」が「既存の命名法の下での最終的かつ絶対的な概念の明確化がされていなかったこと」によって推進された場合，私たちは，これを「意味のある置き換え」として「支持する（endorse）」（IFRS［2006］CL137, p. 6）。ここでは，検証可能性に対する賛否は明確ではないが，信頼性を忠実な表現に置き換えることに賛成していることから，信頼性に反対し，忠実な表現に賛成しているものと考えられる。

（CL138）Group of North American Insurance Enterprises（GNAIE）（作成者）は，次のように述べている。

　「単一の質的特性」が他の特性よりも優先されるべきではなく，つまり，「目的適合性」が「第一」であるべきではない。審議会は，「目的適合性と忠実な表現（または信頼性）の間の基本的な相互関係」を認識しなければならないと「強く」信じている。「私たちの見解」としては，「全ての財務情報」が目的適合性があると見なされる前に，「より重要な質的特性として忠実な表現」と信頼性を支持する（IFRS［2006］CL138, pp. 2, 6）。ここでは，検証可能性に対する賛否は明確ではないが，信頼性と忠実な表現をどちらにも賛成しているものと考えられる。

（CL139）German Accounting Standards Committee（DRSC）（基準設定機関）は，次のように述べている。

　私たちは，信頼性という用語を，忠実な表現という用語に取り換えることに「反対である（disagree）」。全般的に，「『信頼性』という用語」を明確にする意図を歓迎する。しかし，「この用語を『忠実な表現』に変更すること」が「適切なアプローチ」であるかどうかは疑わしい。私たちは，「提案された検証可能性の定義」が適切であるとは考えない

（IFRS［2006］CL139, pp. 3, 7）。ここでは，信頼性を忠実な表現に置き換えることに反対するとともに，検証可能性の定義が適切ではないと批判していることから，信頼性に賛成し，忠実な表現と検証可能性に反対しているものと考えられる。

（CL140）Nestlé（作成者）は，「検証可能性」がフレームワークから「排除される（removed）」べきである（IFRS［2006］CL140, p. 5）と述べていることから，信頼性と忠実な表現に対する明確な賛否は示されていないが，検証可能性には反対しているものと考えられる。

（CL141）HSBC Holdings plc（投資家／アナリスト）は，次のように述べている。

　　私たちは，「『信頼性』の特性」が「『忠実な表現』の特性」に置き換えられたことに注意する。「信頼性」は，財務情報の作成に「ある程度の厳密さ（a certain degree of rigour）」が採用されていることを暗示する。「忠実な表現」は，情報が「検証可能で，中立的で，完全である」ことを求める。「私たちの見解」では，これは目的に合った「情報の生成」にとって「より弱い基準（a weaker standard）」である。「既存のフレームワークの信頼性の定義」は，情報に「重大な誤謬や偏向」があってはならず，さらに，それが表現しようとしている情報を忠実に表現することによって，利用者が情報を頼ることができることを強調している。この意見は，「より高い質的閾値（a higher qualitative threshold）」を設けており，維持されるべきであると私たちは考えている（IFRS［2006］CL141, p. 4）。ここでは，信頼性が維持されるべきとする一方，忠実な表現を弱い基準と見なしていることから，信頼性に賛成し，忠実な表現に反対しているものと考えられる。また，検証可能性に関しては，言及しているものの，ここでは賛否不明としたい。

（CL142）Ottawa International Airport Authority（非営利組織）は，信頼性，

202

忠実な表現および検証可能性に対する明確な賛否を示していない（cf. IFRS［2006］CL142）。

(CL143) Alex Milburn（個人）は，次のように述べている。

私は，「CFW PV〔『予備的見解』（2006年）〕」に記載されている理由によって，「『信頼性』という用語を『表現の忠実性（representational faithfulness)』に置き換えることに賛成する（agree）」。私は，「『間接的検証』に関する議論」に苦労している。「私の懸念」は，同じ会計慣習または方法論を使用して（パラグラフQC25）「金額」を検証できるという考えにある。これは，「恣意的な配分（arbitrary allocations）の結果生じる不確定性の問題」を考慮していないようである。「この文章〔パラグラフQC26〕」は，「恣意的な配分」によって決定された金額が，誤りや個人的な偏向がなく，注意深く適用することによって「『検証可能性』の条件」を満たすことができ，そうすることで，「表現の忠実性の質的特性」を満たすことを示唆しているようである。これは，「計り知れない問題（immense issue）」を隠し，押し流している（IFRS［2006］CL143, pp. 8-9, 12）。ここでは，信頼性を忠実な表現に置き換えることに賛成しているが，検証可能性の問題点を指摘していることから，信頼性と検証可能性に反対し，忠実な表現に賛成しているものと考えられる。

(CL144) National Institute of Accountants（専門職団体）は，次のように述べている。

私たちは，「質的特性に関する部分の内容を概ね支持する（generally support)」が，「概念フレームワークに関する研究のさらなる進展」に照らして，この部分をさらに検討するだろう（IFRS［2006］CL144, p. 5）。ここでは，『予備的見解』（2006年）の内容を概ね支持していることから，信頼性に反対し，忠実な表現と検証可能性に賛成しているものと考えられる。

(CL145) European Banking Federation（投資家／アナリスト）は，次のように述べている。

　「私たちは，『信頼性』という用語を『忠実な表現』に置き換えることに賛成しない（do not agree）」。私たちは，「両方の用語」が「同一（equal）」であるとは考えない。私たちは，「『信頼性』の構成要素の一つとして『忠実な表現』」を理解している。「私たちの意見」では，「『信頼性』という用語」は「より広く」，「（『真実かつ公正』である）経済的現実」を適切に反映するという概念と「信頼できる（dependable）」という概念の両方を含む。したがって，「忠実な表現」が，「現実世界の経済現象とその変化」を忠実に表現するという「財務報告の目標」を強調するのに役立つという意見には同意しない。これは，「信頼性」の方によりうまく包含されるからである。「私たちの見解」では，「草案での『検証可能』の定義」と相まって，「『信頼性』を『忠実な表現』に置き換えることは，「認識と測定に関する後の議論」で「不適切な結論」が導き出される結果となり得る（IFRS［2006］CL145, pp. 2-3）。ここでは，信頼性を忠実な表現に置き換えることと検証可能性の定義を批判していることから，信頼性に賛成し，忠実な表現と検証可能性に反対しているものと考えられる。

(CL146) Swiss Holdings（作成者）は，次のように述べている。

　「財務報告情報」が表現的に忠実であるためには，それが「検証可能」でなければならないという「主張」について，私たちは「重大な疑問（significant doubts）」を抱いている。「財務報告情報の文脈における『検証可能性』」とは，基礎となる会計記録を参照することによって監査できることを意味すると仮定できる。この場合，私たちは，「検証可能性」が「財務諸表の特質」と何らかの関係があるということに「全く賛成しない（disagree completely）」。私たちは，「忠実な表現の概念」が何を必然的に伴うものなのかについての「理解が欠けている」と考えており，「検証可能性の概念」よりも広く「測定の不確実性（つまり『柔

らかさ』）」を含む「質的特性の必要性の可能性」について検討すべきと考えている（IFRS [2006] CL146, p. 8）。ここでは，信頼性に対する明確な賛否は示されていない。一方，忠実な表現は，概念が曖昧であると考えられており，また，検証可能性が質的特性であることに賛成していないことから，忠実な表現と検証可能性に反対しているものと考えられる。

（CL147）New York State Society of CPAs（NYSSCPA）（専門職団体）は，次のように述べている。

　「忠実な表現の概念」は，さらに明確化されるべきである。与えられた説明は，「概念」がどのように使用されるべきかを理解するための「十分な分析」を提供していない。パラグラフ QC23 と 24 は，「検証可能性」を構成するものに関する「良い説明」である。「直接的と間接的な検証の説明」は明確かつ簡潔である（IFRS [2006] CL147, pp. 4-5）。ここでは，信頼性に対する明確な賛否は示されていないが，忠実な表現の概念の説明が不十分であり，明確化されるべきと述べていることから，忠実な表現に反対していると考えられる。また，検証可能性に関しては，良い説明であると述べていることから，検証可能性に賛成しているものと考えられる。

（CL148）Kelley School of Business（研究者団体）は，次のように述べている。

　私たちは，「目的適合性，比較可能性および理解可能性」が「意思決定に有用な財務報告の質的特性」であることに賛成する。しかしながら，「FASB の概念書第 2 号と IASB フレームワーク」は，「意思決定に有用な財務報告情報に不可欠な質的特性」として信頼性を含めていた。私たちは，信頼性が「その構成要素の一つである忠実な表現」に置き換えられるべきではないと考える。私たちは，検証可能性が信頼性の構成要素である FASB 概念書第 2 号に同意する。「検証可能性と中立性」

は，「忠実な表現の構成要素」ではなく，「信頼性の別個の構成要素」で
あるべきだと私たちは考える。「4 つの主要な質的特性」は，「目的適合
性，信頼性，比較可能性および理解可能性」と規定されるべきである
（IFRS［2006］CL148, pp. 4-5）。ここでは，信頼性を忠実な表現に置き
換えるべきではなく，信頼性を主要な質的特性に位置づけるべきである
としていることから，信頼性とその構成要素としての検証可能性に賛成
し，忠実な表現に反対しているものと考えられる。

（CL149）Quoted Companies Alliance（作成者）は，信頼性，忠実な表現お
　　よび検証可能性に対する明確な賛否を示していない（cf. IFRS［2006］
　　CL149）。

（CL150）Föreningen Auktoriserade Revisorer FAR SRS（専門職団体）は，
　　次のように述べている。
　　　FAR SRS は，「目的適合性，忠実な表現／信頼性，比較可能性およ
　　び理解可能性」に焦点を当てることに賛成する。「FAR SRS の主な懸
　　念」は，「最も難しい部分」であろう「忠実な表現／信頼性」の表示に
　　ある。「FAR SRS の実際の経験」では，「信頼性」が「忠実な表現」よ
　　りもよく理解されているため，FAR SRS は，「信頼性」を削除しない
　　ことを提案する。「検証可能性の意味」を読者が正しく理解することは，
　　「極めて重要（vital importance）」である（IFRS［2006］CL150, pp. 3-4）。
　　ここでは，信頼性が忠実な表現よりも理解されているために信頼性を削
　　除しないことを求めているとともに，検証可能性の意味を理解すること
　　が極めて重要としていることから，信頼性と検証可能性に賛成し，忠実
　　な表現に反対しているものと考えられる。

（CL151）International Banking Federation（投資家／アナリスト）は，次
　　のように述べている。
　　　「私たちは，（IASB と FASB の現在のフレームワークの両方に見られ

る）『信頼性』の概念を『忠実な表現』の概念に置き換えるという審議会の提案に強く反対する」。「信頼性」が意味するものが，金融市場で誤解され，誤用されてきたという「論拠」は，「概念を変更すること」を正当化しない。その代わりに，「概念の背後にある意図」をより明確に定義する必要があることを指摘する。私たちは，「忠実な表現」が「財務諸表の質的特性」として十分に理解された概念であるとは考えていない。「文書〔『予備的見解』（2006年)〕」は，「忠実な表現」が「検証可能性」を包含すると仮定している。私たちは，「この実質的な性質」に納得していない。現在のところ，情報は，利用者が信頼できるものでなければならない（IFRS［2006］CL151, p.5）。ここでは，忠実な表現と検証可能性を批判し，信頼性を忠実な表現に置き換えることに反対していることから，信頼性に賛成し，忠実な表現と検証可能性に反対しているものと考えられる。

（CL152）AstraZeneca PLC（作成者）は，次のように述べている。

「質的特性に関する章で最も深刻な懸念」は，「信頼性やその他の概念」を犠牲にして，「（検証可能性の構成要素の導入とともに）忠実な表現を格上げすること」である。私たちは，「この主張〔パラグラフ BC2. 27〕」が正しいと納得しておらず，それを「裏づける証拠」が提供されていないことを懸念している。その意見は，単に「所定の結論，つまり忠実な表現の昇格」を正当化するために含まれているようである。皮肉なことに，「忠実な表現」の暗黙的な優位性を裏づける「証拠」は，ほとんどまたはまったく提示されていないようである（IFRS［2006］CL152, pp.3-4）。ここでは，信頼性を犠牲にして，検証可能性を構成要素とする忠実な表現を規定したことを最も深刻な懸念としていることから，信頼性に賛成し，忠実な表現と検証可能性に反対しているものと考えられる。

（CL153）Robin MacCormick（個人）は，信頼性，忠実な表現および検証可

能性に対する明確な賛否を示していない（cf. IFRS［2006］CL153）。

（CL154）PM Chestang & Associates（投資家／アナリスト）は，次のように述べている。

　「検証可能性」は，「異なる測定」者による「類似の測定」を意味する。私は，「FASB と IASB」に，「検証可能性の側面」として「監査可能性」を含めることを望む。結局のところ，何かを監査できない場合，それはほとんど検証できない（IFRS［2006］CL154, p. 5）。ここでは，信頼性と忠実な表現に対する明確な賛否を示していないが，検証可能性を質的特性とすることには賛成しているものと推測される。

（CL155）Auditor General for Wales（規制機関）は，信頼性，忠実な表現および検証可能性に対する明確な賛否を示していない（cf. IFRS［2006］CL155）。

（CL156）Crédit Mutuel（投資家／アナリスト）は，パラグラフ QC16 で定義された「忠実な表現」が「かなり曖昧な観念（a rather imprecise notion）」と思われる（IFRS［2006］CL156, p. 4）と述べていることから，信頼性と検証可能性に対する明確な賛否は示されていないが，忠実な表現には反対しているものと考えられる。

（CL157）Allianz SE（投資家／アナリスト）は，次のように述べている。

　「既存のフレームワーク」は，「『信頼性』の質的特性」を含めているが，討議資料は，「新しいフレームワーク」から「その特性」を削除している。パラグラフ BC2. 13 は，審議会の既存のフレームワークが誤解させないように十分明確に信頼性の意味を伝えていないと言って説明している。「私たちは，この結論に反対する（disagree）」。私たちは，「この〔既存のフレームワークの〕パラグラフ」は，「実用的で実行可能な解決策」を提供し，「目的適合性と信頼性の関係」を理解できると考えている。「既存のフ

レームワークからのこのパラグラフ」は,「信頼性の質的特性」とともに保持されるべきであると私たちは考えている (IFRS [2006] CL157, p. 3)。ここでは,検証可能性に対する賛否は明確ではないが,信頼性を忠実な表現に置き換えることに反対し,信頼性を保持することを求めていることから,信頼性に賛成し,忠実な表現に反対しているものと考えられる。

(CL158) Heads of Treasuries Accounting and Reporting Advisory Committee (HOTARAC) (規制機関) は,信頼性,忠実な表現および検証可能性に対する明確な賛否を示していない (cf. IFRS [2006] CL158)。

(CL159) National Association of Pension Funds (NAPF) (投資家／アナリスト) は,信頼性,忠実な表現および検証可能性に対する明確な賛否を示していない (cf. IFRS [2006] CL159)。

(CL160) FRC Accounting Standards Board (基準設定機関) は,次のように述べている。

「DP〔『予備的見解』(2006年)〕」は,「現在のフレームワークにおける『信頼性』という質的特性を『忠実な表現』に置き換えること」を提案している。「忠実な表現」は,より柔らかい観念であり,「原則としての実質優先」を具体的に識別しなくなったことと「『検証可能性』という構成要素への依存」と合わせて,「多くの問題」につながり得ると考えている。その代わりに,「私たちの見解」では,IASB は信頼性を取り除くのではなく,信頼性が「質的特性」として何を意味するのかを明確にするよう努めるべきである。「忠実な表現の構成要素として検証可能性」を導入するという提案にも懸念を抱いている。そのため,私たちは,「DP〔『予備的見解』(2006年)〕のパラグラフ AV2.1 と AV2.2」に記載されている「検証可能性に関する代替的見解に同意する (concur with)」。(IFRS [2006] CL160, pp. 2, 10-11) ここでは,信頼性を忠実な表現に置き換えるのではなく,信頼性が何を意味するのか明確にするこ

とを求めていることから，信頼性に賛成し，忠実な表現に反対している
ものと考えられる。また，検証可能性に関しては，懸念を示しつつも，
代替的見解を支持しているので，検証可能性を質的特性とすることには
賛成しているものと推測される。

（CL161）Australian Accounting Standards Board（AASB）（基準設定機関）
　　は，次のように述べている。

　　　AASB は，「『信頼性』という質的特性を『忠実な表現』に置き換える
　　こと」と，忠実な表現は，それが表現しようとしている現実世界の経済
　　現象に関連しているという説明を追加することに「賛成する（agrees）」。
　　AASB は，「経済的事象の忠実な表現」を提供する情報に対して，それ
　　が「独立して検証可能」でなければならないという提案に「反対する
　　（disagrees）」。「独立して検証可能」ではない情報（たとえば，独自資
　　産の使用価値の見積り）は，「経済的事象の忠実な表現」を提供すること
　　が必ずしもできないわけではない（IFRS［2006］CL161, pp. 7, 12）。ここ
　　では，信頼性を忠実な表現に置き換えることに賛成しつつも，検証可能性
　　を忠実な表現の構成要素にすることには反対していることから，信頼性
　　と検証可能性に反対し，忠実な表現に賛成しているものと考えられる。

（CL162）Canadian Accounting Standards Board（基準設定機関）は，「信
　　頼性から忠実な表現への変更を支持する（support）」（IFRS［2006］
　　CL162, p. 10）と述べていることから，検証可能性に対する賛否は明確
　　ではないが，信頼性に反対し，忠実な表現に賛成しているものと考えら
　　れる。

（CL163）Institute of Chartered Accountants in England & Wales
　　（ICAEW）（専門職団体）は，次のように述べている。

　　　特に「討議資料〔『予備的見解』（2006 年）〕」が，「検証可能性」を扱
　　う方法を考慮すると，「私たちは，質的特性としての信頼性の削除には

反対である（disagree）」。私たちは、「討議資料〔『予備的見解』（2006年）〕」に記載されている「検証可能性」が、「忠実な表現の不可欠な構成要素」であるとは考えていない（IFRS［2006］CL163, pp. 8-9）。ここでは、信頼性の削除に反対し、検証可能性が忠実な表現の構成要素と考えていないと述べていることから、信頼性に賛成し、忠実な表現と検証可能性に反対しているものと考えられる。

（CL164）Deloitte Touche Tohmatsu（会計事務所）は、次のように述べている。

　「信頼性」は、「財務情報の不可欠な属性」であり、「忠実な表現と検証可能性の属性」に含まれるべきではない「追加的かつ別個の特性」であると私たちは考えている。私たちは、「AV2.2 で表明された〔代替的〕見解」に賛成する。「間接的検証」を使用する場合、「使用する方法」は、「重大な誤りや偏向のない経済現象の推定値」をもたらすと予想される方法であるべきであり、つまり、情報が「信頼できる」という要件があるべきである（IFRS［2006］CL164, p. 4）。ここでは、まず信頼性を財務情報の不可欠な属性としており、間接的に信頼性の置き換えに反対していることから、信頼性に賛成し、忠実な表現に反対しているものと考えられる。また、検証可能性に関しては、代替的見解を支持しているので、検証可能性を質的特性とすることには賛成しているものと推測される。

（CL165）Richard Macve（研究者）は、信頼性、忠実な表現および検証可能性に対する明確な賛否を示していない（cf. IFRS［2006］CL165）。

（CL166）Confederation of British Industry（CBI）（作成者）は、次のように述べている。

　私たちは、「財務情報の『目的適合性』」を強調し、「忠実な表現、検証可能性および中立性」を優先して「『信頼性』を排除すること」にも

懸念を抱いている。「財務諸表に含まれる情報を処理する責任」は，「作成者ではなく，株主とその他の利用者」にある。ただし，「作成者」は，「株主と利用者」が「会社の業績」を理解できるように，「十分『目的適合性がある』かつ『信頼できる』情報」を提供する「責任」がある。私たちは，「財務報告情報」が「表現的に忠実である」ためには，「検証可能」でなければならないという「審議会の主張（パラグラフ QC23-26）」について，「重大な懸念（significant concerns）」を有している（IFRS [2006] CL166, p. 6）。ここでは，忠実な表現と検証可能性等を優先して，信頼性を削除することに懸念を示していることから，信頼性に賛成し，忠実な表現と検証可能性に反対しているものと考えられる。

（CL167）Goldman Sachs & Co（投資家／アナリスト）は，次のように述べている。

　　私たちは，予備的見解に記載されている「財務報告の質的特性に賛成する（agree）」。特に，情報は，「目的適合性があり，理解可能であり，経済現象を表すもの」でなければならないと私たちは考えている。しかしながら，私たちは，「意思決定に有用な財務情報の特質」を評価する際に，「比較可能性と検証可能性」が果たす役割について「懸念（concerns）」がある。審議会は，「検証可能性が表現の忠実性の構成要素である」方法と理由と，「比較可能性と検証可能性の度合いの低下」が，「目的適合性があり，理解可能で，表現的に忠実である」とみなされる「財務情報の特質の評価」にどのように影響するかについて明瞭にすべきである（IFRS [2006] CL167, p. 3）。ここでは，信頼性ではなく，忠実な表現を質的特性として支持する一方，検証可能性への懸念が示されていることから，信頼性と検証可能性に反対し，忠実な表現に賛成しているものと考えられる。

（CL168）Association of Chartered Certified Accountants（ACCA）（専門職団体）は，次のように述べている。

212

　「信頼性」は，「忠実な表現（検証可能性，中立性，完全性を含む）という概念」に置き換えられた。「検証可能性」は，十分には説明されておらず，たとえば，「QC23における直接的な検証と間接的な検証の議論」は，「検証可能性の概念」を説明または評価するのにあまり役立たないようである。したがって，私たちは，検証可能性に関する「代替的見解にいくらか同意（some sympathy）」している（IFRS［2006］CL168, p.3）。ここでは，信頼性と忠実な表現に対する明確な賛否を示していない。また，検証可能性に関しては，その説明が十分でないとしつつも，代替的見解に同意しているので，検証可能性を質的特性とすることには賛成しているものと推測される。

（CL169）Institute of Chartered Accountants in Australia（ICAA）（専門職団体）は，次のように述べている。

　「忠実な表現」は，「『真実かつ公正』，『実質優先』，『信頼性』および『検証可能性』として知られる新しい用語」である。協会は，「この用語の使用に反対しない（does not object）」が，「他のよく知られている用語」が，破棄されてこなかったということをより明確にする必要があるだろう（IFRS［2006］CL169, p.2）。ここでは，忠実な表現という用語を使用することには反対していないが，信頼性と検証可能性等の用語が破棄されないことを明確にするよう求めている。したがって，置き換えには，賛成しつつも，信頼性，忠実な表現および検証可能性のいずれに賛成しているものと考えられる。

（CL170）FEE（Fédération des Experts Comptables Européens, European Federation of Accountants）（専門職団体）は，次のように述べている。

　「私たちは，信頼性の特性を『忠実な表現』に置き換えることに賛成しない（do not agree）。信頼性は，より包括的な観念である」。私たちは，「信頼性の意味」に問題があり，修正が必要であることや，「忠実な表現」がより十分に理解される概念であるとは納得していない。「結論

の根拠」は，十分に確立された概念が置き換えられる理由を十分に正当化するものではない。「検証可能の定義」には，「判断の概念と信頼できる証拠の必要性」を含めるべきである。私たちは，「審議会の代替的見解」を共有する。「QC23 の定義に関する私たちの理解」とは，「検証可能性」は情報が検証可能であると企業が仮定するために「第三者の評価」を考慮する必要があることを意味するということである（IFRS［2006］CL170, pp. 3-4）。ここでは，信頼性を忠実な表現に置き換えることに反対していることから，信頼性に賛成し，忠実な表現に反対しているものと考えられる。また，検証可能性に関しては，代替的見解を支持しているので，検証可能性を質的特性とすることには賛成しているものと推測される。

（CL171）British Bankers' Association（投資家／アナリスト）は，次のように述べている。

　私たちは，「『信頼性』の概念」を「新しい概念である『忠実な表現』」に組み込むことによって格下げするという決定には「反対である（disagree）」。私たちは，「新しい概念」が「信頼性の適切な代替物」となるとは考えていない。私たちの見解では，「信頼性」は「経済的現実」を適切に反映するという概念と「信頼できる（dependable）」という概念の両方を含む「より広い問題」である。「信頼性」が適切に理解されていないという「変更に対する審議会の論拠」は，「信頼性」を置き換える必要性よりも，信頼性が意味するものをより適切に定義する必要性を示している。また，「忠実な表現の概念」は，長年にわたって「サブ特性」であったが，ほとんど理解されておらず，「財務報告の質的特性」として昇格させる前に，それが何を意味するのかを定義するため，審議会は，さらに研究を行う必要があると考える（IFRS［2006］CL171, pp. 2-3）。ここでは，検証可能性に対する賛否は明確ではないが，信頼性を忠実な表現に置き換えることに反対するとともに，忠実な表現が理解されていない概念であると指摘していることから，信頼性に賛成し，

忠実な表現に反対しているものと考えられる。

(CL172) Accounting Standards Board of Japan（ASBJ）（基準設定機関）
は，次のように述べている。

　予備的見解では，「現行のフレームワーク」での「質的特性である信
頼性」を「信頼性のサブ特性」であった「忠実な表現」に置き換えてい
る。しかしながら，「忠実な表現」が「信頼性」を完全に置き換えるこ
とができるものであるかについては，疑問がある。「信頼性と目的適合
性の間」には，チェックとバランスが存在し，それらの間の「望ましい
トレード・オフ」を決めることが，「会計基準を設定する際の最も重要
な問題の1つ」と考えられてきた。したがって，「信頼性」を「忠実な
表現」に置き換えた場合，「目的適合性と忠実な表現との間のトレー
ド・オフ」がどのように働くか，そして，「忠実な表現」が「目的適合
性」をチェックするように機能するのかという点に「懸念（concern）」
がある。その理由は，「忠実な表現」が「目的適合性」から完全に独立
しているわけではないと思われるからである。予備的見解の QC18 で
は，「スタンプ・マシーンの例」を用いて「忠実な表現」を「測定属性」
と関連づけて記述している。私たちは，「再調達原価や公正価値のよう
に，現在市場に基づく評価」が，「原価に基づく測定」より望ましいと
暗示しているように見える点を懸念する（IFRS［2006］CL172, p. 4）。
ここでは，検証可能性に対する賛否は明確ではないが，信頼性を忠実な
表現に置き換えることに反対するとともに，忠実な表現が，公正価値を
歴史的原価よりも望ましいものと暗示している点に懸念を示しているこ
とから，信頼性に賛成し，忠実な表現に反対しているものと考えられる。

(CL173) Hong Kong Institute of Certified Public Accountants（専門職団体）
は，次のように述べている。

　実際には「『信頼性』という用語は，より馴染み深い（more familiar）
ものである」一方，「『忠実な表現』という用語の意味は，あまりわかり

やすいものではない（less apparent）」。審議会が直面している「問題」
が、「基準設定機関の間にある信頼性に関する共通概念の欠如」である
ならば、審議会は、「質的特性としての『信頼性』の意味」を取り除い
たり改名させたりするのではなく、拡大し、明確にするよう努めるべき
である（IFRS［2006］CL173, p. 3）。ここでは、信頼性をなじみ深いも
のとし、その削除や改名に反対している一方、忠実な表現がわかりにく
いものと指摘している。したがって、ここでは、検証可能性に対する賛
否は明確ではないが、信頼性に賛成し、忠実な表現に反対しているもの
と考えられる。

（CL174）CFA Institute（投資家／アナリスト）は、次のように述べている。
　　　「意思決定に有用な財務報告情報の質的特性」とは、「目的適合性、忠
実な表現、理解可能性および比較可能性」である。私たちは、「信頼性
を忠実な表現に置き換えることが適切である（appropriate）」と考えて
いる。審議会の見解は、「信頼性」が金融市場で多く誤解され、誤用さ
れてきたという「私たちの見解と一致している（consistent with
ours）」と考える。「信頼できる情報」とは、表現することを意図してい
る、または表現することが合理的に期待できる「事象」を忠実に表現す
るものである（IFRS［2006］CL174, pp. 3, 9）。ここでは、検証可能性に
対する賛否は明確ではないが、信頼性を忠実な表現に置き換えることに
賛成していることから、信頼性に反対し、忠実な表現に賛成しているも
のと考えられる。

（CL175）BT Group（作成者）は、次のように述べている。
　　　討議資料は、現実世界の経済現象がどのように測定されるべきか適切
に説明しておらず、「フレームワークの測定の章」が後日公表されると
きに、この側面だけ取り組まれるだろう。さらに、「歴史的原価または
公正価値」のいずれが適切であるかに関する議論において、パラグラフ
QC18 は、「これらの方法の 1 つ」が「他の方法」よりも「忠実な表現」

を提供するかどうかは，基準設定機関が解決する問題であると述べている。私たちは，この意見に強く反対し，「歴史的原価または公正価値」のいずれが適切であるかというような「基本的な原則」は，正確にはフレームワークが解決すべきであると考える。私たちは，「信頼性」が「財務情報の質的特性」として残されるべきと考える。「財務諸表の利用者」が「財務諸表で提供される情報」に基づいて「経済的意思決定」を下すためには，「情報」が「信頼できること」が「不可欠」である（IFRS［2006］CL175, pp. 3-4）。ここでは，検証可能性に対する賛否は明確ではないが，忠実な表現に関する内容を批判する一方，信頼性を残すべきと主張していることから，信頼性に賛成し，忠実な表現に反対しているものと考えられる。

(CL176) American Accounting Association（研究者団体）は，信頼性，忠実な表現および検証可能性に対する明確な賛否を示していない（cf. IFRS［2006］CL176）。

(CL177) International Organization of Securities Commissions（IOSCO）（規制機関）は，次のように述べている。

　私たちは，信頼性という用語の使用によって以前から生じた構成員間の混乱を取り除きたいという「審議会の願望」を理解する。しかし，私たちは，忠実な表現という用語の使用が「構成員の理解」を改善する理由について「十分説得力がある（sufficiently persuasive)」とは考えていない。私たちは，信頼性に代わる用語についての「具体的な推奨事項」はないが，審議会は，信頼性という用語に関する「過去の混乱の理由」をさらに詳しく説明し，忠実な表現の議論が大半の構成員にとって理解できるかどうかをさらに検討すべきと考える（IFRS［2006］CL177, p. 3)。ここでは，信頼性という用語を使用することで混乱が生じていたことには同意しつつも，忠実な表現という用語を使用する理由が十分ではないと指摘し，忠実な表現に関してさらなる検討を求めている。した

がって，ここでは，検証可能性に対する賛否は明確ではないが，信頼性
と忠実な表現のどちらにも反対していると考えられる。

（CL178）Securities and Exchange Commission Thailand（規制機関）は，
　　次のように述べている。

　　「私たちは，質的特性の新しい構造に概ね賛成する」。なぜなら，これ
により，「以前のいくつかの質的特性に関する冗長性」を減らし，「たと
えば，信頼性と目的適合性の間の意味や相互作用」のように，「長年の
問題」を解決することもできるからである（IFRS［2006］CL178, p. 1）。
ここでは，『予備的見解』（2006 年）が示した質的特性の内容に概ね同
意すると述べていることから，信頼性に反対し，忠実な表現と検証可能
性に賛成しているものと考えられる。

（CL179）European Financial Reporting Advisory Group（EFRAG）（非営利
　　組織）は，次のように述べている。

　　私たちは，「信頼性の特性」に問題があることには同意するが，「提案
された変更を支持しない（do not support）」。これは，明らかに「IASB
〔の見解〕」とは異なり，「実質の変更（a change of substance）」である
と考えているからである。私たちの見解では，「信頼性」は維持される
べきだが，「検証可能性」のように関連する「不確実性と主観性」に焦
点を当てる新しいサブ特性を追加することで明確にされるべきである。
私たちは，「信頼性のサブ特性として忠実な表現」を保持するだろう。
ただし，それも「よく理解されている概念」ではないと考えるので，そ
れも明確にすることを提案する（IFRS［2006］CL179, pp. 3-4）。ここで
は，信頼性を忠実な表現に置き換えることに反対し，信頼性の構成要素
として忠実な表現と検証可能性を含むことを提案している。ただし，忠
実な表現の概念も，よく理解されていないとして，明確にすることも求
めている。したがって，ここでは，信頼性と，その構成要素としての忠
実な表現と検証可能性に賛成していると考えられる。

4.2.3 『予備的見解』(2006年)に対するコメント・レター分析の集計

　本書では，信頼性，忠実な表現および検証可能性を中心に，『予備的見解』
(2006年) に対するコメント・レターの内容を分析してきた。図表 4.3 で明
らかなように，『予備的見解』(2006年) には，179通のコメント・レターが
寄せられた。コメント・レターの内訳は，投資家／アナリスト 33通／179
通 (18%)，作成者 29通／179通 (16%)，専門職団体 27通／179通 (15
%)，基準設定機関 22通／179通 (12%)，個人 20通／179通 (11%)，研究
者 18通／179通 (10%)，非営利組織 12通／179通 (7%)，規制機関 10通
／179通 (6%) および会計事務所 8通／179通 (5%) であった (FASB
[2007] p.3)。

　その中には，信頼性と忠実な表現に対して明確な賛否を示していないコメ

図表 4.3　『予備的見解』(2006年) に対するコメント・レターの投稿者の種類と投稿数

投稿者の職種	投稿数 (A)	%	不詳の数 (B)	不詳を除いた数 (C＝A－B)	%
投資家／アナリスト	33	18	9	24	20
作成者	29	16	7	22	18
専門職団体	27	15	8	19	16
基準設定機関	22	12	4	18	15
個人	20	11	12	8	7
研究者	18	10	10	8	7
非営利組織	12	7	5	7	6
規制機関	10	6	3	7	6
会計事務所	8	5	2	6	5
合計	179	100	60	119	100

(出所) IFRS [2006] と FASB [2007] p.3 の内容に基づき，筆者が作成した。

ント・レターが，60 通／179 通（34％）あったが，ここでは，このようなコメント・レターを不詳として表示する。不詳の内訳は，投資家／アナリスト 9 通，作成者 7 通，専門職団体 8 通，基準設定機関 4 通，個人 12 通，研究者 10 通，非営利組織 5 通，規制機関 3 通および会計事務所 2 通であった。したがって，不詳を除いたコメント・レターは，119 通となる。不詳を除いたコメント・レターの内訳は，投資家／アナリスト 24 通／119 通（20％），作成者 22 通／119 通（18％），専門職団体 19 通／119 通（16％），基準設定機関 18 通／119 通（15％），個人 8 通／119 通（7％），研究者 8 通／119 通（7％），非営利組織 7 通／119 通（6％），規制機関 7 通／119 通（6％）および会計事務所 6 通／119 通（5％）となる。なお，不詳に含まれるコメント・レターの中には，検証可能性に対する賛否を示したコメント・レターが，6 通——投資家／アナリスト 1 通，作成者 1 通，専門職団体 1 通，基準設定機関 1 通および非営利組織 2 通——あった。

　図表 4.4 は，信頼性に対する賛否を集計した結果を示している。不詳を除いたコメント・レター（119 通）のうち，忠実な表現には言及しつつも，信頼性には言及していないコメント・レターが，17 通あった。その内訳は，投資家／アナリスト 1 通，作成者 5 通，専門職団体 2 通，基準設定機関 1 通，個人 2 通，研究者 2 通，非営利組織 3 通および規制機関 1 通であった。したがって，信頼性に言及しているコメント・レターは，102 通／179 通となり，その内訳は，投資家／アナリスト 23 通／102 通（22％），作成者 17 通／102 通（17％），専門職団体 17 通／102 通（17％），基準設定機関 17 通／102 通（17％），個人 6 通／102 通（6％），研究者 6 通／102 通（6％），非営利組織 4 通／102 通（3％），規制機関 6 通／102 通（6％）および会計事務所 6 通／102 通（6％）であった。

　信頼性に対する賛否を示した 102 通のコメント・レター中，信頼性に賛成する見解は，71 通／102 通（70％）であり，反対する見解は，31 通／102 通（30％）であった。投稿者別に見ると，投資家／アナリストでは，賛成が 13 通／23 通（57％），反対が 10 通／23 通（43％）であった。作成者では，賛成が 13 通／17 通（76％），反対が 4 通／17 通（24％）であった。専門職団

220

図表 4.4　信頼性に対する賛否（『予備的見解』（2006 年）に対するコメント・レター）

投 稿 者 の 職 種	信頼性への賛否を示した CL	%	賛成	%	反対	%
投資家／アナリスト	23	22	13	57	10	43
作　　成　　者	17	17	13	76	4	24
専 門 職 団 体	17	17	13	76	4	24
基 準 設 定 機 関	17	17	14	82	3	18
個　　　　　人	6	6	1	17	5	83
研　　究　　者	6	6	5	83	1	17
非 営 利 組 織	4	3	4	100	0	0
規　制　機　関	6	6	4	67	2	33
会 計 事 務 所	6	6	4	67	2	33
合　　　　　計	102	100	71	70	31	30

（出所）IFRS［2006］と FASB［2007］p.3 の内容に基づき，筆者が作成した。

体では，賛成が 13 通／17 通（76％），反対が 4 通／17 通（24％）であった。基準設定機関では，賛成が 14 通／17 通（82％），反対が 3 通／17 通（18％）であった。個人では，賛成が 1 通／6 通（17％），反対が 5 通／6 通（83％）であった。研究者では，賛成が 5 通／6 通（83％），反対が 1 通／6 通（17％）であった。非営利組織では，賛成が 4 通／4 通（100％），反対が 0 通／4 通（0％）であった。規制機関では，賛成が 4 通／6 通（67％），反対が 2 通／6 通（33％）であった。会計事務所では，賛成が 4 通／6 通（67％），反対が 2 通／6 通（33％）であった。

このように，信頼性への賛否を示したコメント・レター（102 通）では，信頼性を支持する見解が 71 通（70％）に対して，信頼性に反対する見解が 31 通（30％）であり，信頼性に賛成する見解が圧倒的に多数であった。この中で，投資家／アナリストでは，賛成が 13 通／23 通，反対が 10 通／23 通であり，作成者では，賛成が 13 通／17 通，反対が 4 通／17 通であった。したがって，両者は，ともに信頼性に賛成する見解が多数であったが，投資

家／アナリストでは，信頼性に賛成する見解がやや多数である一方，作成者では，信頼性に賛成する見解が圧倒的に多数であった。

　また，信頼性への賛否を示した基準設定機関では，賛成のコメント・レターが14通／17通（82％：メキシコ，アイルランド，オーストリア，シンガポール，スペイン，フランス，スイス，国際監査・保証基準審議会，オランダ，ノルウェー，スウェーデン，ドイツ，英国および日本），反対のコメント・レターが3通／17通（18％：カナダ，オーストラリアおよびニュージーランド）であり，基準設定機関では，信頼性に賛成する見解が圧倒的に多数であった。その一方，カナダ，オーストラリアおよびニュージーランドという3つの基準設定機関は，信頼性に反対するとともに，忠実な表現に賛成していた。

　ところで，「財務報告モデル」の一つである「アングロ・アメリカン・モデル（Anglo-American model）」は，資金調達を行うための「証券市場の重要性」，すなわち株主保護と「経済的実質」を重視するという特徴を有し，「米国」，「英国」，「カナダ」，「オーストラリア」および「ニュージーランド」が属する（Wolk et al. [2013] pp. 366-372）と指摘されている。すでに述べた集計結果では，信頼性に反対し，忠実な表現に賛成した3つの基準設定機関——カナダ，オーストラリアおよびニュージーランド——が，いずれもアングロ・アメリカン・モデルに属する国々であった。ただし，英国は，アングロ・アメリカン・モデルに属する国であるが，信頼性と親和性のある「受託責任概念におけるより強い株主指向」を有している国である（Whittington [2008b] p. 500）[3]とも考えられており，『予備的見解』（2006年）に対するコメント・レターにおいて，信頼性に賛成しているものと考えられる。

　図表4.5は，忠実な表現に対する賛否を示している。不詳を除いたコメン

---

3)　これに関しては，椛田［2019c］52頁も参照。信頼性は，ボトムアップ・アプローチを重視した質的特性であり，また，受託責任は，ボトムアップ・アプローチに基づいた会計目的である（椛田［2021a］52, 57頁参照）と指摘されていることから，両者には，親和性があるものと考えられる。

図表 4.5　忠実な表現に対する賛否（『予備的見解』（2006 年）に対するコメント・レター）

投 稿 者 の 職 種	忠実な表現への賛否を示した CL	%	賛成	%	反対	%
投資家／アナリスト	23	20	10	43	13	57
作　　成　　者	22	19	6	27	16	73
専 門 職 団 体	19	17	7	37	12	63
基 準 設 定 機 関	17	15	7	41	10	59
個　　　　　人	7	6	5	71	2	29
研　　究　　者	8	7	1	12	7	88
非 営 利 組 織	7	6	2	29	5	71
規 　制 　機 　関	7	6	2	29	5	71
会 計 事 務 所	5	4	3	60	2	40
合　　　　　計	115	100	43	37	72	63

（出所）IFRS［2006］と FASB［2007］p. 3 の内容に基づき，筆者が作成した。

ト・レター（119 通）のうち，信頼性には言及しつつも，忠実な表現には言及していないコメント・レターが，4 通あった。その内訳は，投資家／アナリスト 1 通，基準設定機関 1 通，個人 1 通および会計事務所 1 通であった。したがって，忠実な表現への賛否を示しているコメント・レターは，115 通／179 通であり，その内訳は，投資家／アナリスト 23 通／115 通（20%），作成者 22 通／115 通（19%），専門職団体 19 通／115 通（17%），基準設定機関 17 通／115 通（15%），個人 7 通／115 通（6%），研究者 8 通／115 通（7%），非営利組織 7 通／115 通（6%），規制機関 7 通／115 通（6%）および会計事務所 5 通／115 通（4%）であった。

　忠実な表現に対する賛否を示した 115 通のコメント・レター中，忠実な表現に賛成する見解は，43 通／115 通（37%）であり，反対する見解は，72 通／115 通（63%）であった。投稿者別に見ると，投資家／アナリストでは，賛成が 10 通／23 通（43%），反対が 13 通／23 通（57%）であった。作成者では，賛成が 6 通／22 通（27%），反対が 16 通／22 通（73%）であっ

た。専門職団体では，賛成が7通／19通（37%），反対が12通／19通（63%）であった。基準設定機関では，賛成が7通／17通（41%），反対が10通／17通（59%）であった。個人では，賛成が5通／7通（71%），反対が2通／7通（29%）であった。研究者では，賛成が1通／8通（12%），反対が7通／8通（88%）であった。非営利組織では，賛成が2通／7通（29%），反対が5通／7通（71%）であった。規制機関では，賛成が2通／7通（29%），反対が5通／7通（71%）であった。会計事務所では，賛成が3通／5通（60%），反対が2通／5通（40%）であった。

　このように，忠実な表現への賛否を示したコメント・レター（115通）では，賛成の見解が43通（37%）に対して，忠実な表現に反対する見解が72通（63%）であり，忠実な表現に反対する見解が相当に多数であった。この中で，投資家／アナリストでは，賛成が10通／23通（43%），反対が13通／23通（57%）であり，作成者では，賛成が6通／22通（27%），反対が16通／22通（73%）であった。したがって，両者は，ともに忠実な表現に反対する見解が多数であったが，投資家／アナリストでは，忠実な表現に反対する見解がやや多数である一方，作成者では，圧倒的に多数の見解が忠実な表現に反対していた。

　また，忠実な表現への賛否を示した基準設定機関では，賛成が7通／17通（41%：ロシア，ニュージーランド，オーストリア，シンガポール，スペイン，オーストラリアおよびカナダ），反対が10通／17通（59%：アイルランド，フランス，スイス，国際監査・保証基準審議会，オランダ，ノルウェー，スウェーデン，ドイツ，英国および日本）であり，基準設定機関では，忠実な表現に反対する見解がやや多数であった。忠実な表現に反対した国々の中で，フランス，ドイツおよび日本は，財務諸表の表示に関して，「投資家のニーズ」よりも「債権者保護」を重視する「大陸モデル（Continental model）」に属する（Wolk et al. [2013] pp. 367, 372-375）と考えられている。

　図表4.6は，検証可能性に対する賛否を示している。検証可能性への賛否を示しているコメント・レターは，79通／179通であり，その内訳は，投資

図表4.6　検証可能性に対する賛否（『予備的見解』（2006年）に対するコメン
　　　　ト・レター）

投稿者の職種	検証可能性への賛否を示したCL	％	賛成	％	反対	％
投資家／アナリスト	13	16	4	31	9	69
作　成　者	15	19	7	47	8	53
専門職団体	13	16	9	69	4	31
基準設定機関	10	13	6	60	4	40
個　　　人	6	8	5	83	1	17
研　究　者	6	8	4	67	2	33
非営利組織	7	9	4	57	3	43
規制機関	4	5	2	50	2	50
会計事務所	5	6	4	80	1	20
合　　　計	79	100	45	57	34	43

（出所）IFRS［2006］とFASB［2007］p.3の内容に基づき，筆者が作成した。

家／アナリスト13通／79通（16％），作成者15通／79通（19％），専門職
団体13通／79通（16％），基準設定機関10通／79通（13％），個人6通／
79通（8％），研究者6通／79通（8％），非営利組織7通／79通（9％），規
制機関4通／79通（5％）および会計事務所5通／79通（6％）であった。
　検証可能性に対する賛否を示した79通のコメント・レター中，検証可能
性に賛成する見解は，45通／79通（57％）であり，反対する見解は，34通
／79通（43％）であった。投稿者別に見ると，投資家／アナリストでは，
賛成が4通／13通（31％），反対が9通／13通（69％）であった。作成者で
は，賛成が7通／15通（47％），反対が8通／15通（53％）であった。専門
職団体では，賛成が9通／13通（69％），反対が4通／13通（31％）であっ
た。基準設定機関では，賛成が6通／10通（60％），反対が4通／10通（40
％）であった。個人では，賛成が5通／6通（83％），反対が1通／6通（17
％）であった。研究者では，賛成が4通／6通（67％），反対が2通／6通
（33％）であった。非営利組織では，賛成が4通／7通（57％），反対が3通

／7 通（43%）であった。規制機関では，賛成が 2 通／4 通（50%），反対が 2 通／4 通（50%）であった。会計事務所では，賛成が 4 通／5 通（80%），反対が 1 通／5 通（20%）であった。

　このように，検証可能性への賛否を示したコメント・レター（79 通）では，賛成の見解が 45 通（57%）に対して，検証可能性に反対する見解が 34 通（43%）であり，検証可能性に賛成する見解が多数であった。この中で，投資家／アナリストでは，賛成が 4 通／13 通（31%），反対が 9 通／13 通（69%）であり，作成者では，賛成が 7 通／15 通（47%），反対が 8 通／14 通（53%）であった。したがって，両者は，ともに検証可能性に反対する見解が多数であったが，投資家／アナリストでは，忠実な表現に反対する見解が多数であった一方，作成者では，反対がやや多数であった。

　検証可能性に反対した投資家／アナリスト（9 通）では，6 通／9 通——CL48，CL54，CL94，CL118，CL145 および CL151——が，信頼性に賛成し，忠実な表現に反対しながら，忠実な表現の構成要素である検証可能性に反対していた。また，検証可能性に反対した作成者（8 通）では，5 通／8 通——CL41，CL92，CL126，CL152 および CL166——が，信頼性に賛成し，忠実な表現に反対しながら，忠実な表現の構成要素である検証可能性に反対していた。信頼性と検証可能性は，親和性があると考えられてきた[4]ために，これらのコメント・レターは，信頼性を支持しながら，忠実な表現の構成要素とされている『予備的見解』（2006 年）の検証可能性を批判しているものと解釈される。これに対して，検証可能性に反対した投資家／アナリスト（9 通）では，2 通／9 通——CL115 と CL167——が，信頼性に反対し，忠実な表現に賛成しながら，検証可能性に反対していた。これらのコメント・レターは，信頼性に反対する立場から，検証可能性を批判していると解

---

4)　これに関して，Paton and Littleton は，「検証力ある客観的な証拠」が「会計の重要な要素」となり，「信頼しうる情報」を提供するという「会計の機能」を正当に遂行する上で「必要な附属物」となった（Paton and Littleton［1940］p. 18：邦訳［1958］29 頁）と述べているので，信頼性と検証可能性には親和性があるものと考えられる。

釈される。

　ここで明らかなように，『予備的見解』（2006 年）には，179 通のコメント・レターが提出された。そのうち，信頼性への賛否を示したコメント・レターは，102 通あり，信頼性に賛成する見解が，71 通／102 通（70％）に対して，信頼性に反対する見解が，31 通／102 通（30％）であった。忠実な表現への賛否を示したコメント・レターは，115 通あり，忠実な表現に賛成する見解が，43 通／115 通（37％）に対して，忠実な表現に反対する見解が，72 通／115 通（63％）であった。検証可能性への賛否を示したコメント・レターでは，賛成の見解が 45 通／79 通（57％）に対して，検証可能性に反対する見解が 34 通／79 通（43％）であった。したがって，『予備的見解』（2006年）に対するコメント・レターは，信頼性に賛成する見解が，圧倒的に多数であり，信頼性と親和性のある検証可能性に賛成する見解が，やや多数である一方，忠実な表現に反対する見解が相当に多数であった。ただし，投資家／アナリストと作成者では，信頼性に賛成し，忠実な表現に反対しながら，忠実な表現の構成要素である検証可能性に反対していた。これは，忠実な表現の中に検証可能性を位置づけることに反対しているので，検証可能性自体に対して反対しているわけではないと推測される。

4.3　Sarbanes-Oxley 法第 108 条と第 109 条の成立過程

4.3.1　上院・銀行委員会の公聴会における証言

　すでに述べたように，『ED：概念』（2008 年）——公正価値に関しては，記述されていない——では，『予備的見解』（2006 年）と同様に，信頼性（ボトムアップ・アプローチ重視）を，完全性，中立性および重大な誤謬がないことを構成要素にしている忠実な表現（トップダウン・アプローチ重視）に置き換えるとともに，検証可能性を補強的な質的特性に降格して位置づけている。そして，SFAC 第 8 号（2010 年）では，信頼性（ボトムアッ

プ・アプローチ重視）を，完全性，中立性および誤謬がないことを構成要素
としている忠実な表現（公正価値を明示した箇所ではトップダウン・アプロ
ーチ重視）に置き換えるとともに，検証可能性を補強的な質的特性に位置づ
けている。したがって，SFAC 第 8 号（2010 年）は，『予備的見解』（2006
年）に対するコメント・レターの多数意見を押し切った『ED：概念』（2008
年）の内容をほぼ継承している。

　そこで本節では，SFAC 第 8 号（2010 年）において，信頼性を忠実な表
現に置き換えた複数の原因を探るために，SFAC 第 8 号（2010 年）が公表
される契機となった，上院・銀行委員会の公聴会（2002 年），上院・保護法
案（2002 年），SOX 法（2002 年），Norwalk 合意（2002 年），『SEC 研究』
（2003 年）および『FASB 回答』（2004 年）を分析する。

　Enron 社が，2001 年 12 月に経営破綻したことを受けて，当時の米国大統
領である George W. Bush は，2002 年 1 月 10 日に，財務省長官に対して，
SEC，連邦準備制度および商品先物取引委員会等で構成されるワーキング・
グループを設置し，「企業開示」の問題を調査するよう命じた（White House
[2002a]）[5]。また，Bush は，2002 年 1 月 29 日に連邦議会で行われた一般教
書演説において，米国企業が，「より厳格な会計基準とより厳しい開示要件
（stricter accounting standards and tougher disclosure requirements）」を
通じて，「従業員と株主に対する説明責任（accountable to employees and
shareholders）」を果たさなければならないと演説した（United States Sen-
ate [2002a] p. S234）。

　これに対して，下院議会では，2002 年 2 月 14 日に，2002 年企業と監査の
会計責任，責任および透明性法案（以下，下院・透明性法案と略称）が提出
された（House of Representatives [2002a] p. H523）[6]。また，上院・銀行委
員会は，「会計と投資家保護の問題」に取り組むための公聴会を 2002 年 2 月

5）　このワーキング・グループには，他にも商務省も参加していた（神野他 [2002] 24
　　頁）。これに関しては，神田 [2004] 49 頁も参照。

6）　SOX 法（2002 年）の審議過程に関しては，佐久間 [2005] 89-92 頁も参照。

から3月にかけて開催し，2002年2月12日に開催された最初の公聴会においては，5名の歴代 SEC 委員長——証言した順に Arthur Levitt, Richard C. Breeden, David S. Ruder, Harold M. Williams および Roderick M. Hills ——を参考人として招いた（United States Senate ［2002b］pp. 2-4）。

　その1人である Richard C. Breeden は，「最近の〔会計〕基準」は，800ページを超えており，積極的に会計上の「数値」を押し上げたい場合，それを「実行する余地」が恐ろしいほど多くあると証言している（United States Senate ［2003a］p. 19, Breeden の証言）。同様に，Roderick M. Hills も，会計制度の規則が多すぎであり，それによって，会計制度は，何が行ってはならないことかを表す点では「非常に正確」になり，禁止されていないことなら認められるという「意味合い」を生み出したと証言している（United States Senate ［2003a］p. 27, Hills の証言）。この Breeden と Hills の証言は，米国の会計基準における細則主義の問題点を指摘したものと言えよう。また，上院・銀行委員会は，2002年2月14日に開催された公聴会において，当時の IASB 委員長であった David Tweedie を参考人として招いており（United States Senate ［2003a］p. IV），Tweedie は，次のように証言している[7]。

　私たちは，「米国の〔会計〕基準」が改善されるべきであると気づくだろう。「多くの国際〔会計〕基準」は，米国 GAAP と類似している。「国際基準と米国基準」は，どちらも一連の「会計概念」に注目しているという点で，「原則に基づく（principle-based）」よう努めている。しかしながら，米国基準は，全体として，「要件」が「より具体的」であり，「多数の詳細な適用指針」が含まれている傾向にある。良くも悪くも，「基準設定の現場」を観察している多くの人々は，これを「原則主義と細則主義の基準の違い」として説明している。私たちは，「詳細な指針」が「逆効果」であると考えている。簡単に言えば，「詳細な指針」は，「基本原則（underlying principle）」を強調するのではなく，曖昧にするだろう。私たちは，「企業と監査人」が

---

7)　この Tweedie の証言に関しては，椛田［2013］103-105頁も参照。

「基本原則」に従って，「詳細な規則の網（a web of detailed rules）」に巻き込まれることなく，状況に対処できるようになることを願っている（United States Senate〔2003a〕p. 110, Tweedie の証言）。

　ここでは，米国の会計基準を細則主義に基づくものと位置づけ，その問題点が指摘されるとともに，Tweedie は，原則主義に基づく会計基準を推奨している。このような細則主義の問題に加えて，2002 年 2 月 12 日に開催された公聴会では，元 SEC 委員長である Harold M. Williams が，FASB の独立性について次のように証言している。

　「不適切な開示に対する責任の一部」は，「財務会計基準審議会の機能」にある。私は，FASB の「独立性」が守られ，「経済界，〔会計〕専門家，さらには議会の圧力（the pressures of the business community, the profession, and even the Congress）」に耐えることができれば，会計基準を設定する「FASB の機能」は，大幅に強化されると考えている。会計「専門家と経済界の世話にならない資金源」は，「より困難かつ重大な問題」に対処し，なおかつそれをタイムリーに対処する「審議会〔FASB〕の能力」を高めるだろう（United States Senate〔2003a〕p. 25, Williams の証言）。ここでは，不適切な開示を引き起こした責任の一部が FASB にあるとした上で，その改善策として，FASB が企業等からの圧力に耐え，その独立性を守るためには，企業等に頼らない資金源を確保する必要があると提言されている。

　このような指摘は，他の SEC 関係者からも証言されており，元 SEC 委員長である David S. Ruder は，FASB に対する「経済界からの圧力（pressure from the business community）」を問題視し，企業は，「FASB の〔会計〕基準とその作成過程」を支持しない場合，「財政支援」を撤回したり，最初から資金提供を行わなかったりするだろうと証言している（United States Senate〔2003a〕p. 22, Ruder の証言）。同様に，元 SEC 委員長である Arthur Levitt は，FASB が「会計事務所とその顧客〔企業〕」から資金提供を受け，彼らから監視されていると指摘した上で，「FASB の資金調達」は，「会計事務所と企業」だけでなく，「多くの市場参加者」を通じて確保されるべきであると提言している（United States Senate〔2003a〕p. 15, Levitt の証言）。

さらに，元 SEC 主任会計士である Michael H. Sutton は，2002 年 2 月 26 日の公聴会で，基準設定「過程の結果」に利害を有する関係者からの寄付に依存しない「独立した資金」を FASB に提供すべきであると証言している（United States Senate [2003a] p. 196, Sutton の証言）。

このような米国議会での審議の最中，Bush は，SEC 等のワーキング・グループからの提案に基づき（神野他 [2002] 24 頁）[8]，企業責任の向上と米国の株主を守るための 10 ポイントプラン（以下，10 プランと略称）を 2002 年 3 月 7 日に発表した（White House [2002b]）。10 プラン（2002 年）は，「改革のあり方や方向性を抽象的ながらも」示したものであり（杉本 [2009] 40 頁脚注 4），次のような改革を指示している。

1. 各投資家は，「企業の財務業績，状況およびリスク」を判断するために必要な情報を四半期ごとに入手すべきである。
2. 各投資家は，「重要な情報」を迅速に入手すべきである。
3. CEO は，「財務諸表を含む企業の公的開示の正確性，適時性および公平性（veracity, timeliness, and fairness）」を個人的に保証すべきである。
4. CEO と他の役員は，「誤った財務諸表」から利益を得てはならない。
5. 明確に「権力」を濫用する CEO と他の役員は，「企業の指導的地位」として働く「権利」を失うべきである。
6. 「企業のリーダー」は，「個人的な利益」のために「会社の株式」を売買するたびに，そのことを遅滞なく公衆に伝えることが求められるべきである。
7. 投資家は，「企業の監査人の独立性と誠実性」を信用すべきである。
8. 「独立した規制委員会」は，「会計の専門家」が「最高の倫理基準」に準拠していることを確認すべきである。
9. 「会計基準の作成者」は，「投資家の要求（the needs of investors）」

8) これに関しては，神田 [2004] 49 頁も参照。

に応じなければならない。

10. 「企業の会計システム」は，単に「最低基準（minimum standards）」
とではなく，「最善の実務（best practice）」と比較されるべきである
（White House ［2002c］）。

この 10 プラン（2002 年）の中には，「独立性の高い会計システムの確立」
のために必要となる課題が提示されており（神野他［2002］24 頁），特に第
9 項目は，「会計基準の規制内容と会計基準設定プロセスに関わる項目」で
ある（杉本［2009］40 頁脚注 4）。10 プラン（2002 年）の発表後，当時の
SEC 委員長である Harvey L. Pitt[9] は，3 月 21 日に開催された上院・銀行委
員会の公聴会に際して作成した声明文において，SEC が 10 プラン（2002
年）を受け入れ，これを実現するために取り組むと表明した上で（United
States Senate ［2003b］p. 1107, Pitt の証言），次のように証言している。
　基準設定プロセスが，「投資家の最善の利益」のために機能することを確
かなものとするために，SEC は，「会計専門家からの収入に対する FASB の
依存度」を減らすための「財源」を拡大することと，「FASB の〔会計〕基
準」が，「過度に複雑な細則主義の〔会計〕基準」ではなく，「一般的な原則
主義の〔会計〕基準」に進化させることを含めて，「基準設定プロセス」を
監視するために法的権限の行使を計画している（United States Senate
［2003b］p. 1124, Pitt の証言）。ここでは，当時の SEC 委員長である Pitt が，

---

9)　下院の金融サービス委員会では，2002 年 3 月から 4 月にかけて，下院・透明性法案
（2002 年）の審議のための公聴会を開催しており（House of Representatives ［2002c］
p. 19），Pitt は，2002 年 3 月 20 日に開催された公聴会においても，「会計と財務開示の
基準設定プロセス」は，「市場の変化」によりタイムリーに対応し，「不当な影響から独
立（independent from undue influence）」していなければならないことと「原則に基づ
いた一組の会計基準（a principles-based set of accounting standards）」への移行が求め
られているという声明文を提出している（House of Representatives ［2002b］p. 307,
Pitt の証言）。このように，Pitt は，下院の公聴会でも FASB の独立性と原則主義への
移行を提言している。

基準設定プロセスに関する一体化した問題として，FASB の独立性を高める
ために企業と会計専門家以外からの財源を拡大することと，原則主義に基づ
く会計基準への移行に取り組むことを表明している。

4.3.2　上院・保護法案（2002 年）の概要

　上院・銀行委員会は，2002 年 6 月 18 日に，上院・保護法案を採決し，上
院本議会に送付した（United States Senate [2002c] p. S6327)[10]。上院・保
護法案（2002 年）では，10 プラン（2002 年）で示された「数多くの改革の
提案」が組み込まれており，会計基準に関しては，公聴会の「参考人」から
「米国の基準設定機関の過度に詳細なアプローチ」，すなわち細則主義の会計
基準の問題点が指摘されたことを受けて，SEC に対して 1 年以内に原則主
義に基づく会計制度に関する調査を実施することを要求している（United
States Senate [2002b] pp. 13, 23)。これは，Breeden──元 SEC 委員長
──，Hills──同左──，Tweedie──当時の IASB 委員長──および Pitt
──当時の SEC 委員長──の証言を踏まえた内容と考えられる。また，上
院・保護法案（2002 年）は，FASB の資金調達について次のように述べて
いる。

　「法案〔上院・保護法案（2002 年）〕」は，FASB の「資金調達」を保証
し，「FASB の規則」に準拠しなければならない「会計事務所または企業か
らの寄付（contributions from accounting firms or companies)」を求める必
要性を排除することにより，「FASB の独立性（the independence of the

---

10)　なお，6 月の上院・保護法案（2002 年）採決に先立ち，下院議会は，2002 年 4 月 24
　　日に下院・透明性法案を可決した（House of Representatives [2002d] p. H1592)。下
　　院・透明性法案（2002 年）では，「公開会社を監査する会計士に対する監督」の強化，
　　「企業責任」の強化および「企業の財務諸表の透明性」の向上等に取り組むことが規定
　　された（House of Representatives [2002c] p. 16)が，FASB の資金調達，独立性およ
　　び原則主義に関する規定は，設けられていなかった（cf. House of Representatives
　　[2002c])。

FASB)」を強化することを目指す。「当委員会の参考人」は，FASB が，自身の「独立性」を守るために「保証された資金源」を必要とすることに「同意した（agreed）」。FASB に関して，元 SEC 主任会計士である Michael Sutton は，「基準設定機関への信頼」を回復するために，「FASB の独立した資金」，すなわち基準設定プロセスの結果に関与する構成員からの寄付に依存しない資金を確保するための，迅速な措置を講じるべきであると当委員会で証言した。この法案では，「公開会社」は FASB の「年間予算」を支援するために「会計支援料」を支払う必要がある（United States Senate [2002b] p. 13）。

　ここでは，会計事務所と企業からの FASB の独立性を高め，その財源を保証するために，会計支援料について規定されているが，その際に，元 SEC 主任会計士である Sutton の証言が引用されていることから，SEC 関係者の証言——Sutton に加えて，Levitt, Ruder, Williams および Pitt も同様の証言を行っている——を踏まえた内容であると考えられる。その後，上院本会議は，上院・保護法案（2002 年）を 2002 年 7 月 15 日に賛成多数で可決させ，上院・保護法案（2002 年）は，両院協議会において，下院議会との調整を経て，SOX 法として 2002 年 7 月 30 日に成立した（House of Representatives [2002e] p. 810）。

4.3.3　Sarbanes-Oxley 法（2002 年）第 108 条と第 109 条の成立

　SOX 法（2002 年）は，第 108 条（a）項において，証券法（1933 年）を改正し，SEC に，基準設定機関が定める会計原則を「『一般に認められた』ものとして」認定する権限がある（House of Representatives [2002e] SEC. 108（a）：邦訳 [2007] 36 頁）と規定した上で，基準設定機関の条件として，次のような規定を証券法（1933 年）に加えている。

1.「民間団体（private entity）」である。
2.「公益」に貢献し，その構成員の過半数が，評議会に勤める同時期と，

その過去 2 年間に公開企業会計監視委員会（Public Company Accounting Oversight Board：以下，PCAOB と略称）[11]へ登録された会計事務所の関係者ではない評議会（またはそれに相当する機関）を有すること。

3. SOX 法（2002 年）第 109 条の規定に基づき，資金提供を受けること。

4. 「メンバーの過半数の議決」によって，「新たに発生した会計問題と企業実務の変化」を反映させるために，「会計原則」の変更について迅速に検討できる手続きを採用していること。

5. 「会計原則」を採用する際，「事業環境の変化」に対応するために，会計基準を最新のものにする必要性と，「公益と投資家保護」のために「高品質な会計基準」に向けた「国際的なコンバージェンス（international convergence）」を行う必要性または妥当性の範囲を検討すること（House of Representatives [2002e] SEC. 108（a）：邦訳 [2007] 36-37 頁）。

ここでは，基準設定機関に関する 5 つの条件が規定されており，特に 5 つ目の項目は，IASB とのコンバージェンスを求めている[12]。また，SOX 法（2002 年）は，第 108 条（d）項において，SEC に対して原則主義に基づく会計制度に関する調査研究を行い，その結果に関する報告書を 1 年以内に上院の銀行委員会と下院の金融サービス委員会に提出するよう命じた（House of Representatives [2002e] SEC. 108（d）：邦訳 [2007] 37-38 頁）。これは，Breeden，Hills，Tweedie および Pitt の証言を踏まえているであろう上院・保護法案（2002 年）の内容が，SOX 法（2002 年）第 108 条として規定されていると考えられる。さらに，SOX 法（2002 年）第 109 条は，基準設定機

---

11) PCAOB とは，SOX 法（2002 年）に基づいて設立された SEC 監視下にある民間の規制団体である。PCAOB は，会計事務所の登録，監査基準の設定，登録会計事務所の検査および SOX 法（2002 年）遵守の促進等を任務としている（Wolk et al. [2013] p. 89）。

12) これに関しては，杉本 [2009] 73 頁も参照。

関の財源について次のように規定している。

(a) 総則―第108条により改正される1933年証券法に従い指定される「基準設定機関〔FASB〕」は，本条の定めに従い，資金を提供されるべし。

(e) 「基準設定機関の年次会計支援料（ANNUAL ACCOUNTING SUPPORT）」―第（a）項にいう基準設定機関の「年次会計支援料」は，「委員会〔SEC〕」の審査のもとで，基準設定機関の予算を支払い，出費に備えるため，または当該団体に独立して，安定した財源を提供するために必要または適切と思われる場合には，「適切な指名徴収機関〔PCAOB〕」により，当該団体に代わって，「各発行者（each issuer）」に対して，配賦，賦課および徴収されるべし。

(g) 発行者における会計支援料の配賦―第（a）項にいう基準設定機関の予算の資金を集めるために，本条に基づき発行者から支払われるべき金額は，「当該金額の合計〔FASBが要求して，SECに承認された金額〕」に，以下に定める比率を掛けたものに等しい金額において，各発行者に配賦され，また，当該発行者により支払われるべし。

　(1) その比率の分子は，当該予算が関係する会計年度が始まる直前12ヶ月間における当該発行者の平均月間の株式時価総額である。

　(2) その比率の分母は，当該12ヶ月間における全ての発行者の平均月間の株式時価総額である（House of Representatives［2002e］SEC.109 (a), (e), (g)：邦訳［2007］38-40頁）。

　ここでは，年次会計支援料について規定されており，Levitt, Ruder, Williams, SuttonおよびPittの証言を踏まえているであろう上院・保護法案（2002年）の内容が，SOX法（2002年）第109条として規定されていると考えられる。年次会計支援料は，SECの審査のもと，強制的に発行者に対して，その株式時価総額に応じて課され，徴収されるものであるが，その徴収業務は，SECの監督下にあるPCAOBが担っている（Miller et al.

[2016] p. 38：邦訳［2017］59 頁）。

　ここで明らかなように，Enron 事件を受けて，Bush は，2002 年 1 月に，企業開示の問題を調査するワーキング・グループを立ち上げるとともに，一般教書演説において会計基準の問題を取り上げた。これと並行する形で，2002 年 2 月から開催された上院・銀行委員会の公聴会では，細則主義的会

図表 4.7　SOX 法（2002 年）成立までの時系列

	Bush 政権	下院議会	上院議会
2001 年 12 月	Enron 社　経営破綻（12 月 2 日）		
2002 年 1 月	ワーキング・グループ設置（1 月 10 日）		
	大統領一般教書演説（1 月 29 日）		
2002 年 2 月		法案提出（2 月 14 日）	銀行委員会公聴会開催（2 月 12 日から 3 月 21 日まで）
2002 年 3 月	10 プラン発表（3 月 7 日）	金融サービス委員会公聴会開催（3 月 13 日から 4 月 9 日まで）	
2002 年 4 月			
		本会議で法案可決（4 月 24 日）	
2002 年 6 月			銀行委員会で法案可決（6 月 18 日）
2002 年 7 月			本会議で法案可決（7 月 15 日）
		両院協議会開催（7 月 19 日）上下両院で可決（7 月 25 日）	
	大統領の署名により SOX 法成立（7 月 30 日）		

（出所）House of Representatives［2002a］・［2002b］・［2002c］・［2002d］・［2002e］, United States Senate［2002a］・［2002b］・［2002c］・［2003a］・［2003b］および White House［2002a］・［2002b］・［2002c］の内容に基づき，筆者が作成した。

計基準から原則主義的会計基準への移行という問題——Breeden, Hills, Tweedie および Pitt の証言——と，FASB の独立性と資金調達の問題——Levitt, Ruder, Williams, Sutton および Pitt の証言——が取り上げられた。このような公聴会での証言と，ワーキング・グループが 2002 年 3 月に作成した Bush の 10 プラン（2002 年）を踏まえて，上院・銀行委員会では，上院・保護法案（2002 年）が可決し，2002 年 7 月に，SOX 法が成立した。SOX 法（2002 年）は，第 108 条（a）項において，FASB に対して IASB とのコンバージェンスを求めるとともに，SOX 法（2002 年）は，第 108 条（d）項において，SEC に原則主義の研究を 1 年以内に行うことを命じている。また，SOX 法（2002 年）は，第 109 条において，基準設定機関の財源として，年次会計支援料の規定を設けている。この年次会計支援料は，発行者の株式時価総額に応じて，強制的に当該企業に対して課される賦課金であり，SEC の監督下にある PCAOB によって徴収される。

4.4　Sarbanes-Oxley 法第 108 条と第 109 条による SEC と FASB への影響

4.4.1　FASB と IASB のコンバージェンス問題

　ここでは，SOX 法（2002 年）の影響を解明することに先立ち，FASB と共同プロジェクトに取り組んだ IASB について概観する。IASB と国際会計基準委員会財団（International Accounting Standards Committee Foundation：以下，IASCF と略称）——現在の IFRS 財団（IFRS Foundation）[13]——は，国際会計基準委員会に代わる機関として，2001 年に設立された（IFRS 財団及び国際会計基準審議会［2017］3 頁）。IASB は，IASCF の「基準設定機関」であり（IASCF［2002］para. 1），IASCF は，「IASB に対

---

13)　IASCF は，2010 年に現在の IFRS 財団に名称変更した。

する監督組織（the oversight body for the IASB）」である（Pacter［2005］p. 71）。初期の IASCF の定款は，次のような目的を掲げている。

(1) IASCF の目的は，公益のために，「世界中の資本市場の参加者とその他の利用者」が「経済的な意思決定」を行う際に役立つように，「財務諸表とその他の財務報告」において，「高品質で透明性のある比較可能な情報（high quality, transparent and comparable information）」を要求する，「一組の高品質で理解可能で強制力のあるグローバル会計基準（a single set of high quality, understandable and enforceable global accounting standards）」を開発することである。

(2) IASCF の目的は，「これらの基準の使用と厳格な適用」を促進することである。

(3) IASCF の目的は，高品質な融合に向けて各国の「国内会計基準と国際会計基準のコンバージェンス（convergence of national accounting standards and International Accounting Standards）」をもたらすことである（IASCF［2002］para. 2）[14]。

ここでは，IASCF の目的として，一組の高品質でグローバルな会計基準の開発と各国の会計基準とのコンバージェンスを行うことが掲げられている[15]。世界中の多くの国々では，その会計基準の大部分が IFRS または米国 GAAP のいずれかに基づいており，「これら2つの実質的で高度な文献体系〔会計基準〕」を無視することはできなかった。そこで，IASB は，「単一のグローバルな会計基準」を達成するための方法として，「IFRS と米国 GAAP のコンバージェンス」に向けて取り組み，これによって，自国の会計基準を保持し続ける国々に浸透させていくことを狙った（Pacter［2005］p. 73）。したがって，2002年までの IASB は，「FASB との相互的なコンバ

---

14) これに関しては，辻山［2014］41頁も参照。

15) cf. Pacter［2005］p. 71.

ージェンスのプロセス」を開始することを優先事項の1つとしていた（Zeff
[2012] p. 826）。

　FASBとIASBは，2002年9月にNorwalkで行われた合同会議において，
「国内と国境を超えた〔国際的な〕財務報告の両方（both domestic and
cross-border financial reporting）」で使用されるための「高品質で互換性の
ある会計基準の開発」に取り組むことに合意した（FASB and IASB [2002]
p. 1）。これに関して，Pitt——当時のSEC委員長——は，FASBとIASBの
スタッフがSECのスタッフとともに，コンバージェンス・プロジェクトの
範囲について作業を進め，SECが，FASBとIASBの両方に，「会計原則の
違い」を可能な限り取り除くための「短期的な解決策」を開発することを奨
励していたことを明らかにしている（Pitt [2002]）[16]。

　FASBは，2004年3月に概念フレームワークを改訂することを決定した
上で，これを「IASBとの共同プロジェクト」として行うか検討した。
FASBは，「短期的なコンバージェンス」を達成することを目的とした多く
のプロジェクトと，共同または相互に協力して「いくつかの主要なプロジェ
クト」をIASBと取り組んできたことを踏まえて，「FASBとIASBの共通
目標」が両者の会計「基準を収斂させること（standards to be converged）」
であり，「将来の〔会計〕基準」が，「共通の概念フレームワーク」に基づい
ている場合，「コンバージェンス」を達成する可能性が高くなる（FASAC
[2004a] pp. 1, 8）と述べている。その後，FASBとIASBは，2004年10月
に「共通の概念フレームワークを開発する共同プロジェクト」に着手した
（FASAC [2004b] p. 1）。さらに，FASBとIASBは，2006年に「IFRSsと
米国GAAPのコンバージェンスに向けたロードマップ」を策定し，2008年
までに「IASB-FASBコンバージェンス・プログラム」の目標に向けて取り
組むことに合意した（FASB and IASB [2006] p. 1）。

　このように，IASBは，一組の高品質でグローバルな会計基準の開発と各
国の会計基準とのコンバージェンスを行うことを目的として掲げ，米国との

16）　これに関しては，杉本 [2009] 82頁脚注14も参照。

240

コンバージェンスに取り組むことで，各国の会計基準に浸透させることを狙った。一方，FASB は，SOX 法（2002 年）第 108 条（a）項において，IASB とのコンバージェンスを求められていた。そのため，FASB と IASB は，Norwalk 合意（2002 年）を公表し，両者の会計基準のコンバージェンスが進められることになり[17]，これと連動して共通の概念フレームワークの開発に着手した。

4.4.2　原則主義的会計基準の開発と SFAC 改訂の発端

　SEC は，SOX 法（2002 年）第 108 条（a）項の規定を受けて，2003 年に「FASB によって設定される〔会計〕基準」を「Sarbanes-Oxley 法第 108 条の下で『一般に認められた』」ものとして承認する（SEC［2003a］II E)[18]とともに，SOX 法（2002 年）第 108 条（d）項の規定を受けて，原則主義的ないし目的志向型会計基準の開発を強調する『SEC 研究』（2003 年）を公表した。『SEC 研究』（2003 年）では，「原則主義的会計基準」が会計目的を会計「基準の不可欠な部分」として組み込むとともに，「首尾一貫した財務報告の概念フレームワーク」と一致すべきであるという特徴が示されている（SEC［2003b］I C)。すなわち，『SEC 研究』（2003 年）で示された原則主義的会計基準の設定は，「意思決定有用性を起点とする」「概念フレームワークとの整合性」に焦点が置かれている（古賀［2010］33 頁)。

　さらに，『SEC 研究』（2003 年）は，「収益費用観」が「目的志向的な制度」の下での基準設定に用いるには「不適切（inappropriate)」である一方，「資産負債観」が，「基準設定の取り組み」において FASB が概念フレームワークを利用する際の「基礎（fundamental)」になると述べている（SEC

---

17)　これに関して，IASB で中小企業向け会計基準のディレクターを務めた Paul Pacter は，SOX 法（2002 年）が Norwalk 合意（2002 年）に「刺激と支持（impetus and support)」を与えた（Pacter［2005］p. 73）と述べている。

18)　これに関しては，杉本［2009］20 頁も参照。

［2003b］III B, IV A）。すなわち，SEC は，「収益費用観を排除し」，「原則主義的会計基準の設定─公正価値重視の姿勢─への転換」を目指していた（椛田［2017］77 頁）と考えられる。その上で，『SEC 研究』（2003 年）は，概念フレームワークの質的特性に関して，「目的適合性」，「信頼性」および「比較可能性」の間の「トレード・オフ」を行うための指針を明確にするよう SFAC 第 2 号（1980 年）の改訂を求めている（SEC［2003b］IV A）。

　これを受けて，FASB は，『FASB 回答』（2004 年）において，『SEC 研究』（2003 年）の勧告を受け入れ，原則主義または目的志向型会計基準の公表に取り組むことを表明しているが，その際に，「内的に一貫性のある完全な概念フレームワーク」が，「基本原則」をより強調する「基準設定アプローチ」にとって重要であることから，概念フレームワークの改善が必要である（FASB［2004］p. 2）と述べている。このように，『FASB 回答』（2004 年）は，米国「議会」と「Sarbanes-Oxley 法の命令に従った SEC」による「重圧」を受ける中で示されたもの（椛田［2013］105 頁）と指摘されている。すなわち，FASB は，SOX 法（2002 年）第 108 条の規定を受けて，意思決定・有用性と公正価値を強調する原則主義的会計基準を重視して，概念フレームワークの改訂に取り組むことをなった。

4.4.3　SEC が管轄する年次会計支援料と FASB の準政府機関化

　SOX 法（2002 年）第 109 条は，「FASB の予算」に関して重大な変更を行っている（Wolk et al.［2013］p. 90）。従来，「FASB の運営資金の調達」は，FAF によって行われており，その資金は，主に「企業と監査法人〔会計専門家〕からの寄付」であった（Miller et al.［2016］p. 14：邦訳［2017］29 頁）[19]。FASB は，SOX 法（2002 年）第 109 条が適用される直前の 2002 年に，総額 5,305,000 ドルの寄付金を受けており，その内訳は，「企業と銀行（Industry and bank）」からの寄付金が 2,087,000 ドル，「会計専門家（ac-

---

19)　cf. Wolk et al.［2013］p. 90.

242

counting profession）」からの寄付金が 2,463,000 ドル，「投資会社（invest-
ment firms）」とその他の支援者からの寄付金が 474,000 ドル，さらに，4 大
会計事務所[20]からの実務研究員の派遣という形を含め，281,000 ドル相当の
役務提供を受けていた（FAF［2004］p. 29）。

　しかし，SOX 法（2002 年）第 109 条の規定を受けて，企業，銀行，会計
専門家，投資会社およびその他の支援者からの FASB への寄付金が，2003
年に停止され（FAF［2003］p. 30），その代わりに，FASB は，2003 年に
19,697,000 ドル[21]の年次会計支援料——SEC の監督下にある PCAOB が発行
者から強制的に徴収した賦課金——[22]を得た（FAF［2004］p. 28）。その際，
SEC は，「FASB と FAF の予算案」とともに，「FASB から提案された〔年
次〕会計支援料の審査（review）」を行っている（SEC［2003c］）。

　その結果，FASB は，企業，銀行，会計専門家，投資会社およびその他の
支援者からの直接的な寄付金が遮断されたために，寄付を行った企業からの
「基準設定プロセス」における「不適切な影響力（inappropriate influence）」
を取り除き，「FASB の独立性」を高めることになった（Wolk et al.［2013］
p. 90；Miller et al.［2016］p. 14：邦訳［2017］29 頁）と指摘されている。そ
の一方で，SEC は，FASB の予算を承認した上で，発行者から強制的に徴
収した年次会計支援料[23]を，FASB に提供するようになったので，FASB
は，「プライベート・セクター（private sector）」ではあるが，あたかも
「準政府機関（quasi-governmental）」のようになった（Wolk et al.［2013］

20)　ここでの 4 大会計事務所とは，PricewaterhouseCoopers, Ernst & Young, KPMG お
　　よび Deloitte Touche Tohmatsu のことを指す（千代田［2007］1008 頁）。
21)　その内訳は，米国内企業からの 19,161,000 ドルと米国外企業からの 536,000 ドルであ
　　る（FAF［2004］p. 28）。
22)　SOX 法（2002 年）第 109 条は，年次会計支援料を米国の「公金（public monies）」
　　とは見なさない（House of Representatives［2002e］SEC. 109（c）：邦訳［2007］38 頁）
　　と規定している。このように，年次会計支援料は，公金ではなく，発行者から徴収した
　　ものである。
23)　年次会計支援料は，上場している銀行からも徴収されるものと考えられる。

pp. 90, 93-94）と指摘されている。

　ここで明らかなように，一組の高品質でグローバルな会計基準の開発と各国の会計基準とのコンバージェンスを目的とする IASB と，SOX 法（2002年）第108条（a）項で IASB とのコンバージェンスを求められた FASB は，Norwalk 合意（2002年）を公表し，両者のコンバージェンスが進められてきた。また，SOX 法（2002年）第108条（a）項の規定を受けて，FASB は，SEC から基準設定機関として承認されるとともに，SOX 法（2002年）第108条（d）項を契機として，資産負債観と原則主義的会計基準を重視する『SEC 研究』（2003年）が公表されたことで，FASB は，米国議会と SOX 法（2002年）の命令に従った SEC からの強い規制を受けながら，IASB とのコンバージェンスと連動する形で，概念フレームワークの改訂に取り組むことをなった。そして，SOX 法（2002年）第109条における年次会計支援料——SEC の監督下にある PCAOB が発行者から強制的に徴収した賦課金——の規定を受けて，FASB に対する企業，銀行，会計専門家，投資会社およびその他の支援者からの直接的な寄付金が遮断された結果，FASB は，企業等からの影響力が取り除かれ，その独立性を高めることになった。その一方で，SEC は，FASB の予算を承認した上で，発行者から強制的に徴収した年次会計支援料を，FASB に提供するようになったので，あたかも準政府機関のようになることで，企業からの影響を受けにくくなってきたと考えられる。

4.5　おわりに

　ここでは，本章で述べた内容を纏めておきたい。まず，『予備的見解』（2006年）には，179通のコメント・レターが提出され，信頼性に賛成する見解が，圧倒的に多数であり，信頼性と親和性のある検証可能性に賛成する見解が，やや多数である一方，忠実な表現に反対する見解が相当に多数であった。ただし，投資家／アナリストと作成者では，信頼性に賛成し，忠実な

表現に反対しながら，忠実な表現の構成要素である検証可能性に反対していた。これは，忠実な表現の中に検証可能性を位置づけることに反対しているので，検証可能性自体に対して反対しているわけではないと推測される。

　ところが，第3章で述べたように，SFAC 第8号（2010年）――結果――では，『予備的見解』（2006年）に対するコメント・レターの多数意見を押し切り，信頼性――ボトムアップ・アプローチ重視――を忠実な表現――公正価値を明示した箇所ではトップダウン・アプローチ重視――に置き換え，検証可能性を補強的な質的特性に降格して位置づけている[24]。その第1の原因は，2001年の Enron 事件を受けて，2002年に開催された上院・銀行委員会の公聴会において，FASB の独立性と資金調達の問題――Levitt, Ruder, Williams, Sutton および Pitt の証言――と，細則主義的会計基準から原則主義的会計基準への移行――Breeden, Hills, Tweedie および Pitt の証言――という問題が取り上げられたことである。

　第2の原因は，第1の原因の影響を受けて可決した上院・保護法案（2002年）である。公聴会の証言は，上院・保護法案（2002年）に反映され，SOX 法（2002年）第108条と第109条の内容は，上院・保護法案（2002年）を踏まえ，両院協議会での下院側との調整を経て規定された。第3の原因は，第1と第2の原因の影響を受けて成立した SOX 法（2002年）第108条にある。SOX 法（2002年）第108条（a）項は，FASB に IASB とのコンバージェンスを求めるとともに，SOX 法（2002年）第108条（d）項は，SEC に対して1年以内に原則主義に関する研究を行うよう命じた。『SEC 研究』（2003年）は，収益費用観を排除し，資産負債観を重視した上で，原則主義的会計基準の設定――公正価値重視の姿勢――への転換を目指すとともに，SFAC 第2号（1980年）の改訂を求めている。その後，『FASB 回答』（2004年）では，『SEC 研究』（2003年）の勧告を受け入れ，SFAC の改訂

24）『ED：概念』（2008年）では，忠実な表現が基本的な質的特性に位置づけられるとともに，検証可能性を補強的な質的特性に降格して位置づけている。SFAC 第8号（2010年）は，この点に関して，『ED：概念』（2008年）の内容をほぼ継承している。

に取り組むことが表明された。

　第 4 の原因は，第 1 と第 2 の原因の影響を受けて成立した SOX 法（2002年）第 109 条にある。SOX 法（2002 年）第 109 条における年次会計支援料——SEC の監督下にある PCAOB が発行者から強制的に徴収した賦課金——の規定を受けて，FASB は，企業，銀行，会計専門家，投資会社およびその他の支援者からの直接的な寄付金が遮断されることによって，企業等からの不適切な影響力が取り除かれ，その独立性を確保した。その一方で，SEC は，発行者から強制的に徴収した年次会計支援料を，企業等からの独立性を確保した FASB に提供するようになったので，FASB は，あたかも準政府機関のようになったと指摘されている。

　第 5 の原因は，第 3 の原因の影響を受けて公表された Norwalk 合意（2002 年）による IASB とのコンバージェンスの提唱である。FASB は，Norwalk 合意（2002 年）以後，IASB とのコンバージェンスを進めるため，多くの共同プロジェクトに取り組んでおり，IASB と共同で行われた概念フレームワーク・プロジェクトも，IASB とのコンバージェンスと連動する形で行われた。第 6 の原因は，すでに第 3 章で分析したように，信頼性を忠実な表現に置き換えた『予備的見解』（2006 年）である。第 7 の原因は，『予備的見解』（2006 年）に対するコメント・レターである。第 8 の原因は，すでに第 3 章で分析したように，信頼性を忠実な表現に置き換えた『ED：概念』（2008 年）である。そして，これらの複数の原因——①から⑧まで——は，次のように纏めることができる。

①　（第 1 の原因）2001 年の Enron 事件を契機とした，上院・銀行委員会の公聴会（2002 年 2〜3 月）における原則主義的会計基準と，FASB の独立性に関する証言。

②　（第 2 の原因）SOX 法（2002 年 7 月）の原型となった上院・保護法案（2002 年 6 月）。

③　（第 3 の原因）SOX 法（2002 年 7 月）第 108 条で規定された，IASB とのコンバージェンスと，収益費用観を排除し，資産負債観に基づい

た原則主義的会計基準に関する『SEC 研究』（2003 年）。

④ （第 4 の原因）SOX 法（2002 年 7 月）第 109 条における年次会計支援料——SEC の監督下にある PCAOB が発行者から強制的に徴収した賦課金——の規定を契機として，あたかも FASB が準政府機関のようになってきたこと。

⑤ （第 5 の原因）Norwalk 合意（2002 年 9 月）による IASB とのコンバージェンスの提唱。

⑥ （第 6 の原因）信頼性を忠実な表現に置き換えた『予備的見解』（2006 年）。

⑦ （第 7 の原因）『予備的見解』（2006 年）に対するコメント・レター——信頼性に賛成する見解が圧倒的に多数であり，忠実な表現に反対する見解が相当に多数であった——。

⑧ （第 8 の原因）信頼性を忠実な表現に置き換えた『ED：概念』（2008 年）。

　ここでの複数の原因——①から⑧まで——の中には，会計基準設定に関する問題——特に①，②，③および⑦に関係する——と，FASB の独立性に関する問題——特に①，②および④に関係する——という 2 つの側面を包含している。すなわち，会計基準設定の問題に関する複数の原因は，上院・保護法案（2002 年），SOX 法（2002 年），SOX 法（2002 年）第 108 条の規定を受けて公表された『SEC 研究』（2003 年）——収益費用観を排除し，資産負債観と原則主義的会計基準を重視——および『予備的見解』（2006 年）に対するコメント・レターが挙げられる。

　その中で，SFAC 第 8 号（2010 年）における忠実な表現が形成されるに至った主要な原因となるのは，米国議会と SOX 法（2002 年）の命令に従った SEC からの強い規制——FASB が，収益費用観を排除し，資産負債観と原則主義的会計基準を受け入れるべきであるという規制——を受けていたためであると考えられる。さらに，このような SEC の見解を支える重要な制度的基盤には，FASB の独立性の問題に関する複数の原因が関与しており，

①と②を経て成立した④ SOX 法（2002 年）第 109 条における年次会計支援料——SEC の監督下にある PCAOB が発行者から強制的に徴収した賦課金——の規定を契機として，FASB が，あたかも準政府機関のようになることで，企業からの影響を受けにくくなってきたことがあると考えられる。

終　章
本書の総括

　本書では，SFAC 第 2 号（1980 年）と SFAC 第 8 号（2010 年）を因果関係における結果としてとらえ，その結果に至った形成過程——複数の原因を所与のものとした主要な原因——を解明してきた。この終章では，本書で分析してきた各章を要約し，総括を行う。第 1 章では，SFAC 第 2 号（1980 年）に係る公表物のうち，目的適合性と信頼性に焦点を当てて，『ED：目的』（1977 年）とそれに対するコメント・レターを分析してきた。設立当初の FASB（1973 年頃）は，トップダウン・アプローチに基づいた意思決定・有用性と利用者指向を重視して，会計目的，質的特性——目的適合性を第一義的に位置づけている——および利用者の情報要求を主軸に据えた概念フレームワークの開発を構想していた。ところが，『ED：目的』（1977 年）では，目的適合性（トップダウン・アプローチ重視）と信頼性（ボトムアップ・アプローチ重視）が，質的特性の中で最も基本的なもの（the most fundamental）に位置づけられているが，それ以上の具体的な議論は先送りにされ，両者のトレード・オフに関しても検討されていない。そして，『ED：目的』（1977 年）に対するコメント・レターでは，目的適合性と信頼性に賛成する見解が多数であり，両者への支持が第一義的に併存していたかのような状態にあった。このように，第 1 章では，『ED：目的』（1977 年）とそれに対するコメント・レターの内容を詳細に明らかにした。

　第 2 章では，第 1 章での議論を踏まえて，『ED：特性』（1979 年），それに対するコメント・レターおよび SFAC 第 2 号（1980 年）を分析し，目的適合性と信頼性のトレード・オフの形成過程における複数の原因を所与のものとした主要な原因を解明してきた。まず，『ED：特性』（1979 年）では，目的適合性（トップダウン・アプローチ重視）と信頼性（ボトムアップ・アプローチ重視）を，質的特性の中で最も基本的なものに位置づけた『ED：目的』（1977 年）——目的適合性と信頼性を第一義的に位置づけていない——とは異なり，意思決定のために会計情報を有用なものにする 2 つの第一義的な特質（the two primary qualities）に位置づけている。これは，『ED：目的』（1977 年）に対するコメント・レターを反映したかのような内容になっている。また，『ED：特性』（1979 年）では，目的適合性と信頼性

を，2つの第一義的な特質として明確に位置づけるとともに，両者のトレード・オフが提案されている。

　そして，『ED：特性』（1979年）に対するコメント・レターでは，目的適合性と信頼性に賛成する見解が多数であり，特に，産業界と8大会計事務所は，両者に賛成していた。FASBは，1975年と1985年にFAFを通じて，産業界と8大会計事務所から，相当に多額の寄付金を受け取っていたので，『ED：特性』（1979年）が公表された当時においても，FASBは，産業界と8大会計事務所から，FAFを通じて相当に多額の寄付金を受け取っているものと推測することが可能である。SFAC第2号（1980年）では，『ED：特性』（1979年）の内容が概ね継承されており，目的適合性（トップダウン・アプローチ重視）と信頼性（ボトムアップ・アプローチ重視）が，第一義的な質的特性（primary qualitative characteristic）になっている。ここでの目的適合性と信頼性は，対立する場合もあるが，どちらもなくてはならないものであるため，両者のトレード・オフが，確立されてきたものと考えられる。

　このように，SFAC第2号（1980年）──結果──では，目的適合性（トップダウン・アプローチ重視）と信頼性（ボトムアップ・アプローチ重視）が2つの第一義的な質的特性となり，両者のトレード・オフが導入されている。このような結果に至った複数の原因は，①目的適合性と信頼性を最も基本的な質的特性に位置づけた『ED：目的』（1977年），②①に対するコメント・レター，③対立する場合も想定される目的適合性と信頼性を2つの第一義的な特質に位置づけた『ED：特性』（1979年）および④③に対するコメント・レターであると考えられる。その中で，主要な原因となるのは，④『ED：特性』（1979年）に賛成するコメント・レターが多数であり，FASBがこれを受け入れたためであると考えられる。すなわち，FAFを通じてFASBに相当に多額の寄付金を提供してきたと推測される産業界と8大会計事務所が，『ED：特性』（1979年）の目的適合性と信頼性を積極的に支持していたので，SFAC第2号（1980年）では，対立する場合もあるが，どちらもなくてはならないものと見なされる目的適合性と信頼性のトレード・オ

フが確立してきたものと考えられる。

　第3章では，『予備的見解』（2006年），『ED：概念』（2008年）および SFAC第8号（2010年）を詳細に分析してきた。まず，『予備的見解』（2006年）では，目的適合性（トップダウン・アプローチ重視）と忠実な表現（公正価値を明示した箇所ではトップダウン・アプローチ重視）を規定し，従来の信頼性（ボトムアップ・アプローチ重視）を置き換えている。次に，『ED：概念』（2008年）では，『予備的見解』（2006年）と同様，目的適合性（トップダウン・アプローチ重視）と忠実な表現（トップダウン・アプローチ重視）という基本的な質的特性を規定し，公正価値に関する記述は見当たらないものの，検証可能性を補強的な質的特性に降格して位置づけている。

　そして，SFAC第8号（2010年）は，トップダウン・アプローチに基づいた意思決定・有用性と利用者指向を重視した上で，目的適合性（トップダウン・アプローチ重視）と忠実な表現（公正価値を明示した箇所ではトップダウン・アプローチ重視）という基本的な質的特性を規定し，信頼性（ボトムアップ・アプローチ重視）を置き換えている。また，忠実な表現は，完全性，中立性および誤謬がないことを構成要素にしており，特に完全性に関しては，当初原価のみならず，公正価値の記述も含まれている。そして，SFAC第8号（2010年）では，検証可能性を補強的な質的特性に降格して位置づけている。

　このように，SFAC第8号（2010年）は，信頼性（ボトムアップ・アプローチ重視）を忠実な表現（公正価値を明示した箇所ではトップダウン・アプローチ重視）に置き換え，検証可能性を補強的な質的特性に降格して位置づけているので，公正価値の拡大に繋がると批判されている。すなわち，ほとんど信頼できない公正価値に依存して，柔らかい数値を提供する会計報告は，会計数値の有用性にとって有害となり得るという批判がある。これが，SFAC第8号（2010年）の問題点である。

　第4章では，第3章での議論を踏まえて，『予備的見解』（2006年）に対するコメント・レターを分析した上で，SFAC第8号（2010年）が公表さ

れる契機となった上院・銀行委員会の公聴会（2002年），上院・保護法案
（2002年），SOX法（2002年），Norwalk合意（2002年），『SEC研究』（2003
年）および『FASB回答』（2004年）等を分析し，信頼性を忠実な表現に置
き換えた複数の原因を所与のものとした主要な原因と，それを支える制度的
基盤を解明してきた。

　すでに述べたように，まず『予備的見解』（2006年）に対するコメント・
レターでは，信頼性に賛成する見解が，圧倒的に多数であり，信頼性と親和
性のある検証可能性に賛成する見解が，やや多数である一方，忠実な表現に
反対する見解が相当に多数であった。ところが，第3章で述べたように，
SFAC第8号（2010年）——結果——では，信頼性（ボトムアップ・アプ
ローチ重視）を忠実な表現（公正価値を明示した箇所ではトップダウン・ア
プローチ重視）に置き換え，検証可能性を補完的な質的特性に降格して位置
づけているので，公正価値の拡大に繋がると批判されている。そして，
SFAC第8号（2010年）——結果——に至った複数の原因に関しては，次
のように纏めることができる。

① （第1の原因）2001年のEnron事件を契機とした，上院・銀行委員会
　　の公聴会（2002年2〜3月）における原則主義的会計基準と，FASB
　　の独立性に関する証言。
② （第2の原因）SOX法（2002年7月）の原型となった上院・保護法
　　案（2002年6月）。
③ （第3の原因）SOX法（2002年7月）第108条で規定された，IASB
　　とのコンバージェンスと，収益費用観を排除し，資産負債観に基づい
　　た原則主義的会計基準に関する『SEC研究』（2003年）。
④ （第4の原因）SOX法（2002年7月）第109条における年次会計支
　　援料——SECの監督下にあるPCAOBが発行者から強制的に徴収し
　　た賦課金——の規定を契機として，あたかもFASBが準政府機関の
　　ようになってきたこと。
⑤ （第5の原因）Norwalk合意（2002年9月）によるIASBとのコンバ

ージェンスの提唱。

⑥　（第6の原因）信頼性を忠実な表現に置き換えた『予備的見解』（2006
　　年）。

⑦　（第7の原因）『予備的見解』（2006年）に対するコメント・レター
　　——信頼性に賛成する見解が圧倒的に多数であり，忠実な表現に反対
　　する見解が相当に多数であった——。

⑧　（第8の原因）信頼性を忠実な表現に置き換えた『ED：概念』（2008
　　年）。

　ここでの複数の原因——①から⑧まで——の中には，会計基準設定に関する問題——特に①，②，③および⑦に関係する——と，FASBの独立性に関する問題——特に①，②および④に関係する——という2つの側面を包含している。すなわち，会計基準設定の問題に関する複数の原因は，上院・保護法案（2002年），SOX法（2002年），SOX法（2002年）第108条の規定を受けて公表された『SEC研究』（2003年）——収益費用観を排除し，資産負債観と原則主義的会計基準を重視——および『予備的見解』（2006年）に対するコメント・レターが挙げられる。

　その中で，SFAC第8号（2010年）において，信頼性を忠実な表現に置き換えた主要な原因となるのは，米国議会とSOX法（2002年）の命令に従ったSECからの強い規制——FASBが，収益費用観を排除し，資産負債観と原則主義的会計基準を受け入れるべきであるという規制——を受けていたためであると考えられる。さらに，このようなSECの見解を支える重要な制度的基盤には，FASBの独立性の問題に関する複数の原因が関与しており，①と②を経て成立した④SOX法（2002年）第109条における年次会計支援料——SECの監督下にあるPCAOBが発行者から強制的に徴収した賦課金——の規定を契機として，FASBが，あたかも準政府機関のようになることで，企業からの影響を受けにくくなってきたことがあると考えられる。

　最後に，会計基準（概念フレームワーク）設定の問題と制度的基盤の問題——FASBの独立性の問題——に区分しながら，本書を総括しておきたい。

　まず，すでに述べたように，FAF を通じて FASB に相当に多額の寄付金を提供してきたと推測される産業界と 8 大会計事務所が，『ED：特性』（1979年）に対するコメント・レターで目的適合性と信頼性を積極的に支持してきたことが主要な原因なので，目的適合性（トップダウン・アプローチ重視）と信頼性（ボトムアップ・アプローチ重視）のトレード・オフが確立し，概念フレームワーク——SFAC 第 2 号（1980 年）——が形成されてきたが，これは，概念フレームワークの設定のみの問題であり，制度的基盤の問題にまで連動していなかった。

　これに対して，Enron 事件を契機として，SOX 法（2002 年）が成立し，FASB が，SOX 法（2002 年）の命令に従った SEC からの強い規制——FASB が，収益費用観を排除し，資産負債観と原則主義的会計基準を受け入れるべきであるという規制——を受けていたことが主要な原因となり，収益費用観と親和性のある信頼性が忠実な表現に置き換えられ，公正価値の拡大に繋がると思われる概念フレームワーク——SFAC 第 8 号（2010 年）——が形成されてきたが，これは，概念フレームワークの設定の問題と，SEC の見解を支える重要な制度的基盤の変容という問題にまで連動してきた。以上のことが，本書の総括である。

参考文献

Accounting Standards Steering Committee of The Institute of Chartered Accounting in England and Wales [1975] *The Corporate Report*, ICAEW (ASSC [1975] と略称).

American Accounting Association [1966] *A Statement of Basic Accounting Theory*, AAA (飯野利夫訳 [1969] 『アメリカ会計学会　基礎的会計理論』国元書房).

American Accounting Association [1977] *Statement on Accounting Theory and Theory Acceptance*, AAA (染谷恭次郎訳 [1980] 『アメリカ会計学会　会計理論及び理論承認』国元書房).

American Accounting Association Executive Committee [1971] "The Role of the American Accounting Association in the Development of Accounting Principles," *The Accounting Review*, Vol. 46, No. 3, pp. 609-616.

American Accounting Association's Financial Accounting Standards Committee [2007] "The FASB's Conceptual Framework for Financial Reporting: A Critical Analysis," *Accounting Horizons*, Vol. 21, No. 2, pp. 229-238.

American Institute of Accountants [1938] *1938 Yearbook of American Institute of Accountants*, AIA.

American Institute of Certified Public Accountants [1962] "Accounting Principles Board Comments on 'Broad Principles'," *The Journal of Accountancy*, Vol. 113, No. 5, pp. 9-10.

American Institute of Certified Public Accountants [1965] *Report of Special Committee on Opinions of the Accounting Principles Board*, AICPA.

American Institute of Certified Public Accountants [1970] Accounting Principles Board Statement No. 4, *Basic Concepts and Accounting Principles Underlying Financial Statements of Business Enterprises*, AICPA (川口順一訳 [1973] 『アメリカ公認会計士協会　企業会計原則』同文舘出版).

American Institute of Certified Public Accountants [1972] *Report of the Study on Establishment of Accounting Principles*, AICPA.

American Institute of Certified Public Accountants [1973] *Objectives of Finan-*

258

cial Statements, AICPA（川口順一訳 [1976]『アメリカ公認会計士協会　財務諸表の目的』同文舘出版).

Armstrong, M. S. [1969] "Some Thoughts on Substantial Authoritative Support," *The Journal of Accountancy*, Vol. 127, No. 4, pp. 44–50.

Barth, M. E. [2007] "Standard-Setting Measurement Issues and the Relevance of Research," *Accounting and Business Research*, Special Issue: International Accounting Policy Forum, pp. 7–15.

Benston, G. J. [2008] "The Shortcomings of Fair-Value Accounting Described in SFAS 157," *Journal of Accounting and Public Policy*, Vol. 27, No. 2, pp. 101–114.

Bullen, H. G. and K. Crook [2005] "Revisiting the Concepts: A New Conceptual Framework Project," *Staff Paper*, FASB and IASB.

Coffey, W. J. [1976] *Government Regulation and Professional Pronouncements: A Study of the Securities and Exchange Commission and the American Institute of Certified Public Accountants from 1934 through 1974*, University Microfilm International.

Davidson, S. [1969] "Accounting and Financial Reporting in the Seventies," *The Journal of Accountancy*, Vol. 128, No. 6, pp. 29–37.

Dichev, I. D. [2008] "On the Balance Sheet-Based Model of Financial Reporting," *Accounting Horizons*, Vol. 22, No. 4, pp. 453–470.

Dyckman, T. R. [1988] "Credibility and the Formulation of Accounting Standards under the Financial Accounting Standards Board," *Journal of Accounting Literature*, Vol. 7, pp. 1–30.

Financial Accounting Foundation [2003] *2002 Annual Report*, FAF.

Financial Accounting Foundation [2004] *2003 Annual Report*, FAF.

Financial Accounting Standards Advisory Council [2004a] *Revisiting the FASB's Conceptual Framework*, Attachment D.

Financial Accounting Standards Advisory Council [2004b] *Joint Conceptual Framework Project*, Attachment D.

Financial Accounting Standards Board [1973] *Status Report*, June 18, 1973, FASB.

Financial Accounting Standards Board [1974a] Discussion Memorandum, *Conceptual Framework for Accounting and Reporting: Consideration of the Re-*

port of the Study Group on the Objectives of Financial Statements, FASB.

Financial Accounting Standards Board [1974b] Volume VIII, Public Record, *Discussion Memorandum , Conceptual Framework for Accounting and Reporting: Consideration of the Report of the Study Group on the Objectives of Financial Statements, Part I-Section A & B, Position Papers Submitted in respect of Discussion Memorandum,* FASB.

Financial Accounting Standards Board [1974c] Volume VIII, Public Record, *Discussion Memorandum on Conceptual Framework for Accounting and Reporting: Consideration of the Report of the Study Group on the Objectives of Financial Statements-dated June 6, 1974, Part II Position Papers Submitted in respect of Discussion Memorandum,* FASB.

Financial Accounting Standards Board [1976a] *Tentative Conclusions on Objectives of Financial Statements of Business Enterprises,* FASB.

Financial Accounting Standards Board [1976b] *Scope and Implications of the Conceptual Framework Project,* FASB.

Financial Accounting Standards Board [1976c] Discussion Memorandum, *An Analysis of Issues Related to Conceptual Framework for Financial Accounting and Reporting: Elements of Financial Statements and Their Measurement,* FASB（津守常弘監訳［1997］『FASB財務会計の概念フレームワーク』中央経済社）.

Financial Accounting Standards Board [1977] Exposure Draft, *Objectives of Financial Reporting and Elements of Financial Statements of Business Enterprises,* FASB.

Financial Accounting Standards Board [1978a] Public Record, *Statement of Financial Accounting Concepts No. 1 Objectives of Financial Reporting by Business Enterprises,* FASB.

Financial Accounting Standards Board [1978b] Statement of Financial Accounting Concepts No. 1, *Objectives of Financial Reporting by Business Enterprises,* FASB（平松一夫・広瀬義州訳［2002］『FASB財務会計の諸概念〈増補版〉』中央経済社）.

Financial Accounting Standards Board [1979a] Exposure Draft, *Qualitative Characteristics: Criteria for Selecting and Evaluating Financial Accounting and Reporting Policies,* FASB.

Financial Accounting Standards Board [1979b] Public Record, *Statement of Financial Accounting Concepts No. 2 Qualitative Characteristics of Accounting Information*, FASB.

Financial Accounting Standards Board [1980] Statement of Financial Accounting Concepts No. 2, *Qualitative Characteristics of Accounting Information*, FASB（平松一夫・広瀬義州訳［2002］『FASB財務会計の諸概念〈増補版〉』中央経済社）.

Financial Accounting Standards Board [1984] Statement of Financial Accounting Concepts No. 5, *Recognition and Measurement in Financial Statements of Business Enterprises*, FASB（平松一夫・広瀬義州訳［2002］『FASB財務会計の諸概念〈増補版〉』中央経済社）.

Financial Accounting Standards Board [1985] Statement of Financial Accounting Concepts No. 6, *Elements of Financial Statements*, FASB（平松一夫・広瀬義州訳［2002］『FASB財務会計の諸概念〈増補版〉』中央経済社）.

Financial Accounting Standards Board [2000] Statement of Financial Accounting Concepts No. 7, *Using Cash Flow Information and Present Value in Accounting Measurements*, FASB（平松一夫・広瀬義州訳［2002］『FASB財務会計の諸概念〈増補版〉』中央経済社）.

Financial Accounting Standards Board [2004] *FASB Response to SEC Study on the Adoption of a Principle-Based Accounting System*, FASB.

Financial Accounting Standards Board [2006a] Preliminary Views, *Conceptual Framework for Financial Reporting: Objective of Financial Reporting and Qualitative Characteristics of Decision-Useful Financial Reporting Information*, FASB.

Financial Accounting Standards Board [2006b] Statement of Financial Accounting Standards No. 157, *Fair Value Measurements*, FASB.

Financial Accounting Standards Board [2007] *Minutes of the February 28, 2007 Conceptual Framework Board Meeting*, March 8, FASB.

Financial Accounting Standards Board [2008] Exposure Draft, *Conceptual Framework for Financial Reporting: The Objective of Financial Reporting and Qualitative Characteristics and Constraints of Decision-Useful Financial Reporting Information*, FASB.

Financial Accounting Standards Board [2010] Statement of Financial Accounting Concepts No. 8, *Conceptual Framework for Financial Reporting: Chapter 1, The Objective of General Purpose Financial Reporting, and Chapter 3, Qualitative Characteristics of Useful Financial Information*, FASB.

Financial Accounting Standards Board and International Accounting Standards Board [2002] *Memorandum of Understanding "The Norwalk Agreement"*.

Financial Accounting Standards Board and International Accounting Standards Board [2006] *A Roadmap for Convergence between IFRSs and US GAAP—2006-2008 Memorandum of Understanding between the FASB and the IASB*.

Gellein, O. S. [1986] "Financial Reporting: The State of Standard Setting," *Advances in Accounting*, Vol. 3, pp. 3-23.

Gore, P. [1992] *The FASB Conceptual Framework Project 1973-1985*, Manchester University Press.

Gore, R. and D. Zimmerman [2007] "Building the Foundations of Financial Reporting: The Conceptual Framework," *The CPA Journal*, Vol. 77, No. 8, pp. 30-34.

Hicks, E. L. [1969] "APB: The First 3600 Days," *The Journal of Accountancy*, Vol. 128, No. 3, pp. 56-60.

Horngren, C. T. [1981] "Uses and Limitations of a Conceptual Framework," *The Journal of Accountancy*, Vol. 151, No. 4, pp. 86-95.

House of Representatives [2002a] *Congressional Record-House*, 14 February, Washington, DC: U. S. Government Printing Office.

House of Representatives [2002b] *H. R. 3763—The Corporate and Auditing Accountability, Responsibility, and Transparency Act of 2002*, Hearing before Committee on Financial Services U. S. House of Representatives, 107th Congress, 2nd Session (March 13, 20; April 9, 2002), Serial No. 107-60, Washington, DC: U. S. Government Printing Office.

House of Representatives [2002c] Report 107-414, *Corporate and Auditing Accountability, Responsibility, and Transparency Act of 2002*, 107th Congress, 2nd Session, Washington, DC: U. S. Government Printing Office.

House of Representatives [2002d] *Congressional Record-House*, April 24, Washington, DC: U. S. Government Printing Office.

House of Representatives [2002e] "Public Law 107-204, An Act to Protect Investors by Improving the Accuracy and Reliability of Corporate Disclosures

262

Made Pursuant to the Securities Laws, and for Other Purposes", *United States Statutes at Large*, Volume 116, 107th Congress, 2nd Session, pp. 745-810 (日本証券経済研究所訳［2007］『新外国証券関係法令集 アメリカ（I）サーベンス・オクスリー法』日本証券経済研究所).

IFRS Foundation［2006］*Discussion Paper and Comment Letters—An Improved Conceptual Framework: The Objective of Financial Reporting & Qualitative Characteristics of Decision-useful Financial Reporting Information*, http://archive.ifrs.org/Current-Projects/IASB-Projects/Conceptual-Framework/DPJul06/Comment-Letters/Pages/Comment-letters.aspx（accessed 2021-1-24）(IFRS［2006］と略称).

Ijiri, Y.［1980］"An Introduction to Corporate Accounting Standards: A Review," *The Accounting Review*, Vol. 55, No. 4, pp. 620-628.

International Accounting Standards Board［2006］Discussion Paper, *Preliminary Views on an Improved Conceptual Framework for Financial Reporting: The Objective of Financial Reporting and Qualitative Characteristics of Decision-useful Financial Reporting Information*.

International Accounting Standards Board［2007］*Information for Observers, Conceptual Framework, Phase A: Objective of Financial Reporting and Qualitative Characteristics-Comment Letter Summary (Agenda Paper 3A)*, Board Meeting, 20 February 2007, IASB.

International Accounting Standards Board［2008］*Exposure Draft of an Improved Conceptual Framework for Financial Reporting: Chapter 1: The Objective of Financial Reporting Chapter 2: Qualitative Characteristics and Constraints of Decision-useful Financial Reporting Information*.

International Accounting Standards Board［2010］*Conceptual Framework for Financial Reporting 2010*（企業会計基準委員会・財務会計基準機構監訳［2011］『国際財務報告基準（IFRS）2011』中央経済社).

International Accounting Standards Board［2018］*Conceptual Framework for Financial Reporting*（企業会計基準委員会・財務会計基準機構監訳［2019］『IFRS基準〈注釈付き〉2019』中央経済社).

International Accounting Standards Committee［1989］*Framework for the Preparation and Presentation of Financial Statements*（企業会計基準委員会・財務会計基準機構監訳［2009］『国際財務報告基準（IFRS）2009』中央経済社).

International Accounting Standards Committee Foundation [2002] *IASC Foundation Constitution (revised).*

Jennings, A. R. [1958] "Present-Day Challenges in Financial Reporting," *The Journal of Accountancy*, Vol. 105, No. 1, pp. 28-34.

Kirk, D. J. [1981] "Concepts, Consensus, Compromise and Consequences: Their Roles in Standard Setting," *The Journal of Accountancy*, Vol. 151, No. 4, pp. 83-86.

Kripke, H. [1989] "Reflections on the FASB's Conceptual Framework for Accounting and on Auditing," *Journal of Accounting, Auditing & Finance*, Vol. 4, No. 1, pp3-65.

Miller, P. B. W. [1990] "The Conceptual Framework as Reformation and Counterreformation," *Accounting Horizons*, Vol. 4, No. 2, pp. 23-32.

Miller, P. B. W. and R. J. Redding [1986] *The FASB: The People, the Process, and the Politics*, IRWIN（高橋治彦訳 [1989]『THE FASB；財務会計基準審議会―その政治的メカニズム―』同文舘出版）.

Miller, P. B. W., P. R. Bahnson, and R. J. Redding [2016] *The FASB: The People, the Process, and the Politics Fifth Edition*, Sigel Press（髙橋治彦訳 [2017]『The FASB　財務会計基準審議会―その政治的メカニズム―（新版)』同文舘出版）.

Miller, R. I. and P. H. Pashkoff [2002] "Regulations under the Sarbanes-Oxley Act," *The Journal of Accountancy*, Vol. 194, No. 4, pp. 33-36.

Moonitz, M. [1961] Accounting Research Study No. 1, *The Basic Postulates of Accounting*（佐藤孝一・新井清光共訳 [1962]『アメリカ公認会計士協会　会計公準と会計原則』中央経済社）.

O'brien, P. C. [2009] "Changing the Concepts to Justify the Standards," *Accounting Perspectives*, Vol. 8, No. 4, pp. 263-275.

Pacter, P. [2005] "What Exactly Is Convergence?," *Accounting, Auditing and Performance Evaluation*, Vol. 2, Nos. 1/2, pp. 67-83.

Paton, W. A. and A. C. Littleton [1940] *An Introduction to Corporate Accounting Standards*, AAA（中島省吾訳 [1958]『会社会計基準序説〔改訳版〕』森山書店）.

Peasnell, K. V. [1978] "Statement of Accounting Theory and Theory Acceptance: A Review Article by K. V. Peasnell," *Accounting and Business Re-*

264

search, Vol. 8, No. 31, pp. 217-225.

Penman, S. H. [2007] "Financial Reporting Quality: Is Fair Value a Plus or a Minus?," *Accounting and Business Research*, Special Issue: International Accounting Policy Forum, pp. 33-44.

Pitt, H. L. [2002] *Speech by SEC Chairman: Remarks at the Financial Times' Conference on Regulation & Integration of the International Capital Markets*, https://www.sec.gov/news/speech/spch588.htm (accessed 2021-9-27).

Power, M. [2010] "Fair Value Accounting, Financial Economics and the Transformation of Reliability," *Accounting and Business Research*, Vol. 40, No. 3, pp. 197-210.

Previts, G. J., and B. D. Merino [1979] *History of Accountancy in the United States: The Cultural Significance of Accounting*. Ohio State University Press（大野功一訳 [1983]『アメリカ会計史：会計の文化的意義に関する史的解釈』同文舘出版）.

Riahi-Belkaoui, A. [2004] *Accounting Theory: Fifth Edition*, Thomson.

Ronen, J. [2008] "To Fair Value or Not to Fair Value: A Broader Perspective", *Abacus*, Vol. 44, No. 2, pp. 181-208.

Schuetze, W. P. [1983] "Accounting Developments," *Journal of Accounting, Auditing & Finance*, Vol. 6, No. 3, pp254-262.

Securities and Exchange Commission [1938] Accounting Series Release No. 4, *Administrative Policy on Financial Statements*.

Securities and Exchange Commission [2003a] Policy Statement, *Reaffirming the Status of the FASB as a Designated Private-Sector Standard Setter*, https://www.sec.gov/rules/policy/33-8221.htm (accessed 2021-9-27).

Securities and Exchange Commission [2003b] *Study Pursuant to Section 108(d) of the Sarbanes-Oxley Act of 2002 on the Adoption by the United States Financial Reporting System of a Principles-Based Accounting System*, https://www.sec.gov/news/studies/principlesbasedstand.htm (accessed 2021-9-27).

Securities and Exchange Commission [2003c] *Order Regarding Review of FASB Accounting Support Fee under Section 109 of the Sarbanes-Oxley Act of 2002*, https://www.sec.gov/rules/other/33-8263.htm (accessed 2021-9-27).

Shortridge, R. T., A. Schroeder and E. Wagoner [2006] "Fair-Value Accounting: Analyzing the Changing Environment," *The CPA Journal*, Vol. 76, No. 4, pp. 37-39.

Snavely, H. J. [1967] "Accounting Information Criteria," *The Accounting Review*, Vol. 42, No. 2, pp. 223-232.

Sprouse, R. T. and M. Moonitz [1962] Accounting Research Study No. 3, *A Tentative Set of Broad Accounting Principles for Business Enterprises*（佐藤孝一・新井清光共訳 [1962]『アメリカ公認会計士協会　会計公準と会計原則』中央経済社）.

Sterling, R. R. [1985] *An Essay on Recognition*, The University of Sydney Accounting Research Center.

Storey, R. K. [1964a] *The Search for Accounting Principles: Today's Problems in Perspective*, American Institute of Certified Public Accountants（井原理代・田中嘉穂訳 [1978]『会計原則の探求—今日の課題と展望—』香川大学会計学研究室）.

Storey, R. K. [1964b] "Accounting Principles: AAA and AICPA", *The Journal of Accountancy*, Vol. 117, No. 6, pp. 47-55.

Storey, R. K. and S. Storey [1998] FASB Special Report, *The Framework of Financial Accounting Concepts and Standards*, FASB（企業財務制度研究会訳 [2001]『COFRI 実務研究叢書　財務会計の概念および基準のフレームワーク』中央経済社）.

United States Senate [1976] Subcommittee on Reports on Accounting and Management of the Committee on Government Operations, *The Accounting Establishment*, 94th Congress, 2nd Session, Washington, DC: U. S. Government Printing Office.

United States Senate [2002a] *Congressional Record-Senate*, January 29, Washington, DC: U. S. Government Printing Office.

United States Senate [2002b] Report 107-205, *Public Company Accounting Reform and Investor Protection Act of 2002*, 107th Congress, 2nd Session, Washington, DC: U. S. Government Printing Office.

United States Senate [2002c] *Congressional Record-Senate*, July 8, Washington, DC: U. S. Government Printing Office.

United States Senate [2003a] *Accounting Reform and Investor Protection*, Hearing before Committee on Banking, Housing, and Urban Affairs United States Senate, 107th Congress, 2nd Session（February 12, 14, 26 and 27, 2002）, Vol. I,

Washington, DC: U. S. Government Printing Office.

United States Senate [2003b] *Accounting Reform and Investor Protection*, Hearing before Committee on Banking, Housing, and Urban Affairs United States Senate, 107th Congress, 2nd Session (March 5, 6, 14, 19, 20 and 21, 2002), Vol. II, Washington, DC: U. S. Government Printing Office.

White House [2002a] *President Calls for Review of Pension Regulations and Corporate Disclosure Rules*, https://georgewbush-whitehouse.archives.gov/news/releases/2002/01/20020110-1.html (accessed 2021-9-27).

White House [2002b] *Corporate Responsibility*, https://georgewbush-whitehouse.archives.gov/infocus/corporateresponsibility/ (accessed 2021-9-27).

White House [2002c] *President's Ten-Point Plan*, https://georgewbush-whitehouse.archives.gov/infocus/corporateresponsibility/index2.html (accessed 2021-9-27).

Whittington, G. [2008a] "Fair Value and the IASB/FASB Conceptual Framework Project: An Alternative View," *Abacus*, Vol. 44, No. 2, pp. 139-168.

Whittington, G. [2008b] "Harmonisation or Discord? The Critical Role of the IASB Conceptual Framework Review," *Journal of Accounting and Public Policy*, Vol. 27, No. 6, pp. 495-502.

Wolk, H. I., J. L. Dodd, and J. J. Rozycki [2013] *Accounting Theory: Conceptual Issues in a Political and Economic Environment Eighth edition*, SAGE.

Zeff, S. A. [1972] *Forging Accounting Principles in Five Countries: A History and an Analysis of Trends*, Stipe Publishing Company.

Zeff, S. A. [1999] "The Evolution of the Conceptual Framework for Business Enterprises in the United States," *Accounting Historians Journal*, Vol. 26, No. 2, pp. 89-131.

Zeff, S. A. [2012] "The Evolution of the IASC into the IASB, and the Challenges it Faces," *The Accounting Review*, Vol. 87, No. 3, pp. 807-837.

Zeff, S. A. [2013] "The Objectives of Financial Reporting: A Historical Survey and Analysis," *Accounting and Business Research*, Vol. 43, No. 4, pp. 262-327.

IFRS 財団及び国際会計基準審議会 [2017]『IFRS 財団とその活動』IFRS 財団。
市川紀子 [2010]『財務会計の現代的基盤』森山書店。
市川紀子 [2021]「会計基準設定における米国のアカウンティングファームの役

割―1976年討議資料に対するコメントレターを踏まえて―」『グローバル会計研究』第2号，27-48頁。

今福愛志［1980］『現代の企業会計』森山書店。

岩崎勇［2011］「IFRSの概念フレームワークについて―財務情報の質的特性を中心として―」『會計』第180巻第6号，29-41頁。

岩崎勇［2019］「有用な財務情報の質的特性」岩崎勇編著『IASBの概念フレームワーク』税務経理協会，63-82頁。

桃田龍三［2001］『自己株式会計論』白桃書房。

桃田龍三［2005a］「会計理論における古典的・真実利益アプローチと意思決定・有用性アプローチの論理（1）」『大分大学経済論集』第56巻第5号，66-87頁。

桃田龍三［2005b］「会計理論における古典的・真実利益アプローチと意思決定・有用性アプローチの論理（2）」『大分大学経済論集』第57巻第1号，23-47頁。

桃田龍三［2005c］「会計理論における古典的・真実利益アプローチと意思決定・有用性アプローチの論理（3）」『大分大学経済論集』第57巻第2号，29-51頁。

桃田龍三［2006］「会計理論における古典的・真実利益アプローチと意思決定・有用性アプローチの論理（4）」『大分大学経済論集』第58巻第3号，1-21頁。

桃田龍三［2007］「会計理論における概念フレームワークとコンバージェンス」『大分大学経済論集』第58巻第5号，1-30頁。

桃田龍三［2008］「会計理論における古典的・真実利益アプローチと意思決定・有用性アプローチの論理（5）」『大分大学経済論集』第60巻第1号，73-97頁。

桃田龍三［2013］「会計グローバル化と原則主義的アプローチの胎動」『経理研究』第56号，94-110頁。

桃田龍三［2014］「IASB新概念フレームワークにおける姿勢の変化―会計目的論を中心にして―」『会計・監査ジャーナル』No. 708, 111-121頁。

桃田龍三［2016］「損益計算書モデルと貸借対照表モデルについて―IASB／FASB［2010］新概念フレームワークに関連させて―」『佐賀大学経済論集』第48巻第5号，31-60頁。

桃田龍三［2017］「会計における概念フレームワークの変容と二つの資産負債観―グローバルな組織と経済の金融化に関係づけて―」『ディスクロージャーニ

ュース』Vol. 35, 71-78 頁。

椛田龍三［2018a］「英米における受託責任（会計責任）概念の歴史と諸相」安藤
　英義編著『会計における責任概念の歴史—受託責任ないし会計責任—』中央
　経済社，36-54 頁。

椛田龍三［2018b］「英米における受託責任（会計責任）概念の系譜」安藤英義
　編著『会計における責任概念の歴史—受託責任ないし会計責任—』中央経済
　社，161-188 頁。

椛田龍三［2018c］「受託責任（会計責任）概念の後退」安藤英義編著『会計にお
　ける責任概念の歴史—受託責任ないし会計責任—』中央経済社，258-291 頁。

椛田龍三［2019a］「受託責任概念と会計責任概念の後退」『企業会計』Vol. 71,
　No. 1, 76-81 頁。

椛田龍三［2019b］「会計理論と FASB 概念フレームワークの関係—意思決定・
　有用性の起源と会計目的論—」『会計学研究』第 45 号，51-74 頁。

椛田龍三［2019c］「財務報告の目的—経済の金融化現象と英米の対立—」岩崎勇
　編著『IASB の概念フレームワーク』税務経理協会，47-62 頁。

椛田龍三［2019d］「FASB 概念フレームワークに関するコメント・レターの分
　析（1）—概念フレームワークの討議資料（1974 年）を中心にして—」『専修
　商学論集』第 109 号，31-50 頁。

椛田龍三［2020a］「FASB 概念フレームワークに関するコメント・レターの分析
　（2）—概念フレームワークの討議資料（1974 年）を中心にして—」『専修商学
　論集』第 110 号，19-50 頁。

椛田龍三［2020b］「FASB 概念フレームワークに関する公聴会の分析—FASB
　概念フレームワークの討議資料（1974 年）を中心にして—」『専修商学論集』
　第 111 号，43-57 頁。

椛田龍三［2020c］「会計目的の起源とそのモデル化」河﨑照行編著『会計研究の
　挑戦　理論と制度における「知」の融合』中央経済社，177-198 頁。

椛田龍三［2021a］「FASB 概念フレームワーク・プロジェクトの変容—1970 年
　代から 1980 年代までを中心にして—」『専修商学論集』第 112 号，43-62 頁。

椛田龍三［2021b］「経済の金融化と新概念フレームワーク（2010 年）の関係」
　『専修商学論集』第 113 号，41-54 頁。

椛田龍三［2021c］「FASB 概念フレームワーク第一号と第二号の再調査—ac-
　countability と stewardship の相互関係—」『會計』第 200 巻第 2 号，1-14 頁。

鎌田信男［2004］「エンロン事件と米国のコーポレートガバナンス改革」『東洋学

園大学紀要』第 12 号，127-141 頁。

神田秀樹［2004］「エンロン事件とアメリカのコーポレート・ガバナンス改革」
　　伊藤隆敏・財務省財務総合政策研究所編著『検証・アメリカ経済—バブル崩
　　壊，不正会計問題は克服できるか—』日本評論社，45-62 頁。

国田清志［2004］「アメリカ会計概念フレームワークの歴史的考察」『専修大学会
　　計学研究所報』No. 11, 1-20 頁。

国田清志［2009］「『表現の忠実性』の意味と役割—IASB と FASB の共同プロジ
　　ェクトを中心として」『産業経理』第 68 巻第 4 号，90-98 頁。

国田清志［2012］「『表現の忠実性』と会計上の認識，測定及び期間損益計算」
　　『専修商学論集』第 94 号，165-170 頁。

黒澤清［1980］「会計学の学問的基礎」黒澤清総編集・山桝忠恕責任編集『体系
　　近代会計学 I　会計学基礎理論』中央経済社，3-88 頁。

古賀智敏［2009］「国際会計基準の概念フレームワーク」古賀智敏・鈴木一水・
　　國部克彦・あずさ監査法人編著『国際会計基準と日本の会計実務［三訂版］
　　比較分析／仕訳・計算例／決算処理』同文舘出版，30-40 頁。

古賀智敏［2010］「会計基準のグローバリゼーションと概念フレームワークの統
　　合化」『松山大学論集』第 21 巻第 6 号，23-38 頁。

斎藤静樹［2019］『会計基準の研究〈新訂版〉』中央経済社。

佐久間義浩［2005］「財務諸表監査の制度と機能—Sarbanes-Oxley Act of 2002
　　の成立とその帰結—」『経済論叢』第 176 巻第 5・6 号，82-99 頁。

下中直也編集［1971］『哲学事典』平凡社。

神野雅人・植村武志・堀江奈保子・相吉宏二［2002］「エンロン事件の概要と米
　　国の制度改革」『みずほリポート』2002 年 7 月 31 日発行 02-19M, 1-67 頁。

杉本徳栄［2009］『アメリカ SEC の会計政策—高品質で国際的な会計基準の構築
　　に向けて』中央経済社。

高須教夫［2014］「認識および認識の中止」『企業会計』Vol. 66, No. 1, 137-142
　　頁。

高須教夫［2019］「財務諸表の構成要素の認識」岩崎勇編著『IASB の概念フレ
　　ームワーク』税務経理協会，119-133 頁。

高根正昭［1979］『創造の方法学』講談社。

千代田邦夫［2007］「ビッグ・フォー」神戸大学会計学研究室編『第六版　会計
　　学辞典』同文舘出版，1008 頁。

千代田邦夫［2014］『闘う公認会計士—アメリカにおける 150 年の軌跡』中央経

済社。

辻山栄子［2014］「コンバージェンスをめぐる現状と課題」平松一夫・辻山栄子
　　責任編集『体系　現代会計学［第4巻］　会計基準のコンバージェンス』中央
　　経済社，39-81頁。

津守常弘［2002］『会計基準形成の論理』森山書店。

津守常弘［2008］「『財務会計概念フレームワーク』の新局面と会計研究の課題」
　　『企業会計』Vol. 60, No. 3, 4-14頁。

津守常弘［2012］「現代会計の『メタ理論』的省察」『企業会計』Vol. 64, No. 8,
　　17-30頁。

徳賀芳弘［2008］「『信頼性』から『忠実な表現』への変化の意味」友杉芳正・田
　　中弘・佐藤倫正編著『財務情報の信頼性—会計と監査の挑戦—』税務経理協
　　会，22-30頁。

中島省吾［1979］『「会社会計基準序説」研究』森山書店。

永野則雄［1988］「会計測定の信頼性について—FASB概念の検討—」『山口経済
　　学雑誌』第37巻第5・6号，271-320頁。

永野則雄［2013］「会計の概念フレームワークにおける忠実な表現から信頼性へ
　　のUターンに向けて（1）」『経営志林』第50巻第3号，65-77頁。

永野則雄［2014］「会計の概念フレームワークにおける忠実な表現から信頼性へ
　　のUターンに向けて（2・完）」『経営志林』第50巻第4号，1-19頁。

中山重穂［2013］『財務報告に関する概念フレームワークの設定—財務情報の質
　　的特性を中心として—』成文堂。

中山重穂［2014］「概念フレームワーク設定に対するコメントレターの分析—試
　　論：2006年『予備的見解』への会計基準設定主体のコメントを中心として—」
　　『商学研究』第54巻第2・3号，233-258頁。

土方久［1990］「情報ニーズの拡大と基準転換」興津裕康主査『会計情報の特性
　　に関する研究　第2年度最終報告』日本会計研究学会，15-24頁。

広瀬義州［1995］『会計基準論』中央経済社。

深津比佐夫［1987］「F. A. S. B.の財務会計情報の質的特性について—H. J. Sna-
　　velyの所説との比較に及んで—」『商学論究』第34巻第3号，45-61頁。

藤田友治［1986］「財務会計情報の質的特徴について—FASB概念ステートメン
　　ト第2号を中心として—」『甲南経営研究』第26巻第1・2号合併号，79-104
　　頁。

船本修三［2001］「会計情報における目的適合性と信頼性とのトレード・オフ」

『大阪学院大学企業情報学研究』第 1 巻第 2 号，47-58 頁。

ベレスフォード，D. R. 著・日本公認会計士協会・COFRI 財団邦訳［1993］「特別講演会　アメリカの会計基準設定プロセスの概観と FASB プロジェクトの現状」『COFRI ジャーナル』No. 12, 4-16 頁（なお，ベレスフォードの講演会の邦訳者名は，記載されていないが，日本公認会計士協会と COFRI 財団が邦訳したものと思われる）。

保城広至［2015］『歴史から理論を創造する方法　社会科学と歴史学を統合する』勁草書房。

索　引

英数

『2002 年 Sarbanes-Oxley 法 第 108 条（d）項に基づく米国財務報告制度による原則主義会計の採用に関する研究』（『SEC 研究』）　4, 240
2002 年企業と監査の会計責任，責任および透明性法案　227
4 大会計事務所　242
8 大会計事務所　52, 107
AIA　→米国会計士協会
AICPA　→米国公認会計士協会
APB　→会計原則審議会
CAP　→会計手続委員会
Enron 社　3, 227
FAF　→財務会計財団
FASAC　→財務会計基準諮問委員会
FASB　→財務会計基準審議会
IASB　→国際会計基準審議会
IASCF　→国際会計基準委員会財団
Metcalf 報告書　108
Norwalk 合意　10, 240
PCAOB　→公開企業会計監視委員会
SEC　→証券取引委員会
SFAC 第 1 号『営利企業の財務報告の基本目的』　5, 110
SFAC 第 2 号『会計情報の質的特性』　5, 110
SFAC 第 8 号『財務報告のための概念フレームワーク』　5, 132
Sarbanes-Oxley 法（SOX 法）　4, 233
Worldcom 社　3

あ

圧力　229
意思決定・有用性　6, 61, 121, 127, 132
意思決定・有用性アプローチ　16
一般教書演説　227
一般目的外部財務報告の目的　121
一般目的財務報告の目的　126, 132
因果関係　8

か

会計原則審議会（APB）　3
会計支援料　233
会計手続委員会（CAP）　2
『会計理論及び理論承認』　16
会計連続通牒第 4 号『財務諸表に関する指導方針』　2
概念的アプローチ　4
概念フレームワーク・プロジェクト　3
確認価値　122, 127, 133
完全性　6, 123, 134
企業責任の向上と米国の株主を守るための 10 ポイントプラン　230
寄付金　108, 241
基本的な質的特性　6, 127, 133
銀行・住宅・都市問題委員会（上院・銀行委員会）　9, 227
検証可能性　63, 114, 122, 130, 135
原則主義　5, 228, 232, 234, 240
『原則主義的会計制度の採用に関する SEC 研究に対する FASB の回答』（『FASB 回答』）　5, 241
公開企業会計監視委員会（PCAOB）　234
公開性　8

著者略歴

川津　大樹（かわづ　だいき）

1987 年　大分県生まれ。
2010 年　大分大学経済学部卒業。
2012 年　大分大学大学院経済学研究科博士前期課程修了。
2012 年　大分県商工会連合会入社，佐伯市番匠商工会へ出向。
　　　　　経営改善普及事業と地域振興事業に従事する（2018 年まで）。
2022 年　専修大学大学院商学研究科博士後期課程修了。
現在　　専修大学商学部助教。
（主要論文）
「FASB 財務会計概念書第 8 号に対するコメント・レターの分析―『予備的見
解』（2006 年）を中心として―」『専修大学会計学研究所報』No. 38，2021 年 3
月。
「FASB 概念フレームワークにおける目的適合性と信頼性のトレード・オフの
形成過程の分析」『産業経理』第 81 巻第 4 号，2022 年 1 月。
「FASB 財務会計概念書第 8 号に対するコメント・レターの分析―『公開草案』
（2008 年）を中心として―」『専修大学会計学研究所報』No. 40，2022 年 8 月。

FASB 概念フレームワークの形成過程の論理
―質的特性を中心として―

2023 年 2 月 28 日　第 1 版第 1 刷

著　者　川津大樹
発行者　上原伸二
発行所　専修大学出版局
　　　　〒 101-0051 東京都千代田区神田神保町 3-10-3
　　　　（株）専大センチュリー内
　　　　電話 03-3263-4230（代）
印刷
製本　　株式会社精興社